Harald Michok 1981

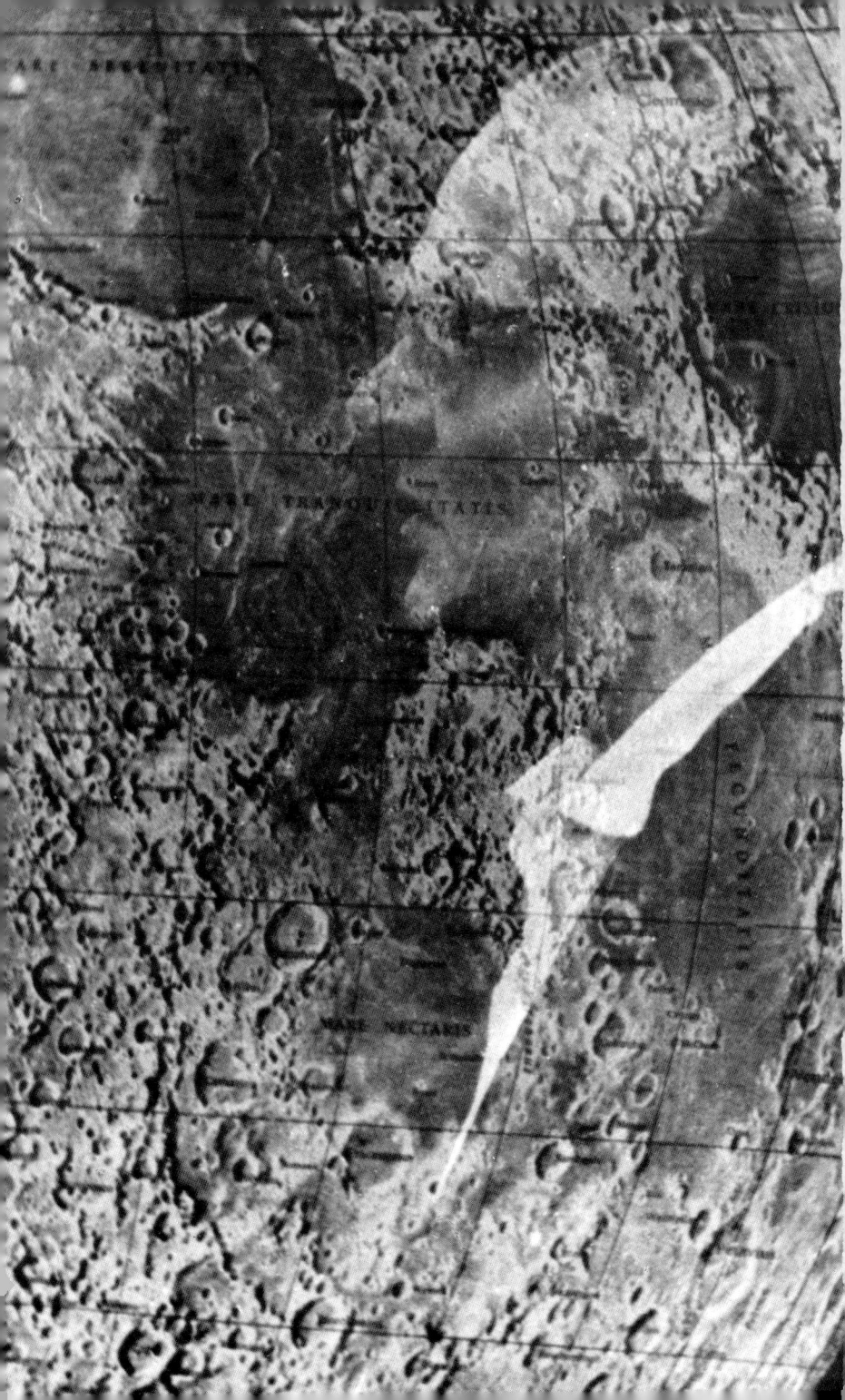

Jörg Drews
Hans-Michael Bock
Der Solipsist in der Heide
Materialien zum Werk Arno Schmidts
Edition Text + Kritik

Die Photomontage Arno Schmidt/Mond
ist der Sonderausgabe von »Kaff auch Mare Crisium«
zum 55. Geburtstag Arno Schmidts (München/Darmstadt 1969)
entnommen
© Jürke Grau

Druck: Johannesdruck Hans Pribil KG
Einband: Simon Wappes, München
Umschlag-Entwurf: Dieter Vollendorf, München
Foto: Alice Schmidt
© EDITION TEXT + KRITIK
Richard Boorberg Verlag, München 1974
ISBN 3 415 00355 8

# Inhalt

# Vorbemerkung

Arno Schmidts Werk ist noch nicht abgeschlossen, doch neben die preisende oder ablehnende Reaktion auf die jeweils letzte Publikation Schmidts kann nun langsam die historisch-philologische Exegese seiner Arbeiten zu treten beginnen. Die vorliegende Materialiensammlung will dazu ihr Teil beitragen. Sie bringt im ersten Teil Nachdrucke von Briefen, Aufsätzen und Rezensionen zu Büchern Schmidts, deren Entstehung oder Publikation bis zu 25 Jahre zurückliegt, die inzwischen zum großen Teil auch schwer erreichbar geworden sind und die doch ihrerseits schon Dokumente der Rezeption Arno Schmidts geworden sind sowie auch erste Fragestellungen zu seinem Werk bieten, die noch nicht überholt sind.

Daß die für diesen Band neu geschriebenen oder aus der Überarbeitung vorheriger Publikationen entstandenen Aufsätze im zweiten Teil bei weitem nicht jene thematische Vielfalt haben, die Schmidts Werk eigentlich fordert, ist niemand klarer als den Herausgebern. Neben der betrüblichen Tatsache, daß die deutsche Germanistik es bis heute noch nicht fertiggebracht hat, eine Zentralstelle einzurichten, bei der entstehende Examens- und Doktorarbeiten anzumelden Pflicht ist und wo also zu erfahren wäre, wer gerade über ein bestimmtes Thema —

in diesem Fall: Arno Schmidt — arbeitet und damit für eine Mitarbeit an dieser Materialiensammlung infrage gekommen wäre, ist hierfür vor allem die allen Herausgebern von Essay-Sammlungen bekannte Kalamität verantwortlich, daß Mitarbeiter, die einen Beitrag versprochen haben, nicht zu ihrem Wort stehen — aus welchen Gründen auch immer. Doch einige entscheidende Fragen an den politischen Charakter, zur Rezeptionsgeschichte und zur ›Natur‹ der Schmidtschen Werke, Fragen, die über das im »Bargfelder Boten« vor allem geübte ›Dechiffrieren‹ hinausgehen, scheinen uns auch die Aufsätze von Bert Blumenthal, Jürgen Busche, Klaus Podak oder Gerd Haffmans schon zu formulieren.

Die Herausgeber hoffen, daß nach dem jahrelangen blanken Staunen über Arno Schmidts Werk und nach der endlichen Apotheose, die es verdienterweise durch die Zuerkennung des Goethe-Preises 1973 erfahren hat, nun das ebenso intensive wie ruhige philologische Nachdenken einsetzt. Ob Schmidts Werk säkularen Rang besitzt, wollen wir nicht entscheiden, sind aber auf jeden Fall der Meinung, daß eine Beschäftigung mit diesem Werk sine ira et studio ihm schließlich am ehesten Gerechtigkeit widerfahren läßt. In diesem Sinne sind sowohl die Beiträge im »Bargfelder Boten«, die zugleich mit dem vorliegenden Band erscheinende Schmidt-Bibliographie von Hans-Michael Bock, Stündels Register zu Zettels Traum wie auch diese Materialiensammlung zu verstehen.

München/Hamburg, Dezember 1973

Jörg Drews
Hans-Michael Bock

Hermann Hesse

# Arno Schmidts »Leviathan«

Ein Brief an Freunde (1949)

Vom Verlag Rowohlt bekam ich ein dünnes Buch mit drei Erzählungen zugeschickt, »Leviathan« von Arno Schmidt. Das ist nun, im Gegensatz zu fast allen seinen Kollegen, ein junger Intellektueller und Dichter, der nicht nur mit dem Untergang des Abendlandes von Herzen einverstanden ist, sondern auch den Untergang der Menschheit glühend wünscht und in naher Zukunft errechnet. Es geschieht in dem kaltschnäuzigen Ton des modernen Desperado, der den Krieg und alle Teufeleien unsrer heutigen Welt mit angesehen und ausgekostet hat, mit einem berechtigten und legitimen Pessimismus und einer begreiflichen Aggressivität also. Das wäre für sich allein nicht interessant. Der Weltkatzenjammer ist nicht mehr um Ausdrucksmittel verlegen. Aber hier ist es nun ein wirklicher Dichter, der seinen Ekel uns ins Gesicht spuckt, und schon der von Hiob und Jesaja, aber auch von J. Green her mit Assoziationen gesättigte Titel »Leviathan« verspricht mehr als nur ein existentialistisches Feuilleton. Dieser junge schnoddrige und sehr begabte Dichter, der schon in mythischen Vorexistenzen den Plato zur Strecke gebracht, den Dämon Leviathan erkannt und sich mit Berechnungen über die Liquidierung der Menschheit befaßt hat, ist ein etwas gefährdeter und möglicherweise nicht ungefährlicher, aber echter Visionär. Und auch seine etwas kokett betonte Liebe zum scheinbar exakten, zu Mathematik und Astronomie ist nicht die naive Liebe des gläubigen Logikers, sondern die glühende und nervöse des Phantasten und Häretikers.

Sehr geehrte Herren, ich schreibe seit Jahren keine Rezensionen mehr, aber ich unterrichte hie und da einige Freunde brieflich über lesenswerte Bücher. Zu diesem Zwecke habe ich dies geschrieben.

Mit Grüßen Ihr
Hermann Hesse

# Pressemitteilung des Rowohlt-Verlages

*Arno Schmidt* gehört, obgleich 1910 in Hamburg geboren, stammesmäßig nach Schlesien; dort waren seine Vorfahren väterlicherseits lausitzer Glasmacher, von der Mutterseite her Weber und Gerber aus dem Gebirge. Durch Freiplätze in Schulen gelang es, dem scheuen düsteren Kinde eine solide Bildung zuteil werden zu lassen, welche noch unablässig durch autodidaktische Grübeleien wunderlich und nach befremdlichen Richtungen hin erweitert wurde. Nach dem Tode des Vaters, eines hamburger Polizeibeamten, siedelte die Familie nach Schlesien zurück, wo Sch. nach dem Abitur ein abwegiges (Astronomie) doch vielseitiges Universitätsstudium in Breslau begann. Da seine Schwester einen jüdischen Kaufmann geheiratet hatte, brach er 33 — ganz bewußt, um vor pseudoheroischen Komplikationen in selbstgewählte Unscheinbarkeit auszuweichen — sein Studium ab. Als kaufmännischer Volontär und Angestellter in einer Textilfabrik lebte er so, damals auch dem Schachspiel erregt zugetan, bis zum Ausbruch des Krieges: er, der den Soldatenstand als das Verhaßteste und Stumpfsinnigste empört erfahren hatte, geriet nun viele Jahre lang in diese Koben. Als Artillerist sah er Frankreich, Norwegen und Eismeerfront, die letzten Abwehrschlachten im Westen; bis Ende 45 war er in

9

englischer Kriegsgefangenschaft in Brüssel; Heimat und Habe waren indessen im Osten verloren gegangen. — Nach einjähriger Tätigkeit als Polizei-Dolmetscher in Niedersachsen, dann arbeitslos, beschloß der Unsinnige seinen Lebensunterhalt als Schriftsteller zu suchen: die folgenden fünf Jahre erteilten ihm die gebührende Quittung: er mußte mit seiner Frau von 50 — 60 DM im Monat leben, und auch die hatte er sich noch würdelosest zu erbetteln oder zu erzürnen. Im Zuge der offiziellen Flüchtlingsumsiedlung geriet er am Ende nach Rheinhessen. Seine schriftstellerische Tätigkeit begann er mit 16 Jahren als Lyriker; entwarf auch, glückliche Zeit, Riesenpläne zu einem Epos »Sataspes«; Gedichtsammlungen entstanden; jedoch erkannte er bald in kürzeren Prosaformen seine eigentlichste Begabung (obwohl er die Kurzgeschichte durchaus ablehnt!); alle früheren Arbeiten gingen 45 verloren, ein paar Märchen ausgenommen. (Vorbilder waren ihm stets Dichter wie: Wieland, Hoffmann, Poe, Tieck, Schopenhauer, Moritz, Cooper, der mittlere Fouqué, etc.; »seit Storm und Stifter gibt es keine Literatur mehr«, hört man ihn noch heute oft und hart sagen.) — Sein erstes Buch, das 100-Seiten-Bändchen »Leviathan«, erschien 1949 beim Rowohlt Verlag; der Frankfurter Sender nannte ihn daraufhin *Flammenträger* und *Genie*; Radio Beromünster *einen zahmen Kanarienvogel*. — Früher schon hat er eine 7stellige neue Logarithmentafel konstruiert, die ihn den letzten Rest seiner Nerven kostete; seit 20 Jahren sammelt er Material zu einer Biographie Fouqués; fertig liegen unter anderem: eine historische Revue »Massenbach kämpft um Europa«, und ein intrikates Ding »Die Wundertüte«. Eine Frage nach dem Erscheinen dieser Bücher dürfte sich durch den Ausbruch eines der nächsten Weltkriege von selbst erledigen.

# Brief Hermann Hesses an Ernst Rowohlt

Montagnola Juni 50

Lieber Herr Rowohlt,

Danke für Ihren schönen Brief vom 2. Juni.

Die Zustände im Buchhandel sind mir natürlich ziemlich gut bekannt, auch erwarte ich dieser Tage Freund Suhrkamp, um die Lage mit ihm durchzusprechen.

Als ich, um ihm womöglich ein wenig zu nützen, ganz gegen meine Gewohnheiten jene Zeilen über Arno Schmidt schrieb, war mir schon nicht völlig wohl dabei, ich deutete ja auch an, daß er möglicherweise ›nicht ungefährlich‹ sein könnte. Denn etwas in seinem Buch geht ja über die bloße Schnoddrigkeit hinaus und erinnerte mich beim Lesen des Leviathan an jenes unsterblich dumme und gemeine Wort eines der kleineren Unterteufel von Goebbels oder Rosenberg »Wenn ich das Wort Kultur höre, entsichere ich meinen Revolver«. So hatte ich bei Arno S. ein unbehagliches Gefühl, so Einer könne, wenn unsereiner ihn freundlich anspreche, ihm ins Gesicht spucken oder eine Ohrfeige geben. Das hat er denn auch getan. Er hat mir, als er durch Sie meine Zeilen über ihn kennen gelernt hatte, wie ein beleidigter Sechzehnjähriger geschrieben, für den jeder Ältere ein Trottel ist und der außerdem einen Revolver im Sack hat. Sogar daß ich ihn für etwas jünger hielt als er ist, hat ihn wie einen Konfirmanden beleidigt.

Ich hoffe, unsre Bemühungen halfen dem unartigen Knaben dennoch ein wenig. Aber ich werde nicht so bald wieder einem aus dieser Generation die Hand geben.

Ich freue mich über die Energie und Frische, mit der Sie immer Neues unternehmen. Bravo!

Seien Sie herzlich gegrüßt von Ihrem
Hermann Hesse

A. P. Eismann

# Köpfe der Hansestadt: Arno Schmidt

Schriftsteller und Preisträger der Deutschen Akademie

Die Nobel-Preisträger beherrschen in diesen Tagen die Schlagzeilen und überschatten fast die erste Preisverteilung des Deutschen Literaturpreises seit Kriegsende. Seine 10 000 DM wurden durch fünf geteilt, und eines der Fünftel fiel auf einen Hamburger, den einundvierzigjährigen Arno Schmidt.

Er sollte interviewt werden. Anruf beim Verleger: »Wo wohnt Arno Schmidt?« — »Was, nicht in Hamburg? In der Heide, hinter Walsrode . .?« Wahrscheinlich hat er sich in ein idyllisches Heidedorf zurückgezogen, um in Ruhe schreiben zu können, oder vielleicht ist er dort Dorfschullehrer, dachte ich.

Fast drei Stunden dauerte die Fahrt bis zum »Mühlenhof« in Cordingen. Hier wohnt Arno Schmidt, einer von vierzehn Mietern, als Flüchtling. In seinem einzigen Zimmer waren es zwölf Grad. Wellpappkartons bilden ein Bücherregal. Eine primitive, hölzerne Bettstelle mit einer groben Decke steht in der Ecke. Der Tisch ist aus einer ehemaligen

Schultafel gezimmert. Man könnte an Spitzwegs »Poeten« denken. Die Armut ist da, aber beileibe keine Zipfelmütze.

Hier hat Schmidt seinen Erzählungsband »Leviathan« geschrieben, sein erstes veröffentlichtes Buch, das ihm den Preis eingebracht hat. Er berichtet, daß im Laufe eines Jahres nur 400 Bände verkauft worden sind. Davon kann er also nicht leben. Wovon also? Und warum? Ohne Bitterkeit, ganz sachlich und mit aphoristischen Blitzlichtern, die humorvoll wären, stände nicht das nackte Elend dahinter, erklärt er, von Jugend an eine Neigung zum Schreiben zu haben: *Wer hat das nicht, wenn er gute Noten im Deutschaufsatz bekommen hat.* Er ist Sohn eines Polizeibeamten, ging in Hamburg auf die Realschule, studierte dann in Breslau Mathematik und mußte dann, um Kollisionen mit den Machthabern des Dritten Reichs zu vermeiden, sein Studium abbrechen. Dann kam der Krieg. Als Mittel gegen die Sturheit des Kommißlebens hat er eine siebenstellige Logarithmentafel ausgearbeitet, *was mich den Rest meiner Nerven kostete.* Der Kriegsgefangene Arno Schmidt wurde in Munsterlager entlassen, fand eine Stellung als Dolmetscher in der Nähe und landete so im Mühlenhof.

Es tut mir leid, kein liebenswürdigeres und lustigeres Porträt schreiben zu können. Die gerngestellte Frage: »Was haben Sie für Steckenpferde?« bleibt einem hier im Halse stecken. Hier ist eine der Antworten auf die Frage: Wie lebt der deutsche Schriftsteller? Denn Arno Schmidt ist mit Recht als Schriftsteller zu bezeichnen — das hat sein Erstling bewiesen. Sein Verleger hatte es auch erkannt. Das auf gut Glück eingesandte Manuskript des völlig Unbekannten wurde sofort angenommen. Als Hermann Hesse den »Leviathan« gelesen hatte, schrieb er spontan einen Brief und rühmte ihn: ... *ein wirklicher Dichter!*

Der monatliche Etat für Schmidt und seine Frau betrug in den letzten Jahren durchschnittlich 60 Mark (sechzig). *Was ein germanischer Magen an Hunger zu leisten vermag, sagt er, haben wir geleistet.* Der Gerichtsvollzieher war auch schon einige Male da, konnte aber nichts anderes pfänden als das Tandem, sein einziges Beförderungsmittel, mit dem er und seine Frau bis nach Hamburg zu fahren pflegen.

Als er vor wenigen Wochen beim Bürgermeister war, um als Flüchtling Hausratshilfe zu beantragen, damit er sich für den Winter einige notwendige Dinge anschaffen könne, beispielsweise eine zweite Schlafdecke, sagte der ihm: *Ich habe Sie lange beobachtet. Sie könnten doch ehrliche Arbeit anfangen* ... Ja, ist denn sein Schreiben keine ehrliche Arbeit? Kommt es bei einem noch Unbekannten auf den pekuniären Erfolg an? Schmidt arbeitet an einer Biographie über den vergessenen romantischen Dichter Fouqué. Eine solche Arbeit, verantwortungsbewußt durchgeführt, erfordert so viel Quellenstudien, Vergleiche und durchdachte Interpretation, daß man sie nicht nebenbei durchführen kann.

Doch fast hätte er aufgegeben. Die Umsiedlung in die französische Zone steht bevor. Dort wollte er eine andere Arbeit suchen und keine Zeile mehr schreiben. Da kam — er bezeichnet es selbst als ›deus ex machina‹ — die Mitteilung von dem 2000-DM-Preis. Er wird weiter schreiben.

Im nächsten Frühjahr wird sein zweites Buch erscheinen. Er nennt es »Die Wundertüte«. Es enthält Essays und Erzählungen. *Ich will noch nicht zuviel darüber sagen. Es soll eben eine Wundertüte sein.* Hoffentlich greifen recht viele hinein!

Er arbeitet noch an einer zweiten Biographie. Auch sie behandelt einen Vergessenen, den preußischen Generalstabschef Christian von Massenbach, den man für die Kapitulation nach Jena und Auerstädt verantwortlich gemacht hat. Er war ein Mann, der damals schon die Einheit Europas erstrebte und Sicherungen gegen Rußland schaffen wollte. Eine seiner Prophezeiungen lautete, daß in hundert Jahren die Russen bei Straßburg stehen und nur Amerika neben ihnen ein ernsthafter Machtfaktor sein werde.

Das Geld wird er erst im Januar bekommen, bei der feierlichen Übergabe des Preises durch die Deutsche Akademie für Wissenschaft und Literatur in Mainz. *Ich hoffe, daß ich bis dahin noch leben kann,* meint er. Leben, das spürt man, das heißt für ihn: Schreiben.

Martin Walser

# Arno Schmidts Sprache

Ein junger Autor ist ein Schriftsteller, dem es zum ersten Mal gelungen ist, einen Verleger zum Druck eines Manuskriptes zu bewegen. Das Alter des Autors ist in der Zeit der verschütteten und durcheinander geworfenen Generationen nicht mehr wichtig.

Wenn nun ein solcher junger Autor zum ersten Mal am literarischen Horizont der Tageszeitungen und Zeitschriften auftaucht, dauert es höchstens noch ein Vierteljahr und sein Name ist durch sämtliche Literaturseiten des deutschen Sprachkreises hindurchgepeitscht. Der durch die Rezensenten verliehene gute oder schlechte Eintags-Ruhm ist in jedem Fall trügerisch! Er ist es auch im Fall Arno Schmidt! Die Kritik hat an den Büchern Arno Schmidts jede überhaupt mögliche Wertung geübt! Wer alle diese Kritiken gelesen hat, weiß nicht, ob Arno Schmidt nun ein Genie oder ein Scharlatan ist. Er weiß es darum nicht, weil die Kritik sich nur in Behauptungen entladen hat, nicht aber in Beweisen. Im Guten und im Schlechten hat man nur behauptet und nichts bewiesen. Schon durch den bloßen Lärm, den Schmidt im sonst so sanften Feuilleton-Betrieb hervorrief, muß jeder auf die Ungewöhnlichkeit dieses Autors aufmerksam geworden sein. Und trotzdem fehlt bisher jede einigermaßen gründliche Untersuchung seiner Ungewöhnlichkeit, das heißt seiner eigenartigen Sprache.

Diese Untersuchung überhaupt einmal in Gang zu bringen, anzuregen, will ich versuchen. Das Portrait eines Dichters muß immer zuerst eine Charakteristik seiner Sprache sein, denn nur durch sie ist er ja für uns da. Daß Arno Schmidt 42 Jahre alt ist, aus Schlesien stammt, einen Polizeibeamten zum Vater hat und Mathematik mehr liebt als Hemingway, das ist zwar interessant, vor allem für die, die seine Prosa schon kennen und sagen wir einmal schätzen; aber es sagt dem, der seine Art und Weise zu schreiben nicht kennt, gar nichts. Es gibt vielleicht noch mehr 42jährige, die einen kleinen Beamten zum Vater haben und als Flüchtlinge nun im Südwesten Deutschlands wohnen und die trotzdem keine Arno Schmidts sind. Zuerst also: Arno Schmidts Prosaformen. In den zwei bisher erschienenen Büchern »Leviathan« und »Brand's Haide« teilt Arno Schmidt seine Erzählungen in kurze Abschnitte ein. Da heißt es z. B.:

*Bißchen draußen: rundrückiges Wolkenvieh mästete sich am Horizont, im Norden. (Nö: eigentlich rundum). ›Können wir heut Abend etwa losgehen —?‹ fragte Gretel neben mir, zaghaft, schamvoll (aber wir hatten kein Gramm Holz mehr!): ›In der Dämmerung, ja?‹*

Und der nächste Abschnitt beginnt:

*Dämmerung, ja: Heuernte in den Mooren; ein draller ländlicher Mond dicht über dem Bauernvolk.*

Warum diese Einteilung in kleine Abschnitte? Muß das nicht den ruhigen Lauf des Erzählens zerstören? Das Epische muß sich doch mit weitem Atem ununterbrochen entfalten können: ununterbrochen und ungedrängt, ganz von selbst anwachsend, Breite gewinnend, das ist doch das Gesetz des Erzählens, nicht wahr? Und Arno Schmidt unterbricht diese ruhige Entfaltung des Erzählers immer wieder durch seine kleinen Abschnitte, durch Klammern, schräggedruckte Zeilen und Ausrufe! Er tut das nicht ohne Grund. Er will nämlich jede Art von *Füllung* vermeiden. Er verabschiedet das *lückenlose* Erzählen eines Lebenslaufes, er verabschiedet die *restlose* Abschilderung eines Nachmittags, eines Erlebnisses! Er verabschiedet alles *Umständliche*, alles, was nur um den Helden herumsteht, zwar zu seiner Welt gehört, aber nicht als wesentliche Erscheinung notwendig ist.

*In der Dämmerung, ja?* schloß der erste Abschnitt und der zweite begann: *Dämmerung, ja!* Arno Schmidt verabschiedet die bloße Füllung, das Überbrücken sagten wir! Von der Frage, ob man in der Dämmerung Holz holen gehe, bis zum Gehen selbst springt er in einem einzigen Satz; und der Abschnitt, den er zwischen diesen beiden Sätzen macht, verleiht diesem Sprung wirklichen, spürbaren, kräftigen Ausdruck!

Also darum die jedem Leser sofort auffallende Einteilung in Abschnitte! Arno Schmidt will keine Überbrückung, er will keine Füllungen, keinen *Zusammenhang herstellen, wo er unwesentlich ist!*

Dieser immer bereite Griff nach dem Wesentlichen ist auch innerhalb dieser einzelnen Abschnitte spürbar, in jedem einzelnen Satz:

*Bißchen draußen*, das ist der erste Satz. Zwei Worte, Konzentration auf das Notwendige und dabei eindeutiger Ausdruck für eine Situation: das eingeschränkte *Draußen*. Früher hätte man den ›Helden‹ auf seinem bedächtigen Gang zur Tür geschildert, denn irgendwie mußte er ja von innen nach außen kommen, und der Leser mußte das erfahren. Und draußen wäre ihm nur allmählich eine Stimmung aufgegangen. Bei Arno Schmidt aber steht nach dem *Bißchen draußen* ein Doppelpunkt, und ein einziger Satz genügt für den Wesensausdruck der Stimmung draußen:

*Rundrückiges Wolkenvieh mästete sich am Horizont, im Norden.*

Auch dieser Satz ist auf seine notwendigsten Bestandteile zusammengedrängt; und doch: das Wesen der Erscheinung ›Wolken‹ ist in einem einzigen Ausdruck erfaßt. *Rundrückiges Wolkenvieh...,* darin ist die schwerhängende, bilderreiche Wolkenlast! — *Mästete sich...,* die kreisende, langsam mahlende Kiefer- und Halsbewegung großer Vierbeiner! — *Im Norden* ... Und dann ergänzt er sich sofort und gibt die Stimmung des Sehenden an: *Nö: eigentlich rundum!* In diesem Satz ist die Bewegung des Sprechers eingeschlossen, ohne daß über diese Bewegung gesprochen wird. Hier sind wir der Methode Arno

Schmidts am nächsten. Es wird niemals über etwas gesprochen. Es fehlen die sekundären, schildernden, wiedergebenden, reproduktiven Redensarten, die sonst zur Füllung und Aufrechterhaltung eines Erzählverlaufs nötig sind.

Arno Schmidt bringt immer die Sachen selbst, die Gegenstände in ihrem Wesen zum Ausdruck. Ein paar ganz einfache Beispiele:

*Sie schnitt, klipp, Kreuzworträtselmuster in die Marken* ...

Oder:

*Geht Fräulein, sagte ich: Peters eigentlich oft tanzen.*

*Sie schnitt, klipp, Kreuzworträtselmuster* . . . *:* das schneiden selbst wird hier »laut«; und die schüchterne Anfrage, die Vorsicht des Fragers, kann sie besser ausgedrückt werden als durch die einfache Umstellung: *Geht Fräulein, sagte ich: Peters eigentlich oft tanzen.* Das sind überraschende Ausdruckswirkungen mit den einfachsten Mitteln. Es ist ein unerschöpflicher Reichtum an neuen, ganz unverbrauchten Bildungen, der hier Sprache wird:

*... schweigend waren von Norden, Nordwesten, Nordosten her die grauen oktobernen Weben über mich Knaben gekommen.* Das sind keine Mitteilungen über Sachen oder Stimmungen, keine Schilderungen von etwas, das sind die Sachen und die Stimmungen selbst. Man versuche nur einmal in der Prosa unserer zeitgenössischen Autoren einzelne Sätze und Worte auszuwechseln und Nebensätze umzustellen, man wird sehen, bei den meisten ändert sich am mitgeteilten Inhalt gar nichts. Die Worte vieler heutiger Prosaschriftsteller sind auswechselbar, das heißt sie sind nicht notwendig. Die Sätze Arno Schmidts lassen Umstellungen nicht zu, für die *grauen oktobernen Weben* wird man keinen Ersatz finden. Die Ordnung dieser Prosa ist notwendig bis auf das letzte Wort; deswegen ist sie intensiver Ausdruck. Was wir hier andeuten können, ist natürlich nur ein flüchtiger Hinweis auf das, was in diesen beiden Bändchen »Leviathan« und »Brand's Haide« ausgebreitet ist. Wer weiß, um was sich die Phänomenologie seit fünfzig Jahren bemüht, der wird erkennen, wie sehr Arno Schmidt diesen Bemühungen in der dichterischen Prosa gerecht wird. Wir haben von Anfang an festgestellt, in der Einteilung in Abschnitte und im

Griff der einzelnen Sätze, daß er das Umständliche, den unwesentlichen Zusammenhang verabschiedet. Das heißt in der Sprache der
Phänomenologie, daß er das Accidentielle, das Daseinszufällige ver-
meidet; alles was die Erscheinung des Wesens beeinträchtigen könnte,
entfällt. Um diesen reinen Ausdruck des Wesens, um das Wesensbild,
um das Bild für das Wesentliche, darum bemüht sich Arno Schmidt
auch in der scheinbar nebensächlichsten Situation: es gibt keinen überflüssigen Nebensatz, keine unbedachten Kommas, keine ausdrucks-
schwachen Füllsel! Da Arno Schmidt heute so ziemlich der einzige
Prosa-Schreiber ist, der sich so intensiv um den gerechten sprachlichen
Ausdruck bemüht, mußte dies gesagt werden, wenn es auch nicht bis
ins Einzelne verfolgt werden konnte.

Arno Schmidt bestätigte das, was hier festgestellt werden sollte, übrigens auch in seiner Sprache: er sagt nämlich:

*Sie können nicht Pfirsiche und Rosen von mir verlangen, sondern nur
Eicheln und Maggiwürfel — Wasser hat jeder Leser ja sowieso genug!*
In einem Brief schrieb er kürzlich, daß er sich vorgesetzt habe, neue
*dehydrierte* Prosaformen zu erproben! Dehydriert, entwässert also,
freigemacht von allem Zufälligen, von allem Unwesentlichen und
Nicht-Notwendigen! Er empfiehlt in diesem Brief, . . . *endlich auch
in der Literatur die in der Wissenschaft schon längst vorgenommene
Scheidung in ›angewandte‹ und ›reine‹ zu vollziehen. Ich selbst be-
strebe mich zu der Gruppe der ›Reinen‹ zu gehören, d. h. eben experi-
mentierend die formalen und sprachlichen Möglichkeiten der Dichtung
zu erweitern: die ›Angewandten‹ mögen dann aus dem Material und
der Technik wählen, was ihnen ansteht.*
Arno Schmidt weiß also, was er tut. Er bringt Neues hervor. Paul Klee
sagte: *Kunst gibt nicht das Sichtbare wieder, sondern macht sichtbar.*
So Arno Schmidt: er erweitert den Bereich und den Reichtum der
Sprache! Er macht sichtbar, macht sagbar, was bisher so noch nicht zu
sagen war. Er erweitert und bereichert die Ausdrucksmöglichkeiten
der Sprache. Das ist der Beruf des Dichters, der heute fast völlig in
Vergessenheit geraten ist. Wenn es diese Dichter nicht mehr gibt, dann
erstarrt die Sprache im abgenützten Vokabular und erstirbt in einer

gebräuchlichen Sammlung von leichtfertigen Münzen. Darum ist Arno Schmidt für uns bedeutend. Er kann in dieser Zeit dürftigen Sprachgebrauchs eine heilsame und aufbrechende Wirkung haben. Seinen Kritikern, ob sie loben oder tadeln, muß man mißtrauen; allen Kritikern, die von Dichtern reden, ohne von ihrer Sprache zu sprechen, muß man mißtrauen.

Werner Riegel

# Arno Schmidt

Porträt eines Dichters


Die wenigen, nach dem Krieg gemachten Versuche, literarische Gruppen
zu bilden, schlugen fehl. Allzu sehr treiben die Tendenzen unseres Kul-
turbetriebes die Autoren in einen extremen Individualismus. Bei dieser
massenhaften Erscheinung von Eigentümlern kann es keine Gruppen
geben, allenfalls Versammlungen. Die Gemeinsamkeit solcher Autoren
beschränkt sich auf Äußerlichkeiten, und etwa die Bezeichnung Gruppe
47 ist so zufällig und sinnvoll wie die Jahreszahl, der man sie verdankt. Andererseits kehrt sich der übersteigerte Individualismus an
einem bestimmten Punkt in sein Gegenteil um: das Individuelle und
seine brutale Hervorkehrung werden so typisch, daß schließlich ein
Gesicht aussieht wie das andere. Die beabsichtigte Vielfältigkeit, deren
Nuancen je zahlreicher um so geringer werden, erweist sich endlich
als Uniform, und ihre Wirkungen sind die Langeweile und der Über-
druß, während doch nach wie vor die vereinzelte Individualität eines
vornehmlichen Interesses immer sicher sein kann. Zudem trat ein gro-

ßer Teil dieser Autoren mit dem Anspruch auf, das oppositionelle, anti-reaktionäre und -restaurative, progressive Element zu sein; humanitär und radikal. In dem Maße, das nötig war, das Humanitäre seiner Radikalismen zu berauben, hat sich die Reaktion und Restauration des Humanitären bemächtigt: sie hat es verstanden, diese Autoren in ihrem Kulturbetrieb zu placieren, und hat dafür gesorgt, daß sie das Rennen machten. Es gibt aber bereits, wo auf Platz und Sieg gewettet wird, das Reglement, und wo man Kämpfe austrägt, nicht auf Sein oder Nichtsein, sondern auf Gewinn und Verlust, da ist schon bürgerliche Welt. Diese Autoren sind abgefunden worden, also kann sich ihre Umgebung mit ihnen abfinden. Aber in Wirklichkeit — und in der Wirklichkeit ist die bürgerliche Welt das am wenigsten Wesentliche — zählen sie nicht.

Es zählt: der echte Individualist, der hier wie anderswo ein Außenseiter sein muß. Outsider im günstigen, Outcast im tragischen Fall. Arno Schmidt ist noch jenes; nach jedem nächsten Buch kann er dieses sein. Wer ist Schmidt? Ich will mein Ergebnis vorwegnehmen: Schmidt ist der bedeutendste deutsche Erzähler der Gegenwart. Ich wüßte ihn nicht anders zu bezeichnen, obwohl keine seiner Erzählungen Erzählung genannt werden kann; es ist eine Belletristik, so paradox modern, daß man ihr nur mit barocken Begriffen beikommen kann. Er selbst nennt sein Einzelstück Prosastudie, aber darin ist nicht ausgedrückt, daß es sich um poetische Prosa, und noch weniger, daß es sich um Fiktion (im angelsächsischen Sinne) handelt.

Schmidt hat bisher zehn solcher Prosastudien veröffentlicht, drei im »Leviathan« (1949), je zwei in »Brand's Haide« (1951) und in den »Umsiedlern« (1953), und einzeln »Aus dem Leben eines Fauns« (1953), »Seelandschaft mit Pocahontas« (1955) und »Kosmas oder Der Berg des Nordens« (1955). Es sind — um einen Titel zu gebrauchen, den Wieland einmal benutzte — *Beiträge zur geheimen Geschichte der Menschheit*; es sind Notierungen von Vorgängen und Ansichten, die in der gesamten sonstigen epischen Bemühung der gegenwärtigen, der zu sehr mit einer ›offiziellen‹ Darstellung dieser Zeit beschäftigten Autoren keinen Platz finden; nicht zufällig ist der Grundriß ihrer Form der einer elementar-privaten Form, nämlich des Tagebuches.

Nun sollte gerade dieser introrse, aber doch erkennbare Vorgang der Verwendung einer verschollenen literarischen Form die Verwunderung der Kritik hervorrufen: dieser formale Anachronismus, das Tagebuch als moderne epische Form doch eher als die extraordinäre, vielleicht extravagante, nach außen wirkende Ausfertigung, eher als das Sprunghafte, Kaleidoskopische der Schmidtschen Gesamtdiktion, eher als die graphische Anordnung der Schmidtschen Momentaufnahmen von Vorgängen und Gedanken, als das Katalogische der Schmidtschen Welterfassung, als die schlagenden Figuren der in Bewegung gesetzten Sprachmasse.

Indessen hält sich am liebsten hier die Kritik, oder was heute so heißt, auf, weil von hier aus Schmidt am einfachsten (und nicht einmal negativistisch) erledigt werden kann. So sind sie mit ihm schnell fertig geworden. *Das ist kein Mund mehr, der da spricht, es ist vielmehr eine seraphische Schnauze,* oder: *Die Stilkraft Schmidts ist wahrhaft unheimlich: aus dem traditionellen Gebäude der Sprache tritt er heraus.* Aber wieso denn? Sicherlich verführte den Verfasser dieses Diktums die Wirkung der Schmidtschen Optik, die Wirkung einer besonderen Sehweise und einer besonderen Technik, sichtbar zu machen. Es gibt keine Sprachfigur bei Schmidt, keine Formulierung, die das traditionelle Gebäude der Sprache verlassen hätte, und so sehr Schmidt selbst auf August Stramm hinweist als einen seiner Anreger, so wenig hat er ihn nachgeahmt; er hat vielmehr Stramms Tendenzen auf eine Art und Weise realisiert, für die Stramm zu wenig begabt oder zu dumm war. Schmidt wird progressiv, indem er, wo Stramm mit Elan in die Binsen geht, zwei Schritte zurücktritt. Schmidt übersieht das Terrain und kann die Richtung bestimmen. Progreß, Vor- und Fortschritt ist nicht: zwischen sich und andere möglichst große Entfernungen zu bringen, sondern: den Weg zu finden, auf dem es weitergeht.

Schmidt ist nicht weiter gegangen als Stramm, auch nicht weiter als Döblin, sein anderer Aszendent. Er ist tiefer gegangen. In der Skelettierung des Sprachleibes hält er die Mitte zwischen beiden; seiner ist

24

disziplinierter als der Döblins, aber reich an Muskeln und Sehnen, wo Stramm bereits Scharniere einbaut. Schmidt behält die grammatikalische Kontinuität der Wörter bei in gewohnter Weise, auch die logische Folge der Sätze. Er zerbricht die herkömmliche Kontinuierlichkeit in einer anderen Schicht des sprachlichen Kunstwerks, dort, wo weder Döblin noch Stramm sie angetastet haben: nicht im Sprachstil, sondern im Denk- und Vorstellungsstil. Sein Stil ist der parenthetische.

Die Voraussetzung ist: sich auf das Lange und Breite nicht einzulassen. Es werden nicht mehr die Altarflügel der menschlichen Tragödie und Komödie gemalt, es wird nicht mehr das Mosaik der Gesellschaft und ihrer Zeit zusammengesetzt aus zwanzig Romanen, und dennoch: wo Balzac und Zola titanisch die Welt umfangen, hat Schmidt sie im kleinen Finger. Jene kreisen um die Welt, diesen umkreist sie. Der Gewinn jener ist, in jedem Roman: ein Segment der Welt; Schmidt aber zieht jederzeit das Panorama vor der Linse vorbei. Ein Roman von wem auch immer (und sei es Döblins »Alexanderplatz«) wirkt monodisch und monozyklisch, Schmidts Epopöid dagegen viel- und verschiedenstrahlig und extensitiv.

Die ›Handlung‹ wird von Schmidt nur skizziert, mit wenigen Strichen an- und aufgerissen. Es macht den Eindruck technischer Anweisungen und ist so gemeint.

Dem Leser wird, bis zur Abstraktion (wie man sie bei den Primitivos der Literatur findet, bei Courths-Maler und Karl May), eingeschärft, was los ist. Er hat nichts zu raten, nichts ist indirekt, er soll sich keinen Vorgang erst ›denken‹ müssen. Er soll frei sein — wie der Autor frei sein will — für all die Texte, die Schmidt in die Paranthesen des Handlungsgerüstes füllt, für diese gigantischen Anhäufungen von Assoziationen, Aphorismen, Beobachtungen, Bemerkungen, Bedenken aller Art, bis zum Kalauer oder zum lexikalischen Artikel, bis zur Anekdote oder zur lyrischen Entäußerung: alles, bis ins kleinste Sprach- und Bilddetail, der Idee des Ganzen angemessen, alles komplementär zum angegebenen Grundton, untereinander blutsverwandt. (Was das Parenthetische deutlich macht: man beachte, wieviel bei Schmidt äußerlich graphisch, tatsächlich schon in Klammern steht.) Gleichmäßig auf Gefühl und Intellekt wirkend, dem komplizierten Lustverlangen des modernen Lesers in die Eingeweide greifend, und alles ausgeschieden, was diesen Leser peinlich berühren könnte: zum Beispiel die Primitivität der Spannungsreize im kontinuierlich geführten und immer wieder künstlich retardierten epischen Fluß der älteren Erzählweise.

Schmidts Liebesgeschichte ist jeweils die gleiche. Er variiert ein Muster, ein äußerst simplifiziertes Muster, abgestimmt auf die elementarische Vorstellungswelt und die elementarische Verständlichkeit. Seine Geschichte ist ›menschlich‹ in dem Sinne als sie jedem bekannt und jedem bereits vorgekommen ist. Sie ist wesentlich, aber es wird nicht viel Wesens daraus gemacht. Lessings Forderung (eine Forderung des achtzehnten Jahrhunderts: und das ist für Schmidt charakteristisch), man müsse seine Stoffe so lange simplifizieren, bis man gleichsam das Ideal der Handlung erhalte, wird von Schmidt erneut aufgenommen und erfüllt. Sie zu befolgen ist notwendig, wo es nicht darauf ankommt, Geschichten zu erzählen, sondern die Welt des Individuums in ihrer Totalität darzustellen. Schmidt ist kein reflektierender (wiewohl alles bei ihm aussieht wie Reflexion), er ist ein im klassischen Sinne naiver Dichter: daraus ergibt sich, daß er zu Leistungen fähig ist, die das absolut ›Unmoderne‹ zu höchster Modernität umwandeln. Er begibt sich also in Unternehmungen, die ihn weniger Schweiß kosten als alle andern Modernen schon der Gedanke daran. Er kann es sich leisten, im »Faun« das, natürlich abgewandelte, Thema der Robinsonade wieder aufzunehmen; er kann es sich erlauben (und er schafft es), den heute romantisch aufgefaßten Realismus der Cooperschen Welt wiederum zu verwirklichen; er scheut sich nicht (und braucht sich nicht zu scheuen), Rousseaus Ideale erneut poetisch vorzutragen.

In diesem Bestreben, die Renaissance von Tendenzen jenes achtzehnten Jahrhunderts zu erzwingen, steht Arno Schmidt, soviel ich sehe, einzig da. Er ist der seltene Typ des Formalisten, der das ethische Element der Form nicht zum abstrakten Fetisch macht, der die Form nicht zum einzigen Ziel einer pathologischen Sittlichkeit erhebt. Mag er im Formalen den Prinzipien eines Wieland, eines Jean Paul die Prinzipien einer neuen quellenden und dennoch modern konzisen Epik abgewinnen, — er wird nie unterlassen, darauf hinzuweisen, daß jenes Jahrhundert das der Aufklärung und der Enzyklopädie war; und seine elementare Feindseligkeit etwa der Religion gegenüber beweist, daß er einen Standort eingenommen hat, den die andern gar nicht suchen, geschweige denn finden. Er fühlt sich — heute! — Geistern verpflichtet, die in der öffentlichen, in dieser von den Gegenkräften gelenkten Meinung schon lange abgewirtschaftet haben. Schmidts desperater Humor, Schmidts illusionsloser Skeptizismus weiß um den ungebrochenen Wert jener verfemten Philosopheme und um ihre die Welt verändernde Wirksamkeit; er weiß, daß, wer die Aufklärung herabsetzt und verspottet, sich ja letzten Endes nichts als aufgeklärt vorkommt, daß also, der Mühe gern enthoben, aufzuklären oder aufgeklärt zu werden, er nicht dem süßen Zauber entgehen kann, aufgeklärt zu sein.

Karl Schumann

# Dichtung oder Bluff

Arno Schmidt in der deutschen Gegenwartsliteratur

> *Jeder Schriftsteller sollte die Nessel Wirklichkeit*
> *fest anfassen, und uns alles zeigen: Die schmierige*
> *schwarze Wurzel, den giftgrünen Natternstengel,*
> *die prahlende Blume(nbüchse).*
>
> Arno Schmidt »Aus dem Leben eines Fauns«

Beharrlich verlangt die Gegenwart von der zeitgenössischen Literatur
starke, erregende Impulse; nie legt sie sich die Gewissensfrage vor,
ob sie überhaupt noch fähig ist, sich durch Geschriebenes erregen zu
lassen, ob sie die Literatur noch als eine Macht empfindet. Tritt
Erregendes in Erscheinung — und Arno Schmidt hat in Zustimmung
und Ablehnung Aufsehen erregt —, dann zeigt sich das Lesepublikum
meist ratlos; es ist an die Bestseller, an die Volltreffer in den Publi-
kumsgeschmack gewöhnt und vermag kaum mit experimenteller Literatur zurecht zu kommen. Arno Schmidt stieß mit seinen ersten Prosa-

Versuchen in ein Vakuum; der Expressionismus, von dem Schmidts Sprache zehrt, war für die meisten Leser entweder in Vergessenheit geraten oder überhaupt unbekannt. Die Renaissance der Stilrichtungen der zwanziger Jahre, wie sie nach 1945 einsetzte, hatte befremdenderweise vergessen, den Expressionismus wieder ins Bewußtsein zu rufen. Man kannte zwar Benn, doch stockte man schon bei Döblin, und was James Joyce anlangt, so wagte es niemand einzugestehen, ihn nicht gelesen zu haben. Der Boden, auf den Arno Schmidts Prosa fiel, war unvorbereitet. Das erklärt einen Teil der Schockwirkung und der Ratlosigkeit.

Arno Schmidts Name sprach sich zuerst im engen Kreise der literarischen Gourmets herum. Kleine Feuilletons in Tageszeitungen machten das sogenannte ›breite Publikum‹ mit Schmidts Stil bekannt. Der Durchschnittsleser ahnte kaum, daß das, was ihm hier auf Zeitungspapier begegnete, geglättete, gezähmte, geradezu domestizierte Äußerungen Schmidts waren; sie erschienen immer noch ›wild‹ genug. Die Zeitungsarbeit blieb bisher Schmidts einziger Versuch, in die Breite zu wirken. Als ziemlicher Ausnahmefall unter den zeitgenössischen Schriftstellern verschließt er sich stolz und einseitig jenen Möglichkeiten der Äußerung und des Erwerbs, nach denen die Mehrzahl seiner Kollegen drängt: Theater, Rundfunk, Film und Fernsehen. Er verschreibt sich dem Buche. Das Buch ist die angemessenste Form für seine ich-bezogene Prosa wie für seine Stiltechnik. Man kann Schmidt weder dramatisieren noch verfilmen. Man kann ihn nur lesen.

Die Ich-Form seiner Prosa, ein Erbstück des Expressionismus, legt es nahe, sich mit der Person Arno Schmidts zu befassen. Man wittert überall, selbst in der verklausulierten Ich-Form der »Gelehrtenrepublik«, das autobiographische Element; man spürt im Einfließen von Reflexionen, von Sarkasmen, von Attacken auf Gott und die Welt den Zug zum Rechenschaftsbericht und zum Bekenntnis. Solche Einsprengsel können montiert ein ungefähres Bild von Schmidts Person geben. Das spärliche biographische Material, das in Katalogen und Verlagsanzeigen publiziert wurde, gibt den Vermutungen Recht. Arno Schmidt kam — o Ironie des Schicksals! — als Sohn eines Polizeibeamten am

Reichsgründungstag, dem 18. Januar also, im Jahre 1914 in Hamburg zur Welt. Der Geburtsort ist eine Zufälligkeit; Schmidt stammt aus Schlesien, und schlesische Mentalität gibt den Untergrund seiner Arbeiten. Er scheint es nicht leicht gehabt zu haben. Eine biographische Notiz, die der Rowohlt-Verlag gab, berichtet davon: *Durch Stipendien erwirbt er sich eine umfassende Bildung, die er autodidaktisch auch auf abseitige Gebiete ausdehnt. Innerhalb eines vielseitigen Universitätsstudiums bevorzugt er die Astronomie. 1933 bricht er — da seine Schwester einen jüdischen Kaufmann geheiratet hatte — von sich aus das Studium ab und wird kaufmännischer Volontär und Angestellter in einer Textilfabrik. Bei Ausbruch des Krieges wird der überzeugte Kriegsgegner auf lange Jahre Soldat in Frankreich, Norwegen und an der Eismeerfront. Ende 1945 befindet er sich in Brüssel in englischer Kriegsgefangenschaft, während ihm unterdessen Heimat und Habe im Osten, da sich seine Familie nach Schlesien zurückbegeben hatte, verloren ging. Nach einjähriger Tätigkeit als Polizeidolmetscher in Niedersachsen sieht er sich arbeitslos und beginnt seinen Lebensunterhalt als Schriftsteller zu suchen. Der vorwiegend mathematisch Interessierte konstruierte eine siebenstellige neue Logarithmentafel und sammelte durch Jahrzehnte Material zu einer Fouqué-Biographie.* Schmidt lebte um 1950 einige Jahre auf dem Lande in der Gegend von Saarburg; die atheistische Tendenz seiner Bücher sprach sich bei der Landbevölkerung herum; man begegnete ihm feindselig. Er suchte in Darmstadt einen neuen Wohnsitz.

*Die Nessel Wirklichkeit*

Was nach der Lektüre einer Seite Schmidt'scher Prosa sich an Stilelementen aufdrängt, scheint auf den ersten Blick nicht dazu angetan zu sein, *die Nessel Wirklichkeit fest anfassen* zu können: Das scheinbar Amorphe der Assoziations-Serien, die zerrüttete Syntax, das Einfließen von Jargon und Dialekt, die zupackenden Lautmalereien, der Verzicht auf ein erkennbares ›Handlungsgefüge‹, das beständige Ausbiegen in die Reflexion, der Drang nach neuen Wortbildungen, die schmetternde Drastik der Verben, die kühn gewählten Adjektive, — kurz das Monologische und Ich-Bezogene des sprachlichen Ausdrucks. Man sieht Bestandteile des expressionistischen Ausdrucks-Arsenals, doch es fehlen zwei wesentliche Praktiken des Expressionismus: Einmal die rhythmische Bewegtheit, zum anderen die Fortissimo-Lautstärke, der Schrei, das Ausrufezeichen, das O-Mensch — Pathos. Bei Arno Schmidt fehlt die gefühlsmäßige Komponente des Expressionismus: das Pathos, der Eifer, das Schwelgen und Rufen, das Gestikulieren und der Hymnengesang. Schmidt ist zerebral bestimmt. Und dieser Ausgangspunkt entscheidet. Die gewiß vom Expressionismus übernommenen äußeren Praktiken werden vom Intellekt gesteuert. Das ist gegenüber dem Expressionismus das ›Moderne‹ an Arno Schmidts Prosa. Das setzt sie in den Stand, *die Nessel Wirklichkeit* anzufassen.

Mathematik und Physik, die beiden Fundamente des neuzeitlichen Weltbildes, hat Arno Schmidt studiert. Er kennt sich aus in den kühnen Konstruktionen der Integral- und Differentialrechnung, Einsteins Erkenntnisse sind ihm geläufig, er weiß Bescheid in den stolzen Spekulationen der Astronomie und Astrophysik. Dies ist für einen Literaten nicht alltäglich; Schriftsteller pflegen für gewöhnlich nur den handgreiflichen Auswirkungen mathematisch-physikalischer Gedanken, zum Beispiel der Technisierung, Augenmerk zu schenken, die wissenschaftlichen Grundlagen solcher Phänomene aber als etwas Trockenes, Starres und dem Dichterischen Entgegengesetztes beiseite zu lassen. Über die Reste von halbvergessener Schulmathematik reichen ihre Beziehungen zu den für unser physikalisches Weltbild bestimmenden Formeln kaum hinaus. Daraus erklärt es sich, wie wenig bisher für das literarische Aufarbeiten unseres veränderten Weltbildes getan worden ist. In unserer Einstein-Welt wird sozusagen noch mit dem Federkiel geschrieben. Die verbreitete Kritik an der Technik, die sich in der Fortführung der von Klages ererbten Intellekt-Feindschaft bis zur geharnischten Ablehnung des Maschinenhaften steigert, bedeutet in den wenigsten Fällen eine abwägende und fundierte Auseinandersetzung mit den technischen Gegebenheiten; sie geht meist zu sehr vom Gefühl aus, wenn sie, zumal in ihren naiven Formen, nicht überhaupt eine modische Pose ist.

Der mathematische Zug bricht bereits in Arno Schmidts erstem Prosaband »Leviathan« (Rowohlt-Verlag, Hamburg 1949) deutlich auf; das Buch erhielt damals Döblins Mainzer Akademie-Preis. Das mathematische Interesse Schmidts schuf eine in seinen Bänden reich variiert wiederkehrende Figur: den Geometer, den Landvermesser. Im »Leviathan« zeigen sich die ersten Umrisse dieser Gestalt; im »Aus dem Leben eines Fauns« (Rowohlt-Verlag, Hamburg 1953) sucht sich der durch die Agonie des ›Dritten Reiches‹ taumelnde Außenseiter-Intellektuelle nach kartographischen Gesichtspunkten einen Schlupfwinkel zum Überleben; »Brand's Haide« (Rowohlt-Verlag, Hamburg 1951) beginnt bereits auf dem Schutzumschlag mit einer Darlegung des Handlungsorts in Gestalt einer topographisch exakten Kartenskizze; die Hauptfigur in dem Roman »Das steinerne Herz« (Stahlberg-Verlag, Karlsruhe 1956) ist ein herumwandernder Geometer; dem Roman »Die Gelehrtenrepublik« (Stahlberg-Verlag, Karlsruhe 1957) stellt Schmidt Planskizzen der fingierten Gelehrten- und Künstlerinsel IRAS voran, die er nach dem modernen Atomkrieg in Gestalt seines Urgroßneffen Mr. Winer besucht. Stets orientieren sich Schmidts Hauptfiguren nach Karten und Plänen; sie sind geradezu von einem Fanatismus der topographischen und geometrischen Präzision besessen; sie kennen nichts Kostbareres als alte kartographische Dokumente, historische Planentwürfe und vergilbte Skizzen. Beim oberflächlichen Lesen mag diese Manie der Plangenauigkeit als Marotte erscheinen, im Gesamtbild der bisherigen Arbeiten Arno Schmidts trägt sie sinnbildlichen Charakter. Diese Landvermesser geben das Symbol für Schmidts Streben nach mathematischer Genauigkeit im Erfassen des Wirklichen. Sie sind die Schlüsselfiguren seines Denkens, die Exponenten seines ›Präzisionalismus‹, wie man den auf äußerste Akkuratesse gerichteten Stil Schmidts bezeichnen könnte.

Schmidts topographische Akribie richtet sich nicht nur auf das mathematisch und physikalisch Gegebene, sie bemüht sich genauso um die soziologische Struktur, um den ›gesellschaftlichen Ort‹. Seine ersten Bücher reißen eine Topographie des Flüchtlingslebens auf; das Prosastück »Die Umsiedler« und der erste Teil von »Brands Haide« zeichnen Flüchtlingsschicksale vor dem Hindergrund einer satten, lieblosen Gesellschaft von Spießern; »Aus dem Leben eines Fauns« gibt so etwas wie eine Generalstabskarte vom Bürgerleben im ›Dritten Reich‹; »Das steinerne Herz« umreißt die Topographie des kleinbürgerlichen Wirtschaftswunder-Wohlstands. Zum exakten Erfassen der mathematisch-physikalischen Wirklichkeit tritt die präzise Aufzeichnung der soziologischen Situation. Schließlich kommt, alles zusammenfassend und überwölbend, das Bild des Individuums hinzu. Dieser Einzelne ist bei Arno Schmidt stets ein hellwacher Intellektueller, einer, der mit klarem Kopf, sensiblen Nerven und einem wundgescheuerten Herzen diese äußeren Wirklichkeiten entlang wandert. Er kann nichts sehen, fühlen oder anfassen, ohne Reflexion zu treiben. Aus diesem Reflektieren, das bei jedem Geschehnis ausgelöst wird wie ein Automat, kommt die besondere ›Rastertechnik‹ des Prosastils, die Aufteilung der Buchseiten in kurze, komprimierte Bildausschnitte von eindringlicher, hochspannungsgeladener Sprachkraft. Der bizarr anmutende Stil Arno Schmidts, mit dem Verzicht auf wohlgeformte Satzperioden traditionellen Stils, mit der Absage an eine kontinuierliche Romanhandlung gewohnten Zuschnitts, ist das angemessene Ausdrucksmittel dieses zerebralen Erfassens der Dinge. Phantastik, Sarkasmus, Polemik, präzises Aufzeichnen und wortmalerischer Elan schieben sich ineinander. Die Gefahr des Manierismus liegt bedrohlich nahe.

Neben dem mathematischen Interesse drängt sich ein philologisch-historisches Interesse vor. Es äußert sich oberflächlich in den häufigen fremdsprachlichen Einschiebseln, in den oft benützten Dialekt- und Jargonwendungen (welche überdies meist auch noch etymologisch erklärt werden), in der Vorliebe für alte literarische Dokumente, in der ausgedehnten und oft geradezu fanatischen Parteinahme für halbvergessene Gestalten der Literaturgeschichte. Die Philologie erscheint bei Schmidt mit ähnlicher Akribie betrieben wie die Mathematik. Philologisch geschult macht sich sein Sprachgefühl auf den Weg zu kühnen

Neubildungen von Wörtern. Am offenkundigsten wird diese philologische Neigung bei Schmidts Vorliebe für Randgestalten der Literaturgeschichte. Immer wieder spiegelt sich in den Romanhelden, die ja ohnedies mehr oder minder verkappte Selbstdarlegungen sind, Schmidts Besessenheit von dem Werke Fouqués. Friedrich de la Motte-Fouqué (1777 bis 1843), der romantische Dichter einer »Undine« und des »Zauberrings«, fasziniert Arno Schmidt mit einer geradezu magischen Gewalt. Mühsam trug Schmidt jahrelang Material zu einer großen Fouqué-Biographie zusammen; das Manuskript lag in den letzten Jahren mehreren Verlagen vor, doch entschloß sich keiner, die mit überlegener Sachkenntnis, starker innerer Anteilnahme und kulturgeschichtlichem Verständnis geschriebene Dichterbiographie herauszubringen. Von Arno Schmidts Beziehung zu romantischen Dichtern erfuhr eines seiner Herzensanliegen entscheidende Prägung: das Problem der Form. Es bewegt ihn in nicht geringerem Maße, als ihn das Erfassen der Wirklichkeit beschäftigt. Musterhafte Form sieht er bei den Romantikern vom Schlage Fouqués geprägt. Was ihn zu dieser Ansicht bewegt, hat er zwar nirgends klar ausgesprochen, doch dürfte es eine Verwandtschaftsbeziehung zwischen seiner zerebralen Prosa und der Ironie der Romantik sein, die hier die Brücken schlug. Die romantische Ironie, entsprungen aus Gefühl und Intellekt, ließe sich vielleicht als Ahnherr des Prosastils Arno Schmidts ansprechen; man vermag überhaupt überraschende Beziehungen zwischen vorgeblich sehr modernen literarischen Techniken, etwa auf dem Gebiete des Dramas und der Novelle, und romantischen Dichtungen (Tieck) zu entdecken. Die Romantik — vor allem mit jenen Dichtergestalten, die heute fast nur noch den Fachleuten geläufig sind, einst jedoch die Exponenten ihrer Richtung waren — hat zweifellos auf Arno Schmidt gewirkt und zwar hauptsächlich mit ihrer schillernden Verbindung von Gefühl und Intellekt, von Empfindung und Reflexion.

*Eine konforme Abbildung von Gehirnvorgängen durch besondere Anordnung von Prosaelementen,* bezeichnet Schmidt als seine Aufgabe (»Betrachtungen 1, ein Werkstattbericht« im ersten Heft der Zeitschrift »Texte und Zeichen«, 1955). Wir mögen zur Kenntnis nehmen, fährt Schmidt fort, *daß das Problem der heutigen und künftigen Prosa nicht der feinsinnige Inhalt ist* — *der psychologischen Pünktchenmuster und anderen intim-kleinen textilen Varianten werden wir immer genug besitzen* —, *sondern die längst fällige systematische Entwicklung der äußeren Form.* Die neue Form hält Schmidt für erarbeitet, was den Bewußtseinsvorgang ›*Erinnerung*‹ angeht (»Die Umsiedler« und »Seelandschaft mit Pocahontas«), den Typ *Löcherige Gegenwart* bietet »Brand's Haide«, unter den Vorgang *Traum* wäre »Die Gelehrtenrepublik« zu rechnen, als *Gedankenspiel* darf das Bändchen »Kosmas« angesehen werden. Das Rüstzeug für das Anfassen der *Nessel Wirklichkeit* liegt bereit.

## Die schwarze schmierige Wurzel

Die Frage nach der Wurzel, nach dem metaphysischen Untergrund einer solchen ebenso geistesscharfen wie temperamentvollen Deutung der Wirklichkeit drängt sich auf. Hier zeigt sich überraschenderweise eine Bindung an den Positivismus des 19. Jahrhunderts, verschärft durch ein bitteres Gefühl der Enttäuschung und der Verzweiflung. Ein konsequenter Atheismus durchzieht die Wirklichkeitsdeutung Arno Schmidts. Die Wiederentdeckung der Metaphysik und die erneute Anerkennung des Religiösen als einer übergreifenden Realität, wie sie sich in der Philosophie seit der Jahrhundertwende anbahnten, läßt Schmidt unbeachtet. Seinem Atheismus fehlt selbst die tragische Geste, zu der sich noch der radikale Existentialismus aufrafft. Er trägt beinahe banale Züge, hat pamphletistische Anwandlungen, tobt mit höhnischer Bitterkeit. Ein wunder Wissensstolz, eine hypersensitive Diesseitigkeit und eine übertriebene Gehirn-Gläubigkeit machen Schmidt zu einem radikalen, ja militanten Atheisten und Antichristen. Ein Relikt aus dem 19. Jahrhundert hat sich im Denkapparat eines so leidenschaftlich dem 20. Jahrhundert verschriebenen Autors festgesetzt, ein fossiler Bewußtseinsrest, eine seltsame Christenstürmerei. (Der von Schmidt übrigens gar nicht sonderlich geschätzte Nietzsche nimmt sich dagegen wie ein höflicher Spötter aus.) Man steht verdutzt vor der kuriosen Tatsache, daß zu einem hypermodernen Schriftsteller eine entscheidende Eroberung des modernen Bewußtseins noch nicht gelangt ist: Die Anerkennung der Welt des Religiösen als einer besonderen Seins-Sphäre jenseits der engen Grenzen der Vernunft. Das Ideal einer antireligiösen ›Wissenschaftlichkeit‹ wird hier noch einmal heraufbeschworen; man fühlt, daß dieser sarkastische Atheismus seine Wurzel in der Bitterkeit, der Enttäuschung und der Verzweiflung hat. Er ist nicht stolz und optimistisch wie der Atheismus Nietzsches, sondern klein, boshaft, pamphletistisch und sichtlich aus der Opposition gegen Kirchliches entstanden. Neuerdings, das heißt in den jüngsten Prosabänden Schmidts, klingt dieser Atheismus nur noch verklausuliert durch. Das deutet auf keinen Gesinnungswandel des Autors, vielmehr auf eine gewisse Vorsicht, nicht schockierend wirken zu wollen.

Auch das Ideal der Wissenschaftlichkeit richtet sich nicht mehr so stolz empor. Es erfährt dort schärfste, leidenschaftlichste Kritik, wo der wissenschaftliche Fortschritt die Selbstvernichtung des Menschen heraufzuführen vermag. Der konsequente Pazifist Arno Schmidt kennt zwei Reaktionen auf die in den Dienst der kriegerischen Vernichtung gestellte Wissenschaft und Technik: die aufrüttelnde, flammende, atemversetzende Schilderung der Kriegsgreuel wie im Schlußkapitel von »Aus dem Leben eines Fauns«, wo der Bombenangriff auf eine Großstadt mit einer Kraft des Wortes geschildert wird, die in der gesamten deutschen Nachkriegsliteratur, selbst Gert Ledigs »Stalinorgel« und »Vergeltung« nicht ausgenommen, ohne Beispiel ist; die sarkastische Zukunftsphantasie wie in »Schwarze Spiegel«, dem zweiten Teil von »Brand's Haide«, wo das zwar nicht sonderlich originelle Motiv der zwei letzten Überlebenden des Atomkriegs mit schauriger Präzision und einer wehen, unausgesprochenen Lyrik abgewandelt wird, dann vor allem in der 1957 erschienenen »Gelehrtenrepublik«, der grell sarkastischen Schilderung eines Besuches bei den durch Strahlungseinwirkungen denaturierten Menschen und mit der bissig-ironischen Satire auf eine inselhaft schwimmende Gelehrten- und Künstlerkolonie, die das von Ost und West respektierte Refugium des Geistes nach dem Atomweltkrieg darstellt.

Neben »Aus dem Leben eines Fauns«, einer schneidend angelegten Studie über die innere Emigration eines Intellektuellen im ›Dritten Reich‹, ist »Die Gelehrtenrepublik« Arno Schmidts stärkster und unmittelbar zugänglichster Wurf. Durchaus im Sinne romantischer Ironie erscheint der Autor in der Maske seines Urgroßneffen anno 2009 und übersetzt den Erlebnisbericht seines journalistischen Nachfahren ins Deutsche, das als Sprache längst tot ist, weil Europa im Kriege *zerstrahlt* wurde. Dieser seltsame Amerikaner Mr. Winer besichtigt in Nevada den Hominidenstreifen, die riesige, abgezäunte Provinz, in der durch radioaktive Einflüsse schaurige Fabelwesen, Zentauren und Menschen-Egel entstanden sind. Mr. Winer reist weiter nach IRAS, der in den Rossbreiten, im Nordpazifik künstlich angelegten »Gelehrtenrepublik«, auf der die noch lebenden Genies aus Kunst und Wissenschaft vor der Atomvernichtung bewahrt werden sollen. Dieses angeblich paradiesische Eiland entpuppt sich als ein Höllenort, auf dem die Machtkämpfe zwischen Ost und West im Sinne eines kalten Krieges mit unerhörter Perfidie fortgeführt werden. Die Zukunft, die sich hinter unserer technischen Entwicklung anzubahnen scheint, wird hier mit hartem, phantasievollem Griff vorausgenommen. Die schreckliche Parabel der »Gelehrtenrepublik« gehört zum Aufrüttelndsten, was die Gegenwartsliteratur aufzubieten hat im Kampf gegen den Wahnsinn des Atomkriegs und des Strahlungsbeschusses. Hier ist Arno Schmidt der Hieronymus Bosch unserer Tage.


*Der giftgrüne Natternstengel*


Zur Topographie unserer Gegenwart gehört der soziologische Aspekt. Er läßt sich aus Arno Schmidts Büchern nicht so rasch herausfinden wie etwa der mathematisch-physikalische oder der religiöse Standort. Ein Leitmotiv wird rasch erkennbar: Der Individualist in der modernen Gesellschaft. Der Prosaband »Aus dem Leben eines Fauns« zeigt dieses Motiv vielleicht am deutlichsten. Die zentrale Figur führt ein Doppelleben; es ist das Mimikry-Dasein, zu dem sich der Individualist in einem Machtstaat gezwungen sieht. Der Mann, ein Intellektueller, taucht in einem langweilig-spießigen Familienleben und in einer nichtssagenden Buchhaltertätigkeit unter, um sich durch eine Zeit zu bringen, die jedes offene Wort bestraft. Es ist die Art, sich durch eine neutrale Beschäftigung vor dem Augenmerk der Diktatur zu schützen, — eine für die ›innere Emigration‹ bezeichnende Praktik. Rings um den sich einpuppenden Individualisten wimmelt eine Gesellschaft von Gedankenlosen, von Banausen, von Spießern und von Ahnungslosen. Wenig verändert zeigt sich das Bild des Individualisten in dem kargen Leben der ersten Nachkriegsjahre. In den »Umsiedlern« und in »Brand's Haide« tritt der intellektuelle Einzelgänger als Flüchtling mittellos und verbittert unter satte Menschen, die sich auf Dörfern und in Kleinstädten seitab vom direkten Zugriff des Krieges eine satte Existenz bewahrt haben. Wieder sieht sich der Individualist zu stumpfsinnigen Brotbeschäftigungen gezwungen; er leidet, physisch und moralisch, während rundum eine habsüchtige und herzlose Kleinbürger- und Spießerschicht die Annehmlichkeiten des Davongekommen-Seins genießt. Hier spricht sich Schmidts Sozialkritik am schärfsten aus, doch umgeht sie jedes sozialistische Pathos, jede klassenkämpferische Aggression, jedes grundsätzliche Erörtern einer ›sozialen Frage‹.

Auf die restaurative Politik werden giftige Pfeile abgeschossen, mehr in Form nadelspitzer Ausfälligkeiten als in Gestalt politischen Theoretisierens. Auch das Wirtschaftswunder, dargelegt an der brüchigen, aufgeblasenen und zutiefst kleinbürgerlichen Idylle einer Fernfahrerfamilie in »Das steinerne Herz«, sieht den Individualisten noch als Einzelgänger, als vagierenden Geometer, als sozial ›desintegrierten‹ Typ. Die Grundsituation ist die Fremdheit des denkenden, überlegenden und bildungsstolzen Einzelnen in einer Gesellschaft der hohlen Geschäftigkeit, der hinterhältigen Praktiken, der Zufriedenheit und der Uniformität. Auch Mr. Winer in der »Gelehrtenrepublik« ist Individualist in dem Sinne, daß er vom Leben und Treiben der ›Tonangebenden‹ ausgeschlossen ist, ein Beobachter mit einem kurzbefristeten

Permit, ein Zaungast an den Orten, wo über das Schicksal der Welt bestimmt wird.

Der Einzelne in seiner Vereinzelung: das Leitmotiv im soziologischen Sinne. Durch erhöhte Gehirntätigkeit und rege Sensibilität entsteht diese Vereinzelung, dieser klarsichtige, schmerzliche Individualismus. Dieses Individuum durchschaut die Dinge; das macht ihn unfähig, bei dem gedankenlosen Rummel, den seine Umwelt Leben nennt, mitmachen zu können. Er separiert sich, betrachtet in sarkastischer Weise, mit ironischem Achselzucken und unter zynischen Bemerkungen die Welt. Aus dieser Haltung ergeben sich zwei Themen, die für Schmidts gesamtes Werk von ausschlaggebendem Gewicht sind: die Beziehung zur Natur als zu einem wild-schönen Refugium und die Kontaktlosigkeit zu den Menschen.

## Die prahlende Blume

Arno Schmidt spricht es selbst aus: Die Beziehung zur Natur entscheidet über Wert und Unwert eines Dichters. Er selbst sieht die Natur seltsam magisch, gemischt aus einer spontanen, urtümlichen und phantasieerfüllten Empfindung und einer biologischen Scharfsichtigkeit. Alles Sentimentale (Merkmal des Großstadtmenschen!) ist weggefegt, alle touristenhafte Naturschwärmerei, aller pantheistische Mystizismus. Die Natur erscheint als eine große Einsamkeit; kein Geschöpf eines Schöpfers, eher die Verwirklichung strenger Gesetze. In ihrer Strenge wird die Natur zum Trost und zum Refugium für den Einsamen, der sich in sie verkriecht und ihr doch reflektierend gegenübersteht. Schmidt ist, bei aller Intellektualität, überhaupt kein Stadt-Typ. Das Großstädtische spielt in seinen Büchern gar keine Rolle, außer spärlicher Randornamentik. Die Handlungen seiner Prosastücke rollen im Freien ab, in und mit der Natur: »Brand's Haide«, die Geschichte einer hektischen Liebe auf einem Dorfe am Rande einer halbgespenstischen niedersächsischen Landschaft; »Aus dem Leben eines Fauns«, Erinnerungsbilder aus einer Robinsonade in der Abgelegenheit unzugänglicher Wälder (romantisches Motiv der Flucht des Verwundeten, Vereinsamten in die Natur!); »Seelandschaft mit Pocahontas«, das Scherzo in Moll, gespielt von Allerwelts-Urlaubsgästen am Rande eines Sees; »Die Gelehrtenrepublik«, Schilderung der durch menschliche Gewalttat grausam veränderten, pervertierten Natur. Überall breitet sich die Natur in würzigen Farben aus, gesehen als etwas Magisches und als etwas Biologisches.

Fast alle Prosastücke Arno Schmidts sind genauso Liebesgeschichten wie sie Welt- und Selbstspiegelungen eines hypersensitiven Intellekts sind. Der Akzent liegt bei Schmidts Liebesgeschichten eindeutig auf dem Sexus, nicht auf dem Eros. Das Schwärmerische fehlt genauso wie das Elegische oder gar wie die Idealisierung einer erotischen Neigung. Der Sexus bricht jäh und stürmisch los, ganz diesseitig und elementar. Dies ist typisch für zerebral betonte Naturen; es ist genauso bezeichnend für Menschen mit innerer Kontaktschwäche, mit dem Unvermögen, den allzu scharfsinnig ›durchschauten‹ Partner als etwas Einmaliges und Besonderes zu verstehen. Die Spannungen treten mit gewitterartiger Plötzlichkeit auf, mit einem rabiaten Accelerando und einer verzweifelten Lebensgier, wie sie für Kriegs- und Nachkriegsgenerationen typisch ist. Man nimmt, was sich bietet; und was man nimmt, nimmt man rasch. Der von der Agonie des Hitlerkriegs zu überhitzter Lebensgier angestachelte Held in »Aus dem Leben eines Fauns« stürzt sich auf das pralle Mädchen Käthe, das dem Alter nach seine Tochter sein könnte. In »Seelandschaft mit Pocahontas« steigen zwei Männer unter fingiertem Namen in einem billigen Gasthof ab und genehmigen sich ein rasches, kurzlebiges Urlaubsabenteuer mit zwei gleichfalls unter falschem Namen abgestiegenen Allerwelts-Mädchen. Gleiches Flüchtlingsschicksal treibt in »Die Umsiedler« zwei Schlesier auf dem Transport zu ungewissen Notquartieren zueinander. Dieses Motiv der plötzlichen, sinnlichen Begegnung erscheint ins Phantastische, Skurrile und Spielerische transponiert in Arno Schmidts fabulierfreudigster Episode: in dem Zusammentreffen zwischen Mr. Winer und der charmanten Zentaurin Thalja (»Die Gelehrtenrepublik«). Hier schlägt Schmidts Dichtung einen Salto ins Groteske. Das erotische Elementarmotiv gibt das Thema für ein pikantes Scherzo.

Der rasche, hektische Rhythmus einer aus den Fugen geratenen Welt bestimmt den heißen, raschen Ablauf dieser Liebesepisoden, deren Tragik darin besteht, daß ihre Menschen mit dem Leben davonkommen, daß sie wieder in den Alltag zurückmünden, daß sie sich selbst aus diesen momentan aufblitzenden Kontakten lösen, ohne sich innerlich nahe gekommen zu sein.

Das Leben präsentiert sich einem solchen Zer-Denker der Situation nicht mehr als Kontinuum; die Existenz hat Risse; das Dasein spaltet sich auf in eine abgeleierte Alltäglichkeit und in die Augenblicke hellwacher, überwacher Bewußtheit. *Denn auch am Tage ist bei mir ein Anderer, der zur Bahn geht; im Amt sitzt, büchert; durch Haine stelzt . . .; ein auseinanderfallender Fächer: ein Tablett voll glitzernder snapshots.* Die ›zwei Seelen‹ in Fausts Brust sind artige Geschwister gegen diesen stechenden Schmerz der Diskontinuität. Dieses Bewußtsein der Diskontinuität — ihm entspricht exakt die eigentümliche ›Rastertechnik‹ der Prosa Arno Schmidts — läßt keinen Humor aufkommen, im Sinne verstehender, überlegener Distanz. Was Schmidt pflegt, ist der Galgenhumor dessen, der den Kopf längst in der Schlinge hat, aber noch mit bitterem Witz nach der würgenden Schnur spuckt. Wo bleibt das Positive in Arno Schmidts Dichtung? Was erscheint überhaupt noch als Wert? In »Aus dem Leben eines Fauns«, dem aufschlußreichsten Buche des Autors, macht ein Satz Bilanz: *Am Ende — ich tappe mit der Handfläche auf mich als Beleg: bleibt nur: Kunstwerke; Naturschönheit; Reine Wissenschaften. In dieser heiligen Trinität.* Ein Fazit, das genauso in den Schriften eines romantischen Ironikers anderthalb Jahrhunderte vor unseren Tagen hätte stehen können. Dem fiebrig bohrenden Intellekt und den überempfindlichen Nerven bleiben am Ende nur die Geister der Natur, der Kunst und der Mathematik. Jede überhöhende und religiös tröstliche Sinndeutung der Welt wird abgelehnt; die Bereiche des Ästhetischen, der Natur-Magie und der reinen Wissenschaften bleiben als einzige anerkennenswerte Faktoren.

Arno Schmidts Prosa hat in ihrer Form und in ihren Gedanken Zündstoff gegeben. Die oft aufgeworfene Frage, ob der pamphletistische

Zug, die Übersteigerung der tollkühnen Adjektivbildungen, die Rasanz der buntfarbigen Verben und die zerklüftete Eigensinnigkeit der Syntax nur Bluff seien, suchte ein erregendes Phänomen der Nachkriegsliteratur auf hilflose Art zu bagatellisieren. Daß hier die Gegenwart mit zukunftsweisenden künstlerischen Mitteln analysiert wird, läßt sich nicht von der Hand weisen. Alfred Andersch sieht im Werk Arno Schmidts *einen geheimen Mittelpunkt unserer Literatur* und prophezeit starken, formprägenden Einfluß: *Was hier mit der Sprache geschieht, das ist heute in Deutschland einzigartig und gar nicht wiederholbar, und wird sich erst in Jahrzehnten auf den Gesamtzustand unserer Sprache und Literatur auswirken.*

Heinrich Böll

# Das weiche Herz des Arno Schmidt

Viel habe ich in diesem Roman gefunden: eine spannende Kriminal-
geschichte (es geht nicht um Bankraub oder Mord, sondern um den
abenteuerlich geplanten und ausgeführten Tausch eines Buches, das
in der ostberliner Staatsbibliothek gegen einen Zwilling geringeren
Wertes gewechselt wird), dann eine Schatzgräbergeschichte mit Happy
End; klare erkennbare Gestalten, die sich aus dem Mosaik der Sprache
Arno Schmidts ohne überflüssigen impressionistischen Überhang zu-
sammensetzen: den Kraftfahrer Karl, seine Frau Frieda, den Archiv-
Fanatiker Walter Eggers, das Flüchtlingsmädchen Line; ich habe einiges über die DDR erfahren, einiges über die Bundesrepublik (die da
drüben sind ja ›auch‹ verrückt), einen Humor entdeckt, für den mir
kein besseres Beiwort als grimmig einfällt, da er wirklich mit Grimm
geäußert wird und doch Humor ist; einen eiskalten Atheismus (der
mir dogmatischer vorkam als die Dogmenmauern der Kirchen; offenbar haben auch die Atheisten ihre unerbittliche Frömmigkeit); eine
leidenschaftliche, mit wahrer Poetenwut praktizierte Liebe zur deutschen Sprache, die sich und ihre *unrasierten Kiefern*, ihre *kurs-*

*buchenen Herzen* hinter Klammern (eckigen und runden) wie hinter Stacheldraht verbirgt; in diesem Buch, das nicht während, sondern nach der Lektüre aufquillt (fast in der Art eines Zwiebacks aus der eisernen Ration), und das in der Erinnerung wie ein Wälzer wirkt, und doch mehr Sprache und Stoff bietet als ein solcher, — in diesem Buch habe ich nur eins nicht gefunden: das steinerne Herz, das mir der Titel versprach: ein Herz aus Wachs fand ich, ein Kinderherz oder besser, da Kinderherzen gar nicht so weich sind, ein Erwachsenenherz, das sich nach Kindheit sehnt; ein Herz, das übers Altern enttäuscht ist, ständig, — sowohl verzweifelt wie genau —, den Fleischwolf der Vergänglichkeit bei seinem Werk beobachtet, nur zwei Lebensbereiche sind von der Zerkleinerung durch den Fleischwolf ausgeschlossen: nichts bleibt diesem Herzen als die Liebe und die kalkblauen hannoverschen Staatshandbücher aus dem Jahr 1843! Wie spannend und wichtig diese Staatshandbücher sind, wird jeder Lesende begreifen, wie er den Fanatismus Walter Eggers begreifen wird, der sich unter falschen Vorstellungen in eine Familie einmietet, weil er herausbekam, daß die Hausfrau eine Enkelin von Jansen ist! Jansen!! Da bebt sein Herz, das weit von der Versteinerung entfernt ist. Mögen andere beben, wenn sie einer Romanow-, Windsor- oder Habsburg-Enkelin begegnen, gering ist deren historischer Reiz gegen das, was Jansens Enkelin zu bieten hat: die kalkblauen Staatshandbücher, und in einem geheimen Winkel einen Münzschatz (und im Zusammenhang mit dem Münzfund erfährt der Leser die Geschichte des Obersten Graf von Königsmarck und der Prinzessin Sophie Dorothea von Hannover).

Arno Schmidts Archivkunde ist kein Zufall: ein Autor, der so leidenschaftlich auf Prägnanz aus ist und sie erreicht, dessen Ziel mathematische Genauigkeit ist, der mit Gleichungen und Berechnungstabellen operiert, für ihn müssen Archive das letzte Glück dieser Erde sein; eine Leidenschaft zur Ordnung ist hier am Werk; Träume von Karteikästen, Karten, Tabellen und der Drang, zu koordinieren; Schmidt hat eine tiefe Wahrheit entdeckt: wie ungeheuer spannend Zahlen sind, wie aufregend Statistiken (die landläufige Meinung von der ›trockenen Ma-

terie‹ ist ja nur dummes Vorurteil). Man würde bei einem so präzisen
Kopf wie Arno Schmidt glauben, daß auch sein Atheismus die Frucht
der Grübelei sei, aus der Denkmaschine wie eine bittere Gleichung sich
ergebend, deren Unbekannte sich nicht etwa als die großartige Null,
sondern als Nichts erweist: »Bitte, ich finde nichts«; aber nein, hier ist
Zorn am Werk, Gefühl: der Zorn des wohl zu weichen Herzens. Kein
Wunder also, daß Schmidt auf Feindschaft stößt bei denen, deren
Gläubigkeit auf der Ebene seines Atheismus liegt: die streitbaren Christen bändeln natürlich mit den streitbaren Atheisten an.

Anders verhält es sich mit den Schilderungen der Liebe, die in Arno
Schmidts Werk zu finden sind; sie sind eindringlich, hart in Bild und
Vokabular: hier wird die Liebe gefeiert, und es wird Schmidt selbst
am wenigsten wundern, daß es Menschen gibt, für die dieser Lebens-
bereich unter bestimmten ›Ausdruckstabus‹ steht, — wozu ihnen das
Recht zugestanden werden muß —, und die durch Schilderungen seiner
Art verletzt werden; dumm ist nur, hier einen Zusammenhang mit
Schmidts Atheismus zu sehen: es gibt christliche Autoren, Francis Stuart
etwa, die Gleiches versuchen: die Liebe aus dem Ghetto zu befreien.
Es gibt Atheisten von sexueller Mimosenhaftigkeit, und Christen, die,
wenn ein bestimmter Punkt im Trinken erreicht ist, wenn der Herren-
abend beginnt oder die männliche Zotenstunde, sich in dunkle Wider-
wärtigkeiten verlieren, die unter der erstaunlichen Kategorie ›frei‹
rangieren; mit dieser Art von Freiheit hat Arno Schmidts Roman, der
ein Kunstwerk ist, nichts zu tun; es gibt keine Theologie der Kunst,
und so lange es sie nicht gibt, wird die Frage der Anstößigkeit, des
Verbots von Büchern eine Polizeifrage bleiben, undifferenzierbar;
Goethes »Wahlverwandtschaften« sind ein höchst anstößiges Buch.
Ich halte die Trennung der Liebe in die körperliche und die andere für
unzulässig; da, wo körperlich geliebt wird, geschieht es nie rein körperlich, da wo nicht körperlich geliebt wird, nie rein anders; das Mi-
schungsverhältnis ist nie genau auszumachen; Franz von Assisi und
Clara, Therese von Avila und Johannes vom Kreuz, diese zarten
Säulenpaare, auf denen Europas schlaffer Leib so lange ruhte, ein win-
ziger Faden, unsichtbar vielleicht, dem zartesten Spinngewebe ver-

gleichbar, verbindet sie immer noch mit dem schmutzigsten Trunken-
bold, der von der schmutzigsten aller Dirnen die Liebe käuflich erwirbt; immer hat die Liebe Elemente des verlorenen Paradieses, und
die Liebe zwischen Walter Eggers und Frieda, zwischen Karl und Line
hat viele dieser Elemente. Da es der Vorurteile gegen Arno Schmidt,
bei seinen Freunden und seinen Gegnern, mehr gibt als der Urteile
über ihn, wiederhole ich: spannend ist dieser Roman, wenn man sich
erst ein wenig Mühe gegeben und den Drahtverhau der Klammern
durchdrungen hat; klar und eindringlich sind die Gestalten, auf eine
besondere Weise das Flüchtlingsmädchen Line, eine zarte, liebenswerte
Gestalt von einer Keuschheit, die fast unangreifbar ist; viele Natur-
schilderungen von sparsamer Kraft sind in diesem Buch. Arno Schmidt
ist einer der wenigen echten Nachfahren der Romantiker: seine blauen
Blumen sind die Archive und die Liebe.

Helmut Heißenbüttel

# Der Solipsist in der Heide

Eins zuvor: Ich müßte erschossen werden. Denn im scherzhaft-fiktiven
Vorspruch zu Arno Schmidts neuestem Opus (*Oh-Puß* müßte ich vermutlich nach der eigenwilligen Orthographie dieses Buches schreiben)
heißt es unter Punkt c: *Wer nach ›Handlung‹ und ›tieferem Sinn‹
schnüffeln oder gar ein ›Kunstwerk‹ darin zu erblicken versuchen sollte,
wird erschossen.*
Erschossen werden müßte eigentlich schon der im Stahlberg-Verlag für
den Klappentext Verantwortliche. Denn dieser Klappentext besteht
aus nichts anderem als aus der Aufzählung einer Handlung und der
sanften Andeutung eines möglichen tieferen Sinns. Steckt da nicht ein
Widerspruch, der entweder den Klappentext oder den Vorspruch ad
absurdum führt?
Nun ist es natürlich im allgemeinen nicht schwer, einen Klappentext
ad absurdum zu führen. Aber ernsthaft gesprochen, in diesem Widerspruch deutet sich eine ganz bestimmte (und auch nicht mehr sehr neue)
Problematik an. In jenem Vorspruch wehrt Arno Schmidt sich offenbar
dagegen, einen landes- und handelsüblichen oder gar zeitgemäßen Ro-

man geschrieben zu haben. Der Klappentext aber faßt ebenso offenbar sein Buch gerade als das auf, wogegen Schmidt sich wehrt. Auflösen läßt sich der Widerspruch nur so, daß man sagt, Schmidt habe keinen Roman geschrieben im Sinne etwa von Balzac oder Fontane (und wer würde ihm das auch zutrauen?). Nach Maßgabe dessen aber, was heute erzählt werden kann, und im Gegensatz zu vielem, was in der letzten Zeit den deutschen Verlagsplantagen entsprossen ist, würde ich persönlich gerade dieses Buch als das Muster eines Romans aus dem Jahre 1960 vorstellen.

Drei Punkte scheinen mir wichtig. 1. Die ›Geschichte‹ wird von den ›Ereignissen‹, von der Darstellung äußerer und innerer Aktionen ins Detail verlagert. Wichtig ist nicht das, was im großen ganzen und objektiv passiert, sondern das gleichsam mikroskopisch aufgenommene Hin und Her alltäglicher Eindrücke und Reaktionen. 2. Die Aufnahme dieses Details geschieht in Form von Bruchstücken ineinandergepaßter sprachlicher Stellungnahmen, repetierender und reflektierender Formulierungen. Genauer gesagt, als ein Mosaik sprachlicher Reaktionen, die vom Dialog über Gedanken und Meinungen bis zum phantastischen Fabulieren reichen. 3. Die formulierten Reaktionen sind nicht in einer realen oder psychologischen Typologie verankert. Sie haben nicht objektiven Aussagecharakter, sondern halten sich an einen Bereich, der relativ nur in einer jeweiligen Vorstellungsweise begründet werden kann. Eine solche Vorstellungsweise aber ist identisch mit dem sprachlichen vokabulären, syntaktischen, orthographischen und bedeutungsmäßigen Bezirk, in dem die Vorstellungsweise sich ausdrückt. Vorstellungsweise wie Sprachbezirk aber repräsentieren ein Bewußtsein, das nicht aus einer objektiven Typologie abgeleitet ist, sondern in sich beruht. Darstellbar, sagbar ist es (mitsamt dem sogenannten Unbewußten plus Unterbewußtsein) nur als Reproduktion seiner selbst. Darin ist die Methode realistischer als die jedes sogenannten realistischen Romans und zugleich irreal. Jede Beschäftigung mit ideellen, soziologischen, psychologischen oder sonstigen ›Hintergründen‹ wäre spekulativ. Alle scheinbaren Spekulationen (von denen es bei Arno Schmidt wie immer eine große Menge gibt) verlieren den Charakter von Spekulationen, sobald sie als Relationen und Spiegelungen eines in sich autonomen Bewußtseins erscheinen.

Was bedeutet das, wenn man es im einzelnen auf das »Kaff auch Mare Crisium« von Arno Schmidt bezieht? Alle bisherigen Bücher Arno Schmidts waren im wesentlichen monologisch. Das heißt, der Bewußtseinsraum, aus dem heraus gesprochen, erzählt wurde, war einheitlich. Gewisse Teile dieses reproduzierten Bewußtseins waren, das ist kaum zu übersehen, mit dem des Autors identisch. Das sprachliche Reaktionsvermögen dieses Bewußtseins wurde mit einer Kette von aneinanderhängenden fiktiven (geographisch und chronologisch meist sehr exakt festgelegten) Situationen und Ereignissen in Konflikt gebracht und entfaltete sich dabei monologisch. Auch im »Kaff« wird der Hauptteil von einem solchen Monolog bestritten, dem des Lagerbuchhalters in einer Textilfabrik in Nordhorn Karl Richter (»Kardl«, wie Tante Herte, und »Karlle«, wie seine Freundin Hertha sagt). Das, was auch hier den Monolog vom Autor trennt, ist der exakte ›Steckbrief‹ der Figur. Zu Karl (46) treten nun noch Hertha (30), seine Freundin, und Tante Heete (60). Hertha fährt Karl mit ihrer Isetta zu Tante Heete, die in einem Dorf in der Nähe von Celle wohnt. Dort verleben sie zwei halbe Tage und eine Nacht.

Im Gegensatz zu früheren Erzählungen sind nun die beiden Frauen in einer gewissen Selbständigkeit dem Erzähler Karl entgegengesetzt. Das geschieht nicht, indem dem Monolog Karls zwei weitere Monologe eingepaßt würden (die Gefahr einer bloßen Fiktion im herkömmlichen Sinne wäre zu offenkundig). Ihre Selbständigkeit beruht vielmehr in dem genau abgegrenzten Bezirk ihrer direkten Reden. In gewisser Weise sind sie quasi statistisch aus einem bestimmten Vorrat an Dialogformeln aufgebaut. Die Realität, die sich aus den Reden der Frauen dem Leser vermittelt, hat etwas von der Realität eines Fotos. Alles übrige ist Spiegelung im Monolog Karls. Diese Spiegelungen aber treten nun ständig in Kontrast zu den Äußerungen, die der Monologisierende registriert. Ja, die ›Erzählung‹ besteht geradezu in der Entfaltung der Unverständnisse und Mißverständnisse, die sich im Kontrast des einen gegen das andere, das im Grunde ganz Fremde, ergeben.

Hierdurch gewinnt die Erzählung eine Spannung, die als ununterbrochene Bemühung um Verständnis und Übereinstimmung bezeichnet werden kann. Diese Bemühung ist der eigentliche ›Inhalt‹ der Erzählung. Sie ist gleichzeitig so etwas wie die konkrete Projektion einer niemals endgültig formulierten und immer ›verständnislos‹ offenbleibenden Erkenntnis, der Erkenntnis nämlich, daß die Aufgabe des ganz auf sich zurückbezogenen Bewußtseinsbereichs allein darin besteht, sich am ›anderen‹, am Fremden, zu reiben, sich ihm zu konfrontieren und ein Einverständnis anzustreben, das doch nie erreicht werden kann. Das aber ist die Schilderung genau der Situation, in der sich der einzelne, das sogenannte Subjekt, heute befindet. In aller Unschuld, so könnte man sagen, erreicht hier Arno Schmidt Beckettsche Dimensionen.

Überdies hat Arno Schmidt die interne Problematik noch durch einen Kunstgriff verdeutlicht, der ihm gleichzeitig die Möglichkeit gibt, eine meisterhafte literarische Virtuosität zu betätigen (erwähnt werden soll nur die Umsetzung des »Nibelungenlieds« in G.I.-Slang und die des »Cid« in sowjetische Propagandaformeln): nämlich in den eingefügten Episoden. Da ist neben einem dörflichen Theaterbesuch und einer Kirchenbesichtigung vor allem die Geschichte vom amerikanischen Mondsoldaten Charlie, die Karl fortlaufend seiner Freundin Hertha erzählt. Diese Episoden stellen so etwas wie Knotenpunkte dar, in denen, durch die Gemeinsamkeit der Situation, wenigstens eine annähernde Übereinkunft erreicht werden kann. Vor allem die Mondgeschichte, in der Art früherer Weltuntergangsphantasien von Schmidt, spielt dabei eine Rolle. Sie ist nicht Flucht in ein Phantasiereich, sondern ein Mittel, mit dem Karl Hertha abzulenken versucht. Die Schwierigkeiten, die er mit ihrer ihm unverständlichen und bis zum Schluß uneingesehenen Schüchternheit hat, versucht er abzuleiten in eine Art Märchensphäre, die aus ihren gemeinsamen Erlebnissen entwickelt wird. Kennzeichnend dafür ist, daß er mit fortschreitender (Mond-)Handlung immer ängstlicher bemüht ist, sich die Einsätze von Hertha geben zu lassen.

Arno Schmidt hat in diesem Buch aus seinen bisherigen Arbeiten Konsequenzen gezogen, die zu einem erstaunlichen und einmaligen Ergebnis geführt haben. Eine dieser Konsequenzen besteht in der schon erwähnten Orthographie. Das Buch ist in einer Art parodistischer Lautumschrift geschrieben. Anders als bei Joyce, dem er vielleicht einige Anregungen verdankt, richtet sich diese eigenwillige und manchmal etwas kalauernde Schreibweise bei Schmidt nicht auf die Sprache selbst, nicht auf die Fragwürdigkeit einer jeden sprachlichen Äußerung. Sie unterstreicht vielmehr noch einmal den solipsistischen Zug des auf sich allein zurückbezogenen monologischen Bewußtseins.

Und noch etwas möchte ich hinzufügen. Das Buch erscheint witziger und selbstironischer als alle vorherigen Schmidts. Gleichzeitig aber ist seine Witzigkeit, seine Gelöstheit wie beschattet. Etwas wie eine verzweifelte Trauer ist in die Sätze und Episoden eingemischt. Es scheint manchmal, vor allem von den Episoden her, die eine entsprechende Thematik liefern, als müsse man diesen Schatten als eine Weltuntergangsahnung interpretieren. Ich glaube jedoch, daß gerade dies die Stimmung desjenigen ausmacht, der sich ganz auf sich selbst zurückgezogen hat. Das Bewußtsein dieses Solipsisten (eines erstaunlicherweise ganz einfachen, ganz ›menschlichen‹, ja volkstümlichen Solipsisten) hat nichts, als was es mit Händen greifen kann, und nur insofern es allein in sich selbst seine Gründe findet, steht es im Schatten des Weltuntergangs, nicht eines objektiven, aus politischen Verwicklungen irgendwann eintretenden, sondern dessen, der mit dem Aufhören dieses Bewußtseins, mit dem Tod gleichzusetzen ist.

Handlung? Ja und nein. Tieferer Sinn? Ja und nein. Ein Kunstwerk? Ja, was sonst, wenn nicht ein solches Buch, sollte man heute noch mit dem Begriff der Kunst in Verbindung bringen! Also müßte ich doch erschossen werden.

Hans Wollschläger

# Eines deutschen Dichters Halbjahrhundert

Zum 50. Geburtstag Arno Schmidts

Wer heute in Deutschland nach der obersten deutschen Literatur fragte, sei's bei Fachleuten, sei's bei bloßen Lesern, müßte damit rechnen, daß ihm der Name Arno Schmidt vorenthalten bliebe; so fünfzehnjährig anhaltend ist die Ratlosigkeit um ihn, so betäubend gelungen die demonokratische Restauration gegen ihn, daß ihn zu hören schon ein Kunststück eigener Art geworden ist, das mehr oder minder der Zufall vermittelt. Unter den feierlich gefalteten Stimmen der Neuenbundes-Republik nimmt sich seine Rede nicht nurmehr leise aus, sondern fast schon wie ein fremdes Idiom; auf den Tagesordnungen der Literatur, wo die Mehrheitsbestimmungen der Bestsellerlisten gültig geheißen werden, fehlt sie ganz. Fast scheint es, als falle sie unter die Tabuisierungen der mehrheitlichen Gesellschaft selbst: unter irgend eine Prozentklausel des Kulturparlaments, deren Grenzwert buchstäblich mit Zehntausendstel-Promille anzugeben wäre. Ohne Zweifel ist Arno Schmidt die kleinste Minderheit, der heute Unrecht gegeben wird.

Versagt hat die Leserschaft bereits an den einfachsten Zugängen, die seine Arbeiten anbieten: den Handlungen. Zu tief scheint die schematische Forderung verwurzelt, ›das Buch‹ habe in erster Linie einer Art Trost-Funktion gegen den Alltag zu genügen, habe dessen Chaos mit schönglattfarbigen Ordnungen zu kitten, zu revidieren, zu widerrufen, und sei's noch im Tragischen durch den Verleih eines gerundeten ›Sinns‹, — als daß sich der Leser mit den grauen Protokollen einer von Zufällen dirigierten Allertagealltags-Welt abfinden möchte. Die Psychologie der Ich-Erzählung ist bei Schmidt antithetisch zu jedem überkommenen Klischee gehandhabt; sie versagt dem Leser nicht nur den Unterschlupf in den breiten Gebärden eines heroischen Ego, sondern die Identifikation überhaupt, und verweist ihn unter die Statisterie der Zeit, die das geschundene Subjekt plump foppend umgibt. Nach 3000 Jahren lese sich's wie der Schiffskatalog beim Homer, heißt es anläßlich einer Materialstelle; nach 15 Jahren bereits lesen sich Schmidts Texte wie ein »Chronikon Germaniens«, das mehr noch festhält, mehr noch aufdeckt als selbst die Dokumente. Den frühen Arbeiten haftet noch etwas davon an, als könnte die Zeit selber in den Griff zu bekommen sein, als könnten ihre Beschädigungen vernarbt werden durch Benennung, durch intakte Sprache. Aber nie ist Schmidt auf den Enthusiasmus der ideellen Restauration verfallen, den das Zeitalter sich verschrieb: wo ringsherum die sich aufraffende Literatur nach den Garantieformen der Vorkriegsjahre griff, als vermöchte mittels restituierender Aesthetik die unheile Zeit sich abdämpfen lassen, machte er ihr gleichgebliebenes Getriebe schonungslos dingfest. Schon den Handlungsläufen verweigert er die Regulierung der Autoren-Autorität, die alles ›zum Besten‹ wenden könnte: unterhalb der Sprache noch bleiben sie Abbilder der zerstörten Ordnung, und wenn zuweilen ein versöhnlicher Schluß sich einstellt, so geschieht es mit jenem ›Grinsen des Weisen‹, das ihn unter die Utopien reiht. Daß Schmidt den niedrigsten Augenblicken der Zeit Dauer verlieh, erklärt etwas von der Niedrigkeit der Feindschaft, die gegen ihn aufstand. Seine sämtlichen Handlungen sind Absagen an die renovierte Gesellschaft und ihre Bewältigungsprozeduren; aber gerade wo er als ihr Verleumder verleumdet wird, ist er ihr erster Repräsentant, Chronist und Überlieferer: Noch in den vereinzeltsten Sätzen, an den sauren beißenden Artikulationen der Worte gerinnt die Zeit selbst, stehen ihre Trümmer auf gegen die Behauptung ihrer Konvaleszenz.

Daß — wo man zu den Vielen redet — nicht ausschließlich von Arno Schmidts Formen die Rede sein kann, ist eine bitterböse Ironie. So unbekannt, so echo- und wirkungslos sind seine Determinationen geblieben, daß zu seinem 50. Geburtstag nicht eine einzige Fachuntersuchung den Dank der Mitlebenden vorweisen kann. Daß ein Buch wie »Kaff« nicht als Detonation der Gegenwartsliteratur empfunden wurde, widerlegt das Gerücht von deren üppiger Blüte. Gerücht geblieben sind — wie das von der ›Rastertechnik‹ — einzelne Schlagworte, die sich herumsprachen; was an Aufschlüssen zur Theorie der Neuen Prosa-Formen vorliegt, stammt von Schmidt selbst: einmal in den »Berechnungen«, in denen die elementaren Anordnungs-Systeme vorgeführt werden, dann aber auch in der langen Reihe der Essays, die den geistigen Vorfahren Schmidts gewidmet sind und hinter seinen Konstrukturen die große literarische Tradition sichtbar machen, die deutsche sowohl wie die angelsächsische. Von Brockes zu Wieland über die Romantiker zu den Expressionisten, von Blake über Carroll zu Joyce münden die großen Linien ein in die geistige Physiognomie Schmidts; allgegenwärtig wie in den Assoziativen seines Stils ist das Kontinuum in den Gerüsten seiner Prosa. Mit ihnen ist er in einem weiteren Sinne der erste Sprecher der Epoche geworden; mit ihnen gab er ihr das Instrument und die Mittel zu einer konformen Abbildung ihrer Situation. Die tiefschlägerische Reaktion war, daß man sie unter die ›Experimente‹ abstellte, ihnen jenes Untergeräusch von Bastelarbeit zufügte, das ihre Verbindlichkeit aufhöbe. Das einzige Experiment, das Schmidt unternahm, vollzog sich testmäßig am intellektualen Vermögen seiner Zeitgenossen, und an ihnen ist es gescheitert: In Deutschland hat man ihn unter die Außenseiter verbannt, deren Stimme gelegentlich anzuhorchen man sich allenfalls als Luxus erlaubt, zur Weihe der eigenen Toleranz; in Deutschland wird —

›nach alter Schelmenweise in Rondeau-Form‹ — wieder und weiter ›erzählt‹ . . .

Von Schmidt selbst stammt der Hinweis, man möge — um leidliche Vorordnung in die Konfusion der Urteile und Maßstäbe zu bringen — doch grundsätzlich unterscheiden zwischen *reiner Literatur* und bloßer *angewandter,* zwischen jener Reinen Vernunft des Schreibens, vor der *alles Fleisch Wort wird* — und Form —, und der höchst praktischen Nicht-Vernunft, die den Konsum versorgt. Bei konsequenter Anwendung auf die gegenwärtige Buch-Situation wäre das Fazit bitter genug (oder trostreich, wie man's sieht): ein einziger Name verträte (immerhin!) die *reine Literatur* — gegenüber Myriaden mückiger Drucksachen. Schmidt verdankt die deutsche Literatur zuletzt auch dies: daß unter den ›Büchern des Jahrhunderts‹, als deren erstes er selber Joyce's »Odysseus« nennt, ein deutscher Name nicht fehle; auf einige Dauer könnte er der einzige nicht nur sein, sondern auch bleiben. Bleiben werden mit ihm, und all-verbindlich, die Maßstäbe, die er gesetzt hat; daß sie eingeholt werden könnten, ist zurzeit nur erst zu hoffen; zurzeit: verhält sich gegenüber seinen Prosaformen, seinen Handlungs-Chiffren, seiner virtuosen Sprache alles kontemporäre Schreiben nicht anders denn als Anachronismus.

Eine Bilanz zu ziehen, Rückblicke zu veranstalten, Ausblicke, Seitenblicke, gar das zu bereden, was der Philologie ›seine Entwicklung‹ hieße, wäre ein krumm bemühter Witz. Zu widersinnig ist das Bild von ›eines deutschen Dichters Halbjahrhundert‹, als daß es sich dem Außenstehenden, gelassen Urteilenden nicht auf der öffentlichen Zunge in blanken Hohn verkehren müßte. Zuletzt wäre auch hierin Schmidt selbst der Einzige, der die adäquate Formulierung fände: er, der ›die besten Witze des Jahrhunderts macht‹, vermöchte den dröhnenden Scherz wohl zu finden, in dem sich das Schock-Moment über die großen Bruchstellen der Zeit, die es aufplatzen läßt, auch auf diese eine ausdehnte. Eine Form ließe sich dafür denken wie jene, die Schmidt in seinen letzten Arbeiten (»Sitara« und auch den angekündigten »Kühen in Halbtrauer«) zur äußersten Virtuosität vorgetrieben hat: die der ›Satura‹ (ein Begriff, der so einfach nicht ist, daß man ihm nicht mindestens die Warnung anhängen müßte, ihn ja nicht — nach guter Lexikon-Art — mit bloßer Satire zu verwechseln): wer dann — zuletzt — zu lachen vermöchte, lachte am besten ... Aber noch darin fehlt es — zwar nicht an Muskeln, aber an Köpfen, die Eironie Schmidts voll zu würdigen — bis in die glitzernden Verästlungen ihrer multivalenten Sprache; auch darin bleibt er vorerst der Einzige, der das Recht zum Großen Gelächter hätte, der Einzige, dem es zustände, sich selbst n i c h t nur und ganz ernst zu nehmen ...

Ob Schmidt zu gratulieren wäre zum Amt eines ›deutschen Dichters‹ in dieser Situation, ist fraglich; zumindest erforderte es einige Kühnheit. Glück wünschen ließe sich allenfalls den wenigen Einzelnen, die einen leisen Begriff davon haben — und es auch, angemessen gedämpft, aussprechen, was es bedeute, Er Sei Unser. Nicht steht es der Gesellschaft frei, ihren Frieden mit Arno Schmidt so einfach zu machen, als trenne sie nur ein Bündel Mißverständnisse von ihm, die sich gutmütig aufheben ließen. Ihn, den vom Wunder deutschen Wirtschaftens Vergessenen, von der grausen, grau sausenden Notwendigkeit des Brotschuftens Gepeinigten, auch nur zu loben, ist ›den Deutschen‹ — auf einige weitere Zeit — nicht erlaubt... *Außenseiter oder Mittelpunkt?* Aber die kürzlich gestellte, künstlich verstellte Frage bietet gar keine Alternative an: immer lagen die Zentren der Literatur bei den ›Außenseitern‹; und sollte das gegenwärtige Schreiben wirklich *so* sein, wie es sich ausstellt, so wäre Dichtung gar nicht anders mehr aufsuchbar als außerhalb seiner Ränder. Wer heute fragte nach der großen deutschen Literatur, der wäre nicht an die Herrschaft der volkseigenen Club-Belletristik zu weisen, nicht ins lispelnde Lyrispeln leyerkästliger Schreiber-Schreber-Gärten in Hamburg, Frankfurt, Köln — — — sondern nach Bargfeld — Kreis Celle — Haus Nummer 37. —

Rolf Becks

# 10° 20' 53" ö. L., 52° 42' 20" n. Br.

Notizen nach einem Besuch bei Arno Schmidt

>*Ein Häusel im Wald bauen . . .*‹ *murmelte ich.*
(Brand's Haide)

*Sonntag:*
Bargfeld: etwa 40 Häuser, ein Eichenkamp, ein Wirtshaus (= Post-
amt), ein Kriegerdenkmal — keine Kirche; und rundum Heide. Georg
fährt seinen Opel in einen Feldweg, links die Lebensmittelhandlung
Bokelmann, rechts das Haus Nr. 37: Arno Schmidt; dann Felder und
Wald.
My home is my castle. Um Schmidts Grundstück ein einmeterfünfzig
hoher Maschendraht, eine Handbreit darüber spannt sich eine Stachel-
drahtsicherung. Eine Gliederkette fesselt die Palisadenflügel eines
mächtigen Holztores aneinander. Das Vorhängeschloß befindet sich auf
der Gartenseite: also sind Schmidts zu Hause. Hinter dem Schuppen
im Garten bewegt sich jemand. »Das ist Schmidt«, sagt Georg, »er beobachtet uns.« Dreimal hupen.

Arno Schmidts Auftritt. Schmidt, ganz Grundherr, begrüßt Georg durch die Torbalken. Erst nach einigen Minuten entfernt er die Kette und kommt zu uns an den Wagen. Die Begrüßung ist korrekt — und eisig.

»Das soll ein Empfang sein!« mault Anne. Wir stehen jetzt schon zwanzig Minuten auf dem Feldweg. »Du mit deinem Schmidt!« Na ja, ich sah Schmidt zuletzt 1958 in Darmstadt, und schließlich mußte sein Freund Gotthelf auch erst eine Fensterscheibe einwerfen, bevor Arno ihn einließ. Anne korrigiert: »Nicht Gotthelf, seine Frau war so gescheit.«

Frau Lilli bittet uns ins Haus. Aber Georg muß zurück nach Celle, und wir wollen uns erst in Vater Schlotters »Laubfrosch« einquartieren. »Also bis heute abend.«

*

Ein bißchen Mond und Schmidts Taschenlampe weisen uns den Weg ins Haus. Wir scheuchen mehrere Katzen auf. »Daß Purzel tot ist, habe ich Ihnen geschrieben, oder . . .?«

Das Haus (Lehmsteine und Fachwerk, außen holzverschalt) hat eine Wohnfläche von rund achtzig Quadratmetern. Unten ein kleiner Flur, das Bad, die Küche (wohleingerichtet, aufgeräumt und sauber: das Darmstädter Zweiflern ins Stammbuch), ein Wohnraum und Frau Lillis ›Puderdöschen‹. Eine Holztreppe führt nach oben zu Schmidts Arbeitsraum und Bibliothek.

Der Fußboden des Wohnraums ist grau gestrichen. Kein Teppich. Ein niedriger Tisch, eine Sitzbank, eine Vitrine (hinter Glas stehen Schmidts Arbeiten) und ein Kohlenofen bilden die Haupteinrichtung. An den Wänden die »Bugwelt« von Eberhard Schlotter (*Dieses Selbstporträt eines harten Geistes ist streng; nicht plappermäulig. Mager und trainiert: seine vollendete Konstruktion regt zu neuen eigenen an . . . Mit solchem Bild kann man zusammenleben!* schrieb Schmidt dazu.) und eines seiner Aquarelle, der Einbandentwurf von Gisela Andersch für »Die Umsiedler« in der studio-frankfurt-Ausgabe und eine kleine kolorierte Zeichnung von Schmidt selbst: eine Hütte in einer schmidtgemäßen Landschaft. Auf einem Schränkchen steht eine Plastik von Gotthelf Schlotter. Im Puderdöschen stapeln sich Hunderte von Briefen. Schmidt wird sie nie beantworten.

*Montag:*
Frau Lilli erklärt den Garten. Schmidt hat sein Grundstück auf etwa 2500 Quadratmeter erweitern können. Viel Heidekraut, einige Wacholdersträucher, Obstbäume und Rasen. Die Weimutskiefer kenne ich noch von Darmstadt. Sie stand dort auf dem Balkon in der Inselstraße. In einer Kiste neben der Haustür schlafen zwei Katzen: Eckeneckepenn und der Schlafkünstler. Im Schuppen schnurcht in einer Schiebkarre ein Kater, der auf den Namen eines Stahlberg-Lektors hört. (Die Ähnlichkeit sei sehr groß, meint Frau Lilli.) Wir machen noch mehr Katzen aus.
Der Hausherr (in grüner Lederjacke, hohen Schnürschuhen und mit einem knotigen Wacholderknüppel) ist für den Heidemarsch gerüstet. Schmidt, der morgens um fünf Uhr mit seiner Arbeit beginnt, unternimmt fast täglich mit seiner Frau ausgedehnte Wanderungen durch Wald und Moor.
Beim Gang durch die Heide sprechen wir über Karl May, die Brontë-Schwestern, Schmidts Berechnungen I und II, Fernsehen, DDR, Jazz und günstige Einkaufsquellen für Elektrogeräte.
Wir haben Schmidts für den Abend in Heinrich Schlotters Atelier geladen. Anne will bei Bokelmann französischen Rotwein kaufen.
»Ja, da haben wir einen sehr schönen Samos . . .«
»Nein, wir brauchen französischen Rotwein, verstehen Sie, Beaujolais, Chateauneuf du Pape oder Pommard.«
»Ah, da kann ich Ihnen den Malaga empfehlen.«
Anne erklärt, daß der Wein für Schmidt bestimmt sei.
»Für Schmidt? Der trinkt Limonade.«
Schmidt trinkt in der Tat an diesem Abend nur Brunnenwasser und Limonade.

*Dienstag:*
Anne und ich sitzen in Eldingen bei H. unter einem Bismarckbild und warten auf unser Abendessen. Der Wirt beobachtet uns. Nachdem er die Teller gebracht hat, bleibt er bei uns stehen:
»Machen Sie einen Besuch in Eldingen?«
»Nein, in Bargfeld.«
»Wollen Sie etwa zu Arno Schmidt?«
»Genau.«
»Aber da kommt doch keiner rein. Der hat alle Eingänge verriegelt.«
Der Wirt packt mächtig aus. Ich will wissen, was die Bargfelder von Schmidt halten.
»Och, Schmidt ist ja ganz angesehen im Ort. Er bezahlt seine Rechnungen in bar. Nur seit dem Spiegel-Artikel sind sie etwas sauer auf ihn, denn bei Schützenfesten rufen wir den Bargfeldern zu: In Moor und Wald gedommelt!«
Auf dem Rückweg von Eldingen nach Bargfeld berichtet Anne, welche Auskunft·der Darmstädter Buchdrucker B. erhielt, als er sich an der Allerbrücke in Celle bei einem Landvermessungstrupp nach dem Weg nach Bargfeld erkundigte.
»Wollense etwa zu Schmidt? Da kommense nicht rein.«

*Mittwoch:*
Auf der Suche nach Pfifferlingen. »Lilli, eine Bonanza!« Am Abend projiziert Schmidt M.'s anspruchslose Kleinbilddias auf eine Leinwand: historische Gemäuer mit Schmidt, eine Badeanstalt mit Schmidt, Landschaft mit Schmidt und Schmidt Speiseeis leckend. »Arno hat an dem Tag fünfzehn Portionen Eis gegessen«, kommentiert Frau Lilli.

*Donnerstag:*
Fototag: Zuerst Schmidts Arbeitszimmer. Vor dem Fenster (nach Osten) eine große Schreibplatte (Gotthelf fecit), in Griffnähe der Handapparat (ein Bibelwörterbuch, Webster's Dictionary, Muret-Sanders, ein Landwirtschaftslexikon, Meyers Handatlas, das zweibändige DDR-Lexikon, The Oxford Dictionary of English Proverbs, Literatur-

geschichten u. a.), in der Mitte der Zettelkasten (auf kleinen Papers das Material für neue Arbeiten). In einem Rollschrank lagern Papiervorräte und Bindfadenknäuel. Vor dem Schreibtisch ein einfacher Stuhl.

Aus dem Eberstädter Mühltal kam die Kunde, Schmidt hielte mit einem Fuß die Falltür nieder, um zu verhindern, daß Besucher ihn bei der Arbeit störten.

Schmidt dementiert: Wenn er arbeitet, hat eh kein Besucher Gelegenheit, bis zur Falltür vorzudringen.

Die angrenzende Bibliothek dient Schmidt zugleich als Schlafraum.

Im Garten einige Fotos von Frau Lilli (mit Katzen natürlich) und Arno. Es ist schlimm; wenn man Schmidt fotografieren will, macht er eine Show. Ich bitte ihn vor sein Riesentor. Auf der Rolleimattscheibe präsentiert sich Schmidt breitbeinig, die schwere Gliederkette in den Händen — ganz Baas. Man muß ihn also mit Schnappschüssen überrumpeln.

Unser letzter Abend in Bargfeld. Wir trinken mit Schmidts klaren Schnaps — wie 1958 in Darmstadt.

Jörg Drews

# »Großer Kain« & »Bullenkuhle«

Besuch in der Landschaft Arno Schmidts

*Für J. G.; um uns war — damals noch —*
*die Einsamkeit des Ostheideforschers.*

*Wer die Dichtung will verstehen, muß in Dichters Lande gehen* — wir
lasen's bei Goethe und brachen auf. Nicht, daß Goethes Ausspruch so
wörtlich zu verstehen ist. Ein Besuch am Mississippi, in Dublin, in
Danzig der Herren Faulkner, Joyce und Grass wegen ist nicht die
conditio sine qua non des Verständnisses der Schriften dieser großen
Lokalpoeten; wenn's so wäre, würde das eher gegen die Werke sprechen. Doch wenn man weiß, daß eine literarische Landschaft nicht er-
dacht ist, nicht dem Reich der Fabel angehört, so läßt es einem doch
keine Ruhe, einmal in der Realität die Stellen aufzusuchen, die dann
als poetische Örter und Ortschaften in der Literatur auftauchen und
das Szenarium bedeutender Begebnisse darstellen. Welche Stilisierung
erfuhren die realen Gegebenheiten bei ihrem Eingehen in die Literatur;

wie sah, färbte, bereicherte sie Blick und Einbildungskraft des Dichters? Solche Fragen zu erwidern, fanden wir wohl den rechten Sinn: Wir machten eine Wallfahrt und Forschungsreise in die Landschaft Arno Schmidts, in die Celler Ostheide also, die mehr und mehr eine gewisse schnurrige literarische Prominenz bekommt.

✳

*So ewig 'rumreisen, wie'n Reporter, das wär ja nun auch nichts für mich: Ein kleiner wilder Waldkreis: that's me!* — und der kleine Waldkreis dann möglichst noch verkehrstechnisch wenig erschlossen, dann ist's am schönsten für Arno Schmidt und solche, die Arno Schmidt mögen. Die einzige Bahn der Gegend (zur Mittagszeit voller Fahrschüler der nahen städtischen Bildungsanstalten) führt als Stichlinie von Celle über Hankensbüttel nach Wittingen — und dann kommt schon die Zonengrenze, und da ist die westdeutsche Welt sowieso zu Ende. Alle Stunde ein roter Triebwagen der Ostheidebahn also; Ortschaften, die von dieser Bahnlinie berührt werden, bekommen deshalb von Schmidt schon das ironisch-homerische Epitheton *geschäftig (das geschäftige Eldingen).* Wenn man das hört und selbst sieht, möchte man in der Tat wie Schmidt die Bevölkerung um gut die Hälfte reduziert wissen. Auch über regelmäßige Busverbindungen konnten wir nichts in Erfahrung bringen, Hauptverkehrsmittel sind das Fahrrad und das Auto. Doch meist spezielle Autos: Wir sahen viele Unimogs und VW-Transporter; warum, wurde uns bald klar, als wir mit unserem normalen VW auf einem der Wege durch Wald und Heide fast nicht mehr flottkamen, da wir in einer riesigen, grundlosen Pfütze steckenblieben. Man belehrte uns grinsend, als wir von unseren wilden Manövern erzählten, um wieder aus den moorigen Tümpeln des Waldweges freizukommen: Da brauche man hochrädrige Karren, wenn man zu jeder Jahreszeit und Wetterlage sich die großen Umwege über die befestigten Straßen sparen und schnell von Dorf zu Dorf kommen wolle. Eine Popesche »Ode on Solitude« also konnte man anstimmen — nur wenn man Pech hat, findet man hinter einem Busch plötzlich einen Panzerspähwagen der

Bundeswehr (schließlich sind Munsterlager und Unterlüß nicht fern), auf dem eine Coca-Cola-Flasche und eine Bild-Zeitung prangen; Bewegung kommt in dieses Stilleben nur durch den blonden Schopf eines Grenadiers, der auf die Uhr sieht und überlegt, ob die Übung (die anscheinend in intensivem Dösen besteht) bald zu Ende ist. Ansonsten finden nur sonntags einige Städter den Weg in die Ostheide, doch denen kann man aus dem Weg gehen, sie fahren einfallslos immer nur ein paar Meter von der großen B 4 herunter und geben dann das übliche Bild ab: Familienväter in Hemdsärmeln an Campingtischen sitzend, die Sprößlinge durch Busch und Baum sausend, die Mama auf der Decke liegend, die Illustrierte vor und etwas Wald- und Heideluft in der Nase. Und bei unserem Wirt im Dorf sind wir sogar im August, in der Saison also, die einzigen Gäste, bis nach einigen Tagen noch ein Ehepaar aus dem fernen Dortmund eintrifft. Auch vor den beiden flüchten wir schließlich, als sie in irrem Beschäftigungs- und Sauberkeitsdrang am hellen Vormittag an ihrem Wagen auch die letzten Fleckchen angestrengt zu säubern beginnen (Freud-Kenner wie Schmidt murmeln in solchen Fällen was von übertriebener Sauberkeitserziehung und analem Charakter der Deutschen).

Was Schmidt bei seinen Schilderungen, bei der Zeichnung der Atmosphäre in seinen Erzählungen einsetzt, ist weniger Phantasie als Gespür, Gespür nämlich für die Details der Landschaft, des dörflichen Lebens, der alltäglichen Dinglichkeiten, die weniger poetisch als poesieträchtig sind; was dann bei ihm erscheint, ist eine Poesie, die so skurril und realistisch zugleich ist wie die für die Gegend quasi emblematischen »Kühe in Halbtrauer«. Da steht das schwarzbunte Vieh, mit exakt jenem träghalbtrauernden Ausdruck, der Schmidt (dem die Kinder eines Dorfes einst nachriefen *Der schreibt alles auf!*) natürlich nicht entging. Oder: *Das helle Dorf: es schlug erwachend alle blanken Fenster auf; jedes Haus krähte wie ein Hahn, und Gardinen wippten dazu mit den pastellenen Flügeln* — so steht's in »Nobodaddy's Kinder«, und wohl nur, wer einen frühen Sommermorgen in einem Heidedorf erlebte, wird die ganze Präzision des Bildes beurteilen können. Die Fenster der Häuser gehen ja nach außen auf und lassen so die Gardinen leicht nach draußen flattern; erst dadurch wird die Fenster-Augen-Gleichsetzung sinnvoll, hat die Metapher vom Gefieder und Flügel sträubenden Hahn ihr fundamentum in re. Ähnlich genau sind die Lokalitäten bei Schmidt festgehalten, die Deckenmalereien der Bauernkirche in Hankensbüttel, der befremdlich riesige Sendeturm von Bokel oder auch das »Café Hannibal« in Weyhausen. Wie? Ein Café solch närrisch hochtrabenden Namens soll es in einem Kaff von vielleicht 15 Häusern geben? Doch es hatte seine Richtigkeit damit; wir fragten uns so lange bei biederen Landleuten durch, bis wir fanden, daß Schmidt in seiner Genreszene »Piporakemes!« nicht gemogelt hat. Heute heißt das Haus zwar »Waldesruh«, doch vor wenigen Jahren noch war es das »Café Hannibal«, denn der Besitzer hatte ein Reitpferd gehabt, das ihm bei allerlei ländlichen Hindernisrennen Preise gewonnen hatte; Treue des Tieres soll der Mensch mit Treue vergelten, und so nannte der Pferdenarr seine Pension »Café Hannibal«. Life is as strange as fiction, bei Schmidt wenigstens. — Und was soll man gar von einem Gasthof mit Namen »Großer Kain« halten? Bei Schmidt kommt er vor, und damn it, es gibt ihn wirklich, er liegt an der Kreuzung der B 4 (Braunschweig—Lüneburg) mit der Straße Celle—Hankensbüttel, und — o Ironie! — an der Kreuzung gab es unzählige Unfälle, sie betätigte sich als Kain, der erbarmungslos die Autofahrer-Abels um die Ecke brachte. Aber (Hinweis für Sprachforscher und Volkskundler!) Vorsicht vor Volksetymologie! Denn als wir unseren Sonntagskaffee in besagtem Gasthof einnehmen, zeigt sich der Sohn des Besitzers als historisch-kritischer Landeskundler von Rang: ›Kain‹, das komme von ›Kienholz‹, die Gegend ums Haus sei nämlich früher bewaldet gewesen; vielleicht auch von ›Kajen‹, Damm, da sei früher mal ein Bach gestaut gewesen; schließlich, und da muß er doch selbst grinsen, sagten manche, der Gasthof habe einst nur ›Krug‹ geheißen, da seien die Bauern aber immer beim ›großen Kartjen‹ (Kartenspielen) gesessen. Wir scheiden mit dem freundlichen Rat, uns doch mal das Dörfchen

Bokel anzusehen, wo bald das große Heideblütenfest sei und wo es auch die ›Bullenkuhle‹ gebe — und hier folgte zur Erklärung dieses Namens schon wieder eine sagenhaft komische Lokalsage. Eins ist sicher: Das poetische Material wird Schmidt in dieser Gegend nie ausgehen, selbst wenn ihm einer Zettelkästen und Nachschlagewerke rauben würde.

*

Nach und nach lernen wir gerade das Unsensationelle der Gegend als ihren Reiz schätzen. Sie ist reizvoll ohne Reizüberflutung, also gerade das Richtige für Großstädter. Man übernachtet in Gasthöfen, die möbliert sind wie die gute Stube der Bauern; jeden Abend gibt's überall eine obligate ›Niedersächsische Wurstplatte‹ und dazu das Wittinger Bier, trefflich und in kleinen Gläsern serviert, die wir, aus dem Bayerlande auf Maßkrüge geeicht, zuerst begrinsen und die 's doch in sich haben: Gerade weil sie so klein sind, reizen sie zu ›Immer noch eins‹. Bedient wird man von stattlichen Damen und schmucken Deerns, die ihr bestes Hochdeutsch an den Gästen versuchen und dann gleich wieder ihr Heideplatt snacken, wenn sie sich umdrehen und die Bestellung in die Küche rufen, manchmal auch von Kellnern, die eigentlich Bauernburschen sind, blond und vierschrötig, die man in etwas abgeschabte Kellnerfräcke gesteckt hat. Frühmorgens wird man vielleicht mal von einem Traktor geweckt oder von einem der großen Mähdrescher, die aufs Feld ziehen und die dann aus der Ferne lautlos und langsam durch die großen Felder sich zu bewegen scheinen. Keine Reizüberflutung also — eine Landschaft für Introvertierte. Eigentlich gibt's nichts zu erzählen von einem Tag, den man, durch weite Wälder latschend, ›Berge‹ von 102,3 m Höhe besteigend, kleinen Bächen folgend, moorige Stellen umgehend, auf Waldschneisen rastend, die topographische Karte nach Höhenlinien absuchend, verbracht hat. Geräusche? Vielleicht hat man mal in der Ferne ganz schwach eine Kreissäge heulen hören. Sonst nichts, außer dem Murmeln des Schmalwassers, das seinem Namen alle Ehre macht und manchmal sogar völlig unsichtbar wird; es verschwindet unter Bäumen und taucht urplötzlich wieder auf, schwingt sich wohl auch einmal dazu auf, einen Weiher zu bilden, über den dann, weithin verfolgbar, die Sommerwolken ziehen oder der graubraun verdüstert wird von einem Tief, unter dem er reglos liegt, wenn nicht gerade ein Frosch reinspringt. Eine große umgestürzte Baumwurzel wird so zum Ereignis, oder ein nur dem liebevollen Blick wahrnehmbares Zurückweichen der Baumkulisse vom Bachlauf. Wir haben die Landschaft Arno Schmidts wegen aufgesucht, und plötzlich beginnen wir einen Schmidtschen Blick auf die Umgebung zu entwickeln: Ein Hochstand, eine Sandgrube, ein Farnwald, eine überraschende Bachwindung, ein halb verfallener Steg über ein Flüßchen, oder, in den Dörfern, die hölzernen Feuerwehrtürme, die riesigen Hortensienbüsche vor den Häusern, sie bekommen jenes Valeur, jene skurrile Wichtigkeit und Würde, die sie in Schmidts Erzählungen haben.

∗

Wer sind die angesehensten Leute der Gegend? Der Wirt vom örtlichen Gasthof, der Veterinärmediziner, der von Steinhorst aus bei Kühen und Katzen nach dem Rechten sieht, der größte Bauer des Orts, vielleicht noch der Herr Lehrer und der Herr Pastor, im übrigen aber der Landrat, mit dem die Alten noch per ›du‹ sind, der aber von den Jüngeren schon (o heiliger Bürokratius & verwaltete Welt!) mit ›Sie‹ und ›Herr Land-root‹ angeredet wird. Und Schmidt, kennen irgendwelche Leute in der Gegend Arno Schmidt? Was denken wohl die Autochthonen über den? Wir fragen ein bißchen herum und lachen uns schief über die Antworten, denn in ländlich unbeholfenen Wendungen versuchen die Bauern ihn zu kennzeichnen: *Ja, also, Außenseiter iss er schon, nich?*, oder: *Er iss schwer ankommen!*, oder: *Er spricht mit garkeinen!* oder: *Wenn Sie dem begegnen, der grüßt nich. Der hat 'n klein'n Spleen hat der*, oder: *Er soll 'ne Kartei ham, wo er denn nachschlägt und alles einträgt, nich wahr, daß er eben diese ganzen wissenschaftlichen Probleme, die der meist so abhandelt, die er denn zu Papier bringt*, oder (zusammenfassend): *Er iss eb'n 'n Sonderling!* Lustig zu beobachten (obwohl doch ganz natürlich), daß kein

Mensch einen Begriff davon zu haben scheint, wer da unter ihnen wohnt. Nur die ganz gebildeten Haidjer zeigen ein aufmerksames Leuchten im Gesicht, wenn man nach ihm fragt — und dann verwechseln sie ihn mit Eberhard Schlotter, dessen Vater auch aus Bargfeld stammt. *Der Schmidt,* so erklären sie mit fester Stimme, *der Schmidt, der malt!*

*

Wie die Ostheide nicht das Schmuckstück der ganzen Heide ist, so ist auch Bargfeld kein besonders hübsches Dorf: Keine schönen Fachwerkhäuser finden sich, auch die gesamte Anlage des Fleckens ist nicht weiter bemerkenswert. Das obligate Wirtshaus, ein 08/15-Kriegerdenkmal im gemäßigten Hünengräberstil, ein Kolonialwarenladen alten Schlages (der aber, neben krachlila gefärbten Ansichtskarten von der Heide, sogar ›Roth-Händle‹ führt — wohl für durchreisende Intellektuelle) — so liegt das Kaff, das als ›Giffendorf‹ oder ›Hillfeld‹ in die deutsche Literatur eingegangen ist, in einer Senke der flachen Hügel, am Ende der befestigten Straße, drei Kilometer von oben erwähnter Bahnstation Eldingen entfernt. Die Etymologie des Ortsnamens gibt weiteren Aufschluß: ›Parch‹ oder ›Pareh‹ heißt im Althochdeutschen die Scheune, der Getreideschuppen; es war wohl Bargfeld schon immer ein rein agrarisches Dorf, ausgiebiger Kommunikation und weltzugewandter Geschäftigkeit ebenso abgeneigt wie sein heutiger prominentester Einwohner, der sich das Kaff mit untrüglichem Gespür zum Wohnsitz erkoren hat. In persönlicher wie geographischer Unauffälligkeit und Distanz werden da literarische und landwirtschaftliche Ernten in die Scheunen gebracht; da sitzt ab 4 Uhr morgens der Kanzlist von Realität und Imagination am Schreibtisch, studiert die alten Pandekten und läßt die träumenden Zettel zu präzisen Mustern zusammenschießen: Arno Schmidt, von Bargfeld aus die Welt erkennend. Es ist das Pünktchen auf dem i des Bildes dieser Gegend, daß die Bargfelder Gemischtwarenhandlung einen Weinbrand mit Namen ›Alte Kanzlei‹ führt, und es kann nicht anders sein: ›Alte Kanzlei‹ ist eines von Arno Schmidts Lieblingsgetränken.

Wolfram Schütte

# Bargfelder Ich

Das Spätwerk und sein Vorgelände

In unserer Literaturgeschichte müßte man schon bis zu Jean Paul zu-
rückblicken, um den einzigen verwandten Vorschein wahrzunehmen,
der nur von dort auf das eigenwillige Werk eines so eigenartigen
Schriftstellers wie Arno Schmidt fällt. Auf die Frage, warum er keine
seiner zahlreichen großen literaturkritischen Arbeiten dem Dichter des
»Titan«, des »Siebenkäs« und des »Kampanertal« gewidmet habe, ant-
wortete Schmidt einmal: *Für Lessing und Jean Paul fühle ich mich
noch nicht reif genug*[1]. Reif genug fühlte er sich aber, um sich — z. T.
sehr kritisch — mit Klopstock, Wieland, Moritz, Herder, Goethe, Tieck
und Stifter zu beschäftigen, von den vielen Arbeiten über Poetae Mino-
res des gleichen Zeitraums ganz abgesehen.
Arno Schmidts Scheu, sich an Lessing und Jean Paul heranzuwagen —
allenfalls Seitenbemerkungen gelten ihnen —, hat ihren Grund in der
Hochachtung, die er für beide empfindet, besonders für den aufklärerischen, kämpferischen Rationalisten Lessing. Jean Paul: Ich vermute,

69

da stehen ihm schriftstellerische Existenz und Werk einfach zu nahe, spiegelbildlich nahe. Seine Annäherung an Jean Paul (als Schriftsteller-Existenz) hat sich gerade mit Schmidts letzten Büchern, »Zettels Traum« und »Die Schule der Atheisten«, eher noch verstärkt.

Dennoch kann von einer bewußten Nachfolge, oder gar von der Vorbildlichkeit Jean Pauls für Schmidt, nicht die Rede sein. Was die beiden deutschen Autoren, die mehr als ein dazwischenliegendes Jahrhundert trennt, jedoch unterm Blick geistiger Physiognomik zusammenrückt, sind eine Reihe sehr verwandter Erscheinungsformen, literarischer Eigentümlichkeiten und fast analoger Lebensbedingungen.

Bei beiden Schriftstellern, die aus kleinbürgerlichen Verhältnissen stammen — Jean Pauls Vater war Landgeistlicher, Schmidts Polizeibeamter —, herrscht der autodidaktische Impuls vor, die geistige Welt zu erobern. Er richtet sich auf die Literatur in toto. Sie wird verschlungen, verdaut: gesammelt, gehortet, geordnet, archivarisch aufgearbeitet, in gigantischen Zettelkästen zugerichtet. Das Interesse gilt ebenso den Wissenschaften — Schmidt hat sein Mathematik- und Astronomie-Studium nach einem Zusammenstoß mit dem Nazi-Regime abgebrochen, Jean Paul das Brotstudium der Theologie und Jurisprudenz mit dem Erscheinen seiner ersten Satiren aufgegeben —; besonders ziehen aber Bücher abgelegenster und curiosester Art beide an. Dort lassen sich (besonders für Schmidt, Jean Paul hat ihnen nur Material entzogen) Revisionen, Ehrenrettungen vornehmen, und sie stecken voller überraschender (auch einschüchternder) Entdeckungen.

Welterfahrung, Welterkenntnis, schon hier fast ausschließlich durch und über Literatur, durch selbst gesetzte und gefundene Traditionszusammenhänge vermittelt, wird dann positivistisch verzettelt. Und aus dem Zettelkasten, dem Zitatenschatz wird eine neue Welt aufgebaut, die sich um die Realerfahrungen der Autoren kristallisiert in der eigenen Literatur.

Diese literaturarchäologische und -archivarische Tätigkeit setzte sich schon früh an die Stelle des Lebens, wird zu großen Teilen dieses selbst und nicht als Ersatz empfunden; eher, vor allem bei Schmidt, als Arbeitsalltag, geistige Existenzform. Das bedeutet, äußerlich für die materielle Existenz: Rückzug aus der Öffentlichkeit, der gesellig-kommunikativen Lebensweise (Jean Paul) und des Marktes (Arno Schmidt) ins Privatgelehrtendasein, in die Bibliothek, das Arbeitszimmer. Jean Paul, aus der hintersten Provinz seiner Zeit kommend, dem Vogtland, kehrt, nach kurzen Aufenthalten in Weimar und Berlin, endgültig nach Bayreuth, in die verschlafene Residenzstadt der fränkischen Provinz, zurück. Arno Schmidt, in Hamburg geboren, aber seit dem 14. Lebensjahr in Lauban/Görlitz, später in Breslau, Greiffenberg lebend, kommt nach dem Krieg nach Westdeutschland und lebt, nach Aufenthalten als Flüchtling in Fallingbostel, Rheinhessen, Saarland, Darmstadt ab 1958 in einem eigenen Haus am Ortsausgang des Nestes Bargfeld, im Kreis Celle, am Rande der Lüneburger Heide. Er verläßt das Haus kaum noch, die Gegend wohl gar nicht mehr.

Literarisch bestehen Analogien sowohl im teils idyllenhaften Charakter der Romane und Erzählungen als auch in ihren utopisch-phantastischen Ausschweifungen — Jean Pauls Traumdichtungen und Landschaftsbilder, Arno Schmidts Mondphantasien und robinsonadischen postgeschichtlichen Utopien. Gemeinsam ist beiden Autoren auch die Omnipräsenz des erzählenden Subjekts und die Vielfalt seiner Abschweifungen, Anmerkungen, Zitate, Erläuterungen, die den Text nicht allein ›spicken‹, sondern das Handlungsskelett als seine Muskulatur umschließen. Weiterhin: gewagte emblematisch-allegorische Sprachbilder, Bild- und Sprachmetamorphosen; das engverstrickte Ineinander von Werk und dessen Entstehungsgeschichte; zuletzt kulturhistorisch weitreichende Geländegänge eines Bibliomanen und Polyhistors; und der Grundzug einer sich immer tolldreister ausprägenden großen (auch bitteren) Komik[2].

Man wird solche Parallelattraktionen erst einmal zitieren müssen, ohne vorschnell auf eine oberflächliche Identität zu schielen, damit die exzentrische Singularität, als die Schmidts Werk inmitten unserer Gegenwartsliteratur erscheint, etwas von ihrem exotischen Charakter verliert, der sich aus einem abhanden gekommenen historischen Bewußtsein ergibt. Allerdings bedeutet das noch nicht, daß sich Schmidt ohne weiteres in eine, wenn auch verschüttete, historische Tradition unserer

Literatur integrieren ließe, obgleich auch expressionistische Rückbezüge, die bisher vor allem an seiner Prosa erkannt wurden, einen weiteren Bezugspunkt in der Tradition abgeben könnten.

Das mag für den frühen und mittleren Schmidt zutreffen, also von den ersten veröffentlichten Erzählungen »Leviathan« (1949) bis zum bis dahin umfangreichsten Roman »Kaff auch Mare Crisium« (1960) und fast allen Erzählungen des Bandes »Kühe in Halbtrauer« (1964). Schmidt hat hier vor allem Kriegs- und Nachkriegserfahrungen thematisiert, teils in der Gegenwart angesiedelt (»Die Umsiedler«, »Brand's Haide«, »Das steinerne Herz«), teils in der Vergangenheit (»Kosmas oder vom Berge des Nordens«, »Alexander oder was ist Wahrheit«) oder in der Zukunft (»Schwarze Spiegel«, »Die Gelehrtenrepublik«). Geistig vertritt er einen pessimistisch-radikalen Skeptizismus, der aufklärerisch, rationalistisch gegen Krieg, Militarismus und Christentum rabiat Stellung bezieht. Seine Prosa orientiert sich an der Exaktheit der positiven Naturwissenschaften, vor allem der Mathematik, Physik und Psychologie, er entwickelt modellhafte Prosaformen — *um einer konformen Abbildung unserer Welt durch Worte näher zu kommen*[3] — wie das »Fotoalbum«, das »Musivische Dasein« und das »Längere Gedankenspiel«[4]. Das jakobinisch-plebejische Interesse, mit dem Schmidt zur gleichen Zeit die deutsche Literatur des 19. und 18. Jahrhunderts auf »Gehirntiere« — rebellische, realistische, aufklärerische, zumeist von der Literaturgeschichte unterdrückte Schriftsteller — untersucht, dient ebensosehr der Selbstvergewisserung wie der kritischen Umschreibung bürgerlicher Tradition.

Spätestens die 1963 erschienene große Untersuchung über »Wesen, Werk und Wirkung Karl Mays«[5], deren antizipatorische Bedeutung für das Spätwerk Schmidts damals noch niemand erkennen konnte, und die in dem im Jahr darauf publizierten Erzählungsband »Kühe in Halbtrauer« versteckte Erzählung »Caliban über Setebos« zeigten an, daß die schon in »Kaff auch Mare Crisium« sehr weit getriebene Phonetisierung der Sprache von einem eigenen Kraft- und Phantasiezentrum aus gesteuert werden könnte und nicht nur Produkt der Laune, des Einfalls und der Assoziation kalauernder Provenienz sein muß. Denn das war trotz der doppelten Handlungsführung in »Kaff«, eine Binnenhandlung im Heidekaff Giffendorf und ein utopisch-satirisches längeres Gedankenspiel auf dem Mond —, trotz der Vielzahl realistischer und phantastischer Momente, das sprachliche Manko des Romans: daß seine auf akustische und optische Echowirkungen abzielende Prosa weitgehend noch beliebig, kurzschlüssig wirkte.

Kurz nach oder vielleicht auch schon während der Niederschrift von »Kaff« muß Schmidt sich eingehend mit Freuds Schriften, vornehmlich der Traumdeutung, auseinandergesetzt haben. Seine »Großbritannischen Gemütsergetzungen«[6], schon immer wichtige, auch durch Übersetzungen belegte Seitentriebe seiner literaturkritischen Arbeiten, haben seine Beschäftigung mit sprachtheoretischen Problemen weiter intensiviert. Vor allem Joyce, dessen Spätwerk »Finnegans Wake« mehr noch als der »Ulysses«, und Lewis Carroll, der Oxforder Mathematikprofessor und Autor von »Alice in Wonderland« und des von Schmidt hochgeschätzten Romans »Sylvie & Bruno«, stellten sich ihm als *Kirchenväter der modernen Literatur*[7] dar und wurden zu Ziehvätern des späten Schmidt.

An einer Stelle seiner relativ kurzen Arbeit über Carroll spricht Schmidt über die fundamentalen Unterschiede zwischen moderner und älterer Literatur. Unter den verschiedenen Differenzen, die er dort aufzählt, ist es gerade eine, die für ihn entscheidende Bedeutung gewinnen wird: *Die Moderne Literatur hat ein fundamental anderes Verhältnis zu Worten & deren Folgen im Leser, als die Jahre vor 1900 . . .*[8].


Schon Schmidts ›Rastertechnik‹, die auf der ›löchrigen‹ Erfahrung der Alltagsrealität basierte, sollte im Subjekt des Lesers jenen illuminierenden Funken zünden, der den Text in Bewegungsenergie verwandelt. Das heißt der Produktionsvorgang dieser Prosa war nicht in ihr versteckt, sondern unmittelbar enthalten; er strukturierte sie, schuf in ihr ›Löcher‹, in denen die angereizte Phantasie des Lesers die Wortkonzentrate, die blitzlichthaft aufleuchtenden Bilder ausspinnen konnte. Schmidts Prosa war Partitur, die nach einem Orchester verlangte: dem

Leser und seiner Fähigkeit, den Text durch eigene Phantasiearbeit zu erfüllen, zu sich kommen zu lassen.

Der Akzent, den schon der frühe Schmidt auf die enge Beziehung des Lesers zum Text legte — womit er den Leser als Teil des literarischen Werkes einkalkulierte —, zeichnet überhaupt den Schriftsteller Schmidt vor anderen Autoren aus. Die Intimität dieser Prosa ist nicht wie bei Thomas Mann eine bürgerliche — Leser und Autor stehen im fiktiven Gespräch miteinander —, sondern eine kleinbürgerlich-handwerkliche — Meister und Geselle bei der Arbeit an einem Prosatext. Da Schmidt von Anfang an seine Schrullen, Vorlieben, Studienobjekte, verstreuten Interessen in seine Romane und Erzählungen einbrachte und so den Leser-Gesellen mehr oder weniger zwang, dem Meister zu folgen, hielt sich dieser Lese-Produktionsbetrieb in kleinem Rahmen, konnte nicht zur Lesefabrik werden. (Das hat sich erst geändert, als Schmidts Arbeiten aus den fünfziger und sechziger Jahren in Taschenbüchern erschienen, die heute meist vergriffen sind, aber zu der späteren breiteren Resonanz führten, die er früher bei nur wenigen gefunden hatte.)[9]

Deshalb scheint mir Helmut Heissenbüttels vielzitierte Bemerkung, Arno Schmidt sei *ein Volksschriftsteller, aber ein verhinderter...*, *weil er, trotz allem, (im Gegensatz zu Fallada) literarisch Ernst macht*[10], von Grund auf falsch zu sein. Heissenbüttel löst allzu selbstverständlich die kleinbürgerlichen Ideologeme aus Schmidts Werk, stellt einen idealtypischen ›Inhalt‹ daraus her, ohne dabei zu bemerken, daß schon damals solche ›Inhalte‹ für Schmidt einzig Spielvorlagen, Reißbrettentwürfe waren, an denen sich seine experimentelle Sprachphantasie erhitzte.

Zweifellos sind in diese Arbeiten bis »Kaff« sehr viele Realerfahrungen des Autors eingegangen, auch Erfahrungen mit der Zeit und der Gesellschaft — eine kultursoziologische Archäologie könnte etwa aus dem »Steinernen Herzen« wichtige Momente der Gründerjahre der Bundesrepublik ausgraben. Man kann jedoch im Hinblick auf ein Werk, das einen, wenn nicht den wesentlichsten Teil seiner Energie auf seine eigene Produktions- und Reproduktionstechnik verwendete, von ›Verhinderung‹ nicht sprechen: es stünde denn sich selbst im Wege. Im übrigen beweist schon die Konsequenz, mit der Schmidt seine experimentelle Prosaarbeit fortgesetzt hat, das Gegenteil. Wenn die Wahrnehmung der Wirklichkeit lückenhaft ist und deren Reproduktion als Literatur, um exakt zu sein, programmierbar erscheint, wieviel mehr muß es die Sprache selbst sein. Schmidts am Positivismus orientierte Suche nach der Möglichkeit von Wahrheit des eigenen schriftstellerischen Berufes führt deshalb wie selbstverständlich immer tiefer in die analytische Betrachtung seines unmittelbarsten Arbeitsmittels: der Sprache. Diese für sein Werk zentrale Intimisierung erfolgt bezeichnenderweise in dem Augenblick, als das reale autobiographische Erzählmaterial ausgeschrieben scheint. »Kaff«, zwischen ländlicher Stadtflucht-Idylle und Mondphantasie pendelnd, stellt zum letztenmal den Versuch dar, die Außenwelt realistisch darzustellen.

»Caliban über Setebos« — ebenfalls eine Reise in die dörfliche Provinz — benutzt die realistische Oberflächenschicht (die allerdings kaum noch recht unter der aufgerauhten phonetisierten Prosa hervortritt), um eine hochmanieristisch durchgeführte Travestie des Orpheus-Mythos *zweistimmig zu singen; mit 3000 Fiorituren & Pralltrillern, die eine erhebliche Kunst & Mühe erforderten*[11]. Schmidt hat in den Text, was immer er an mythologischen Namen, Ereignissen, Nachklängen der Kulturgeschichte im Zusammenhang der Orpheus-Mythe gegenwärtig (im Zettelkasten) hatte, als Assoziationsmaterial eingewoben und ihn damit zu einem verwirrend-vielfältig schimmernden byzantinischen Mosaik gemacht — als solle alles, was je darüber gedacht, gesagt und geschrieben ward, ein für allemal an dieser Stelle gesammelt sein.

»Caliban über Setebos« ist das erste autochthone Prosastück jenes ›Bargfelder Ichs‹, das sich vor der Welt verschließt und sich ganz einigelt in die Sprach- und Erlebniswelt der Literatur der Vergangenheit; das sich ganz dem *verschränkten Ahnen-, & Enkel-Dienst*[12] an der Literatur hingibt wie sein späteres verschmitztes Altersporträt William T. Kolderup in der »Schule der Atheisten«. Nur noch durch eine schmale Ritze dringt die gegenwärtige Welt als Nachricht in die eremitenhafte Klause eines Hieronymus im Gehäuse: durch den Fernsehapparat. Schmidt nimmt diesen Realitätsverlust bewußt in Kauf — ohne freilich daraus auch immer die entsprechenden Konsequenzen zu ziehen. Sein gesellschaftliches Bewußtsein war nie stark entwickelt, seine Kenntnisse von Politik und Soziologie hielten sich immer in den Grenzen persönlicher Erfahrung. Nun er sich allein auf die Nachrichten von der Welt beschränkt hat, die ihm das Fernsehen ins Haus liefert, werden seine Äußerungen zu den politischen Zeitläuften, die er noch wie früher in seine Arbeiten einstreut, doppelt prekär: aus mangelnder Information unzeitgemäß abstrakt und nicht selten mehr als kauzig.

Während »Caliban über Setebos« die Musikalisierung von Schmidts Fiktionsprosa — jenen, ich möchte sagen, ›mahlerischen‹ Zug zur echohaften Zitatcollage und -anspielung vorantrieb —, hatte die 1963 publizierte Karl-May-Studie »Sitara und der Weg dorthin« der rätselhaften Massenwirkung des Mayschen Œuvres nachgeforscht. Ausgehend von bestimmten zwangshaft, z. T. wortwörtlich wiederkehrenden Landschafts- und Naturbeschreibungen und Personenkonstellationen, stieß seine Analyse, die sich immer tiefer auch in den Sprachboden eingrub, auf das geheime Energiezentrum, das die Maysche Phantasie zu traumatisch wiederholten Bildsetzungen und Sprachfügungen (ver)führte. Literatur wurde nicht allein als gigantischer Verdrängungsmechanismus, Phantasie als Lebensersatz analysiert, sondern Schmidt spürte die poetischen Übersetzungen jener individualpsychischen Triebstrukturen auf, denen sich Mays Trivialwerk verdankt. Die festgefügten Bild- und Sprachfelder, die Arno Schmidt in Mays Büchern entdeckte, werden, so deduzierte seine Untersuchung, von den jugendlichen Lesern als unbewußter Code empfangen. Nicht von ungefähr richtet Schmidt sein Interesse auf das, was man die individuelle Mythologie Mays oder besser, im Gegensatz zu den reichlich in seinem Werk vorhandenen gesellschaftlichen Ideologemen, seine ›individuelle Ideologie‹ nennen könnte. Das schriftstellerische Subjekt, seine Erfahrungen, seine Obsessionen, sein Unbewußtes: das macht für den konservativen Freudianer Schmidt die individuelle Ideologie des Schriftstellers aus. Die soziologische Analyse, die Schmidt früher etwa dem Werk Stifters hatte angedeihen lassen, schrumpft in seinem Spätwerk zu einer Psychoanalyse der Person. Daß daraus auch die Person überschreitende spekulative Erkenntnisse gewonnen werden — wie im Falle Mays und seiner vornehmlich bei Jugendlichen zu beobachtenden Resonanz —, ist unbestritten, tendiert aber zu einer ahistorischen Anthropologie.

Was die theoretische Versuchsanordnung des »Sitara« essayistisch präludierte und was dann die intensiven Arbeiten über Joyce[13] und sein Spätwerk weiter ausführten; was in der polyvalenten Mosaikarbeit des »Caliban über Setebos« als Modell einer zukünftigen Literatur erstmals erprobt wurde, hat Schmidt dann in seinem monumentalen Hauptwerk »Zettels Traum«[14] in fünfjähriger Arbeit zu amalgamieren versucht. Dichtungstheorie und deren praktische Anwendung, Essay, Streitgespräch und Romanhandlung, Autobiographie und Phantastik: es ist ein Buch geworden, so verzweifelt wie komisch, so pragmatisch wie spekulativ, so einfach wie labyrinthisch, das sich auf lange Zeit, wenn nicht gar überhaupt, der Ausschöpfung und interpretatorischen Durchdringung entzieht.

Sicher: die 1334 DIN-A 3-Seiten, die dreispaltig (oft alternierend) beschrieben sind, lassen ein sehr einfaches Handlungsgerüst des in 8 Bücher unterteilten Großromans erkennen. Das Übersetzerehepaar Paul und Wilma Jacobi ist mit seiner sechzehnjährigen Tochter Franziska zum alten Freund Daniel Pagenstecher in dessen Landhaus nach Ödingen in der Lüneburger Heide gekommen. Anlaß des Besuchs: beide wollen Poe übersetzen; Daniel (Dän), der die früheren Bücher Schmidts geschrieben hat und jetzt verstummt ist, ist ein Kenner Poes. Die 24 Stunden des Sommertags 1968 werden mit Gesprächen, Wanderungen und dem Besuch eines Volksfestes zugebracht: der Alltag einer abseitigen dörflichen Idylle. Die Gespräche, die dabei zwischen den Personen geführt werden, haben als Kristallisationspunkt das Werk Poes. Im Verlauf des Riesendialogs über diesen Schriftsteller entwickelt Pagenstecher sukzessive seine ›Etym-Theorie‹, mit deren Hilfe er das Werk Poes als das poetisierte Phantasma eines impotenten Voyeurs, Exhibitionisten und Koprophilen beschreibt.

Däns ›Etym-Theorie‹ beruft sich u. a. auf Joyce, Carroll und Sterne. Sie geht davon aus, daß die Wörter, mehr noch Wortgruppen, nach ihrer Klangähnlichkeit gebündelt im Gehirn gespeichert werden.

*»Jedwedes Wort, das wir äußern, ist mehrfach ›überdeterminiert‹; (hat) Drehscheiben-, Weichen-Charakter; sodaß die Verzweigungen unserer Gedankenfolgen, die oftmals putzig wirkenden, allein schon unter diesem Aspekt betrachtet, gar nicht so willkürhaft-absurd sind ... Dieser Theorie nach, würde jeder Mensch gleichsam 2 S p r a c h e n in sich bergen: die eine bestehend aus ›Worten‹; die andere aus — ä-Wort-K e i m e n , eben Ihren ›Etyms‹ ... Die W o r t e sind zahlreicher, auch ernsthaft-›korrekter‹; die Etyms dafür vielseitiger, witzig begattungslustig. Sie können es sich, vielleicht noch anschaulicher, nach ›Stockwerken‹ vorstellen: ganz ›oben‹, das Bewußtsein, bedient sich der W o r t e ; besteht auch, womöglich im halben Gefühl seiner mühsam ausbalancierten, prekären Verletzlichkeit, auf stricter Orthografie à la DUDEN. Der Persönlichkeitsanteil d a r u n t e r — zur Hälfte durchauch bewußtseinsfähig; zur Hälfte im Unbewußten wuchernd — ›s p r i c h t E t y m s‹ ... Und da beide Sprachen schwerlich voneinander zu trennen sind, wird, sobald die eine etwas äußert, die andere mitschwingen ... Korrektur: dem Ohr des Geübten wird's stets, bei Allem wie eine ›zweite Stimme‹ mithineinsingen — vom Fonetischen her perfid-passend; vom bürgerlich-beabsichtigten ›Sinn‹ her oftmals peinlich divergierend. Das liegt d a r a n , daß die wohltemperierte Wort-Sprache o b e r h a l b der Zensur-Schwelle erklingt — Sie dürfen, etwa in den Wendungen der FREUD'schen Schule, dafür auch sagen: ›rezensiert & genehmigt vom Über-Ich‹; oder, ganz populär, ›das Gewissen hat eingegriffen‹ — die Etym-Sprache jedoch respondiert, von u n t e r h a l b derselben erwähnten Barriere her, einiges von dem, was der Sänger, zumindest vorüberhuschend-mal, w i r k l i c h d e n k t ... Sprächen die Etyms also die wirkliche Wahrheit ... Mais non. Sie begnügen sich, als Humoristen, meist mit mahnenden a u c h -M ö g l i c h k e i t e n ; sind die, von Zwergenwitzen übersprudelnden Vertreter des ›homo sum‹, die auf die langweilig-schwitzende ›Tat‹ meist verzichten. Immerhin regeln sie gewisse, vom Standpunkt der*

*Motilität aus betrachtet ›folgenärmere‹ Kleinigkeiten; wie etwa die Träume; die ›Fehlleistungen‹; auch ›Assoziationen‹ — undsoweiter . . .«*[15]

Mit Hilfe dieser fundamentalsprachlichen Theorie, welche Sprache nach der Freudschen Hypothese in mehrere, einander gegenseitig beeinflussende Schichten abstuft, deutet Pagenstecher, radikaler noch als der Schmidt des »Sitara«, Poes Poesie, ihre wiederkehrenden *Szenen, Gegenstände, Pflanzen, Landschaftsformationen etc. (und) deren Form, Farbe und andere optische und haptische Qualitäten*[16]. Die Personen, in deren dialektischen Auseinandersetzungen die Poesche Phantasie auf ihre Grundmotive reduziert wird — also Paul, Wilma, Franziska —, entsprechen in etwa allegorischen Figuren, welche die Freudschen Kategorien des ›Über-Ichs‹, des ›Ichs‹ und des ›Es‹ vertreten, wohingegen Daniel, der Spielmeister und Wortführer, jene von ihm selbst entdeckte *4. Instanz* beansprucht, die sich bei den *Gehirntieren* in den späten vierziger Jahren einstellt. Charakteristisch ist für sie die größere Bereitschaft, den etymistischen Späßen nachzugeben, nachdem die sexuellen Möglichkeiten schwinden (die Ich-Identität auch) und *im langsam impotent werdenden Alter sich das Schlafzimmer ins pornographische Lachkabinett wandelt*[17].

»Zettels Traum« erschöpft sich nun aber nicht darin, diese Theoreme anhand der Poeschen Dichtung zu entwickeln, zu erproben, zu ›beweisen‹; begnügt sich nicht mit der Zitatbelegung, mit der Ergänzung durch andere Quer- und Seitenverweise auf verwandte Gedankengänge und Parallelfälle aus anderen literarischen Werken; knüpft die jeweiligen Exkurse, Digressionen nicht allein an Szenen, Erlebnisse, Redeweisen, Landschaftsstücke, die als Erfahrungen der agierenden Personen des Dialogstücks zum Assoziationsabsprung bereitliegen. Die deduktive Methode der Poe-Analyse prägt vielmehr induktiv den Roman, seine Handlungsführung und fortschreitend seine Sprachbehandlung. Die Multivalenz, die ›auch-Möglichkeiten‹ der Etyms, schlagen sich in ihm selbst nieder, Destruktion wird zu seinem konstitutiven Produktionsmittel. Die geheime Autobiographie und das ihm selbst unbewußte Psychogramm, die Schmidt aus Poes poetischen Texten wie einem

Palimpsest abliest, ergänzen sich zum Psychogramm der Personen und des Autors, der hier, wie in keinem seiner Bücher zuvor, allgegenwärtig ist und sich selbst dem *Lachkabinett*[18] eingefügt hat.

Ungeachtet der nur wissenschaftlich zu beantwortenden Frage, ob Schmidt mit der ›Etymistik‹ den Stein der Weisen gefunden hat oder ob nicht vielmehr, wie mir augenblicklich scheint, das ›Bargfelder Ich‹ die Schopenhauerische Metaphysik von der ›Welt als Wille und Vorstellung‹ in ein sehr diffiziles Seziermittel verwandelt hat, um die literarische Vorstellungswelt als Produkt des verdrängten, unterdrückten erotischen Willens erkennbar zu machen — einer erotischen Triebenergie, die sich in Bildern, Beschreibungen, Wort- und Phonemwiederholungen, teils sehr offen, teils unendlich vermittelt dennoch wider die Zensur des Über-Ich-Subjekts als Schaltzentrum der dichterischen Einbildungskraft und Phantasie durchsetzt: ungeachtet dieser Entscheidung ist die humoristische Qualität, welche die Etymistik für Schmidt besitzt, unbestreitbar. Was ihm mit ihr gelingt, kann man eine nahezu vollständige *Karnevalisierung*[19] der Literatur nennen. Wenn Bachtin über die Sprache des 16. Jahrhunderts, insbesondere Rabelais' schreibt: *Die ungewöhnliche Unbefangenheit und Freiheit dieser Sprache hat mit Naivität nicht das Geringste zu tun. Das literarisch-sprachliche Bewußtsein jener Epoche vermochte es, nicht nur seine Sprache von innen zu spüren. Es verstand, sie auch von außen zu sehen: im Lichte anderer Sprachen. Es hatte ein Empfinden für die Grenzen der Sprache . . .: in ihrer Relativität und Menschlichkeit. Diese aktive Vielsprachigkeit, die Fähigkeit, die eigene Sprache mit den Augen anderer Sprachen zu betrachten, verleiht dem Bewußtsein eine ungewöhnliche Freiheit im Umgang mit der Sprache . . .*[20], so wird damit auch ein Moment von Schmidts ›Karnevalistik‹ getroffen. Nur daß Schmidt nicht einer oder mehreren ›offiziellen Kultursprachen‹ den *Spiegel der Komödie*[21] vorhält, sondern poetischer Sprache, Fiktion insgesamt[22].

Die Freiheit, von der Bachtin in dem oben zitierten Satz spricht, hat für Schmidt auch noch eine andere Konsequenz. Der esoterischen Versenkung in Sprache, dem angestrengten Lauschen auf das kollernde

und farcenhafte Raunen unterhalb ihrer Bewußtseinsschwelle wächst
— so muß es der weltabgewandten Existenz erscheinen —, je besser
sie die geheime Nomenklatur verstehen lernt, ein neuer, intensiver
Kontakt mit dem Leben zu. Denn dessen Spuren entdeckt sie in den
petrifizierten Akten der Literatur, und nicht nur dort: auch in der
Aktualität.

Das Buch, porös für Wirklichkeit, die der Autor in Form von Fund-
sachen, trivialen objets trouvés, darin aufgenommen hat, greift metho-
disch über auf den Leser und dessen Sprach- und Lesegewohnheiten.
Wie die Möglichkeiten interpretatorisch-assoziativen Verständnisses
potentiell unendlich werden (damit auch, das scheint mir die proble-
matische Kehrseite der Methode: beliebig), so transzendieren sie jedoch
auch in den Alltag des Lebens. Die Grenzen von Literatur, deren fixier-
te Substanz die Etymistik zerstreut, werden fließend; die romantische
Idee einer Einheit von Kunst und Leben erscheint am Horizont dieser
Literatur wie ein phosphoreszierendes Phantom. Beides — Leben wie
Kunst — wird austauschbar, ja mehr noch: am Ende *erscheint nur als
ästhetisches Phänomen das Dasein und die Welt gerechtfertigt*[23], oder
in den Worten Kolderups: *Die ›Wirkliche Welt‹? ist, in Wahrheit, nur
die Karikatur unsrer Großn Romane!‹*[24]. Was sich hier abzeichnet, ist
eine Fetischisierung der Literatur größten Ausmaßes. Etymistik wird
zur Etym-Mystik, Kritik verdünnt sich zu Räsonnement.

Solche Gefahren können einem literarischen Werk nicht fremd sein, in
dem tief konservative Züge mit (plebejisch) progressiven sich immer
wieder treffen. Diese geschichtliche Zwitterhaftigkeit von Schmidts
Spätwerk tritt uns auch in einem Faktum entgegen, dem bisher noch
nicht die Aufmerksamkeit gewidmet wurde, die ihm materiell zukommt: daß »Zettels Traum« nur als Fotokopie des Originals publiziert wurde.

Praktisch wäre, nimmt man das Buch als Summe seiner Buchstaben, der
Satz möglich gewesen; er hätte allerdings einen enormen Zeitaufwand
und eine immense Korrekturarbeit bedingt, von den gigantischen Kosten dieser Arbeit gar nicht zu sprechen. Deshalb hat man sich zur
fotomechanischen Reproduktion der originalen Seiten entschlossen.

Dem ging aber etwas anderes voraus: die Konzeption des Buches durch den Autor, seine langjährige Arbeit daran. »Zettels Traum« ist, für Schmidt, ein Stück seines Lebens, das im Werk selbst (in Form von Korrekturen, handschriftlichen Anmerkungen und Ergänzungen, Verwendung von collagiertem Alltagsmaterial und durch ornamentale, launische zeichnerische Spielereien) seine Spuren hinterlassen hat. Der Arbeitsvorgang, die Kristallisation des Gedankens und der Phantasie, die Spontaneität gehören zur Sache selbst wie die akustischen Phänomene, die es im Bewußtsein des Lesers nur durch die optische Gestalt seiner Schreibweise erzeugen kann, wie die sinnliche Vorstellung, die es ist und aufgrund deren es über sich hinaus zum Bild reizen möchte. Das heißt aber nichts anderes, als daß der Charakter des Originals, des Unikats von Schmidt schon während der Arbeit an »Zettels Traum« mitgedacht war. Ästhetisch widersetzte sich das monumentale Werk der Reproduktion durch den Buchdruck, weil es an dem *auratischen Hier und Jetzt*[25] festhalten wollte.

In der Geschichte der Literaturästhetik müßte man schon bis zu mittelalterlichen Handschriften der Bibel zurückgehen, um auf einen, damals allerdings von den Produktivkräften bedingten, Unikatcharakter des Buches zu stoßen. Die metaphysische Bedeutung, die Schmidt selbst damit »Zettels Traum« einräumt, enthält sowohl Momente einer ans Magische grenzenden Kunstreligion wie auch eines Stirnerschen Beharrens des ›Einzigen‹ auf seinem ›Eigentum‹, was möglicherweise den ideologischen Boden darstellt, auf dem sich diese Metaphysik der Kunst erhebt. Ein Buch, das ›eigentlich‹ nur dem Autor gehört, der sich gegen seine Reproduktion als gesetztes Buch wehrt, weil der Autor darin die substantielle Zerstörung des Lebenszusammenhanges, in dem das Buch steht, befürchten müßte. So kommt es, daß ein Buch, das im kommunikativen Sinne des Wortes gar keines ist und sich dem ›Zeitalter der Reproduzierbarkeit‹ mit dem Anspruch der Einzigartigkeit entgegenstellt, durch die avancierteste Form der Reproduktionstechnik, die Fotografie, zum Kommunikationsgegenstand wird: als Reproduktion des Originals. Daher rührt die tiefe Betroffenheit Schmidts, seine Verletzlichkeit, angesichts der Tatsache der Raubdrucke von »Zettels

Traum«, weil diese ›Enteignung‹ unmittelbar das Zentrum seines Werkes, dessen Originalität angegriffen hat.

Die Beharrlichkeit, mit der Arno Schmidt den Originalitätscharakter gerade seiner letzten beiden Werke »Zettels Traum« und »Die Schule der Atheisten« gegen den Verschleiß- und Integrationsprozeß in der Medienkonkurrenz zu behaupten trachtet, steht in engem Zusammenhang mit der bürgerlichen Dialektik der Aufklärung, welche ihre Versprechen in der realen Gesellschaft nicht eingelöst hat. Während für Schmidt Welt und Gesellschaft immer tiefer im Sumpf prosperierender Lebensvergeudung zu versinken scheinen, entfernen sie sich ihm auch zugleich immer weiter vom ›Geist‹, den großen Gedanken, Bildern, Erkenntnissen (vornehmlich der Literatur) der Vergangenheit.

Hiergegen opponieren sein spätes Werk und seine Person, beide unlösbar ineinander verschlungen. Mir ist keine schriftstellerische Existenz bekannt, die dem Don-Quichottismus in seinen dunkelsten und hellsten Momenten, in seiner Fehlhaltung und Wahrheit näher wäre als Arno Schmidt. Um so einsamer wird dieses Werk und sein Autor sein, weil das Bewußtsein der wachsenden Unzeitgemäßheit sich nicht damit trösten könnte, daß es zu früh käme, sondern der unabweisbaren Bitternis standhalten muß — und es mit einem ins Tief-Groteske sich steigernden Humor der Selbstaufhebung tut —, daß es zu spät komme. Das macht selbstverständlich hoch-mütig, unter anderem wohl auch deshalb, weil dies für den Autor eine Haltung ist, den Mut trotzdem nicht zu verlieren. Ein verzweifelter Mut, weil mit ihm alles preisgegeben wurde — vorab das Erlebnis des ausgreifenden, erfüllten Lebens, über dessen Versäumnis merkwürdig oft im Spätwerk gesprochen wird —, alles aufgegeben, nur eben eines nicht: der kolossale Ritterroman der Literatur.

Enthielten Schmidts frühe Utopien noch den verhaltenen Optimismus robinsonadischen Neubeginns, so wird seine letzte Utopie — »Die Schule der Atheisten« — vom drohenden Schatten einer Duldung auf Abruf verdunkelt. Diese ›Novellen-Comödie in 6 Aufzügen‹ mit ihren 80 stark kommentierten szenischen Kapiteln ist die äußerste Apotheose der Literatur, die Schmidt gewagt hat, ohne doch zugleich den pessimistischen Zweifel zu unterschlagen, daß er der Literatur, der Kunst insgesamt keine Chance in der Zukunft mehr gebe.

Im Mittelpunkt des im Jahre 2014 spielenden Geschehens steht der vierundsiebzigjährige William T. Kolderup. Er ist Friedensrichter in einem Reservat, gelegen an der Eidermündung im heutigen Dithmarschen. — Nach der Aufteilung der Welt in die Hemisphären des US-amerikanischen Matriarchats und des chinesischen Patriarchats haben die beiden Weltmächte je ein Gebiet für sich erhalten, das Kultur, Sitten und Gebräuche der Vergangenheit als touristische Attraktion bewahren soll. Kolderups Tellingstedt, die Erzählstadt also, ist der letzte Rest des alten Europa, das in einem Atomkrieg zerstrahlt und verseucht wurde. Während der wenigen Tage, von denen die ›Novellen-Comödie‹ erzählt, rückt das Reservat in den Mittelpunkt der Weltpolitik. Die Außenministerin der USA, Isis, trifft sich hier mit ihrem chinesischen Amtskollegen, um über einen gegenseitigen Duldungsvertrag zu beraten, der notwendig wurde, weil sich auf der Erde unliebsamer, gefährlicher Besuch aus dem All bemerkbar gemacht hat. Die Verhandlungen finden in Kolderups Haus statt, später auf einer Fahrt nach Fanö. Durch Kolderups List gelingt es, das Scheitern der Verhandlungen zu verhindern. Ihm ist es auch zu verdanken, daß das Reservat noch einmal verschont wird; denn Isis war auch zur Inspektion nach Tellingstedt gekommen, um zu untersuchen, ob der Luxus dieses kulturhistorischen Museums der Vergangenheit noch weiterhin seinen Sinn habe. Kolderup, der sich durch eine Erzählung, in der er sich als Bekannter von Isis' Mutter zu erkennen gibt, die Außenministerin gewogen macht, ist sich jedoch mit ihr am Ende einig, daß, auf die Dauer gesehen, *alle Scheitan werden.*

Kolderups Erzählung, als ›Dazwischenspiel‹ erst flockig in das Geschehen eingestreut, dann sich immer mehr verdichtend zu einem eigenen szenischen Erzählgebilde, das sich am Ende phantasmagorisch wie ein feingesponnener Traum, wie eine kalkuliert ausgeführte Fernsehinszenierung und wie ein pastellhaft-durchsichtiges Diorama auflöst, berichtet von der Reise dreier Atheisten, die sich 1969 auf einem Schiff im Pazifischen Ozean aufhalten. Kolderup, sein Freund Schweighäuser und der DDR-Professor Butt — die drei Atheisten — treffen dort auf einen christlichen Missionar und eine Missionarin, letztere die Mutter der Isis. Sie alle werden auf eine Insel verschlagen, nachdem sie das Schiff verlassen hatten, weil es in tiefdunkler Nacht plötzlich angeblich zu sinken drohte.

Während der Robinsonade der vier — Schweighäuser taucht erst zuletzt unter merkwürdigen Umständen wieder auf — gehen Kolderup und Butt in die »Schule der Atheisten«. Physisch und psychisch unter Druck gesetzt, von Hunger und Durstphantasien geplagt, dem geisterhaften und geistlichen Spuk, den inszenierten Fallen konfrontiert, erliegt Butt, der flachköpfige Rationalist, den Versuchungen und wird zum christlichen Paulus; Kolderup, der stoische Charakter, widersteht. Er hat die »Schule der Atheisten« erfolgreich absolviert. Butt hingegen ist dem von den christlichen Missionaren im Auftrag einer amerikanischen Millionärsclique inszenierten Bekehrungsspektakel auf den Leim gegangen.

Das Gerüst des vielschichtig angelegten Erzählbaus wäre nicht vollständig, wollte man, um ihn zu skizzieren, nicht noch einen weiteren Motivsparren erwähnen, den Schmidt ihm eingezogen hat: Kolderups siebzehnjährige Enkelin Suse, deren *APO-thekerfreund* Fritz, Suses Freundin Nipperlein, die sie in Kolderups Eremitenklause holt, und deren angehimmelter Poet Cosmo Schweighäuser, der Sohn von Kolderups Freund.

Diese Paare werden am Ende vom Friedensrichter getraut, wobei er, zu seinem großen Schmerz, Suse — seine einzige Schülerin — an den epigonalen Fritz verliert, und Cosmo, der als Hofpoet der Isis nach Tellingstedt kam, eine verpönte Verbindung mit Nipperlein eingehen darf, mit der Verpflichtung, fortan als Nachtwächter das kulturhistorische Image des Reservats aufzupolieren.

Je mehr ein Leser sich jedoch dem vielfältigen Handlungs- und Figurengeflecht anvertraut, das »Die Schule der Atheisten« weit über diese referierende Skizze hinaus knüpft und webt, desto mehr wird er am Ende erkennen, daß er nur einige Fäden des Erzählteppichs in Händen hält, mit deren Hilfe er das Werk keineswegs aufdröseln kann. Eher sieht er sich einer Unzahl von Motiven gegenüber, die sich zwar gelegentlich in meist karikierten, satirisierten Figuren verdichten, öfter aber — und mit Fug und Recht könnte man sagen: total — jegliche Phantasieschicht der Erzählung, das gesamte Sprachmaterial durchwirken.

Was ich eine äußerste Apotheose der Literatur nannte, meinte nichts anderes als Schmidts in der »Schule der Atheisten« praktizierten Versuch, dies Buch ausschließlich auf alexandrinische Kombinatorik, auf literarisches und kulturhistorisches Zitatmaterial zu stützen, das teils ohne weiteres erkennbar, teils umgestaltet und abgeschattet eingearbeitet wurde und oft nur Spezialisten transparent wird. Der Titel z. B. und das *Dazwischenspiel* spielen auf Jules Vernes Roman »Die Schule der Robinsons« an, von dem Schmidt, ohne das Werk jedoch namentlich zu nennen, schon in seinem kleinen Jules-Verne-Essay geschrieben hatte: *... daß ich noch ein weiteres Buch VERNE'S in petto habe; wo er, ähnlich wie in der ›Propellerinsel‹* — die Schmidt als Vorlage zu seinem Roman »Die Gelehrtenrepublik« diente — *einen glänzenden Grundeinfall ... verplemperte ...: also das könnte ich so viel besser-bedeutender machen!*[26]

Derartige Umarbeitungen, Fortdichtungen, Zitatassoziationen lassen sich in den Groß- und Kleinformen des Buchs überall entdecken. Dieser *höchst merkwürdige ernsthafte Spaß* (Goethe über seinen Faust II) verbindet aufklärerischen Diskurs mit barockem Zaubermärchen, Welttheater mit Mysterienspiel, Posse mit Liebesidyll, derbes Arkadien mit ironischen Offenbachiaden, große Staatsaktion mit intimen Zwischenspielen — so als seien hier noch einmal wie in einem Arsenal alle poetischen Möglichkeiten versammelt, welche sich der menschliche Geist zum eigenen Genuß vorspielte, vorspiegelte. Die Motivketten, diese thematischen Kristallisationszweige, die das ganze Buch durchziehen, holen ihre Belege aus den verschiedensten Bereichen und Zeiten: aus der Mythologie, der Religion, der Medizin, der häretischen Gnostik, aus Naturphänomenen und Halluzinationen: aus dem weiten, immer enger gewordenen Gebiet der poetischen Weltdeutung.

Das Inszenatorische, die ununterbrochene Blendung, Nasführung, Ablenkung — typische Erscheinung eines abgründigen Skeptizismus —

ist ein weiteres der beherrschenden Mittel des Romans. In ihm spielt jeder dem anderen etwas vor, ein prinzessin-brambillahaftes[27] Maskentreiben herrscht im Werk, von dem sich weder Kolderup noch sein Autor ausnimmt und das auch den Leser nicht unbeteiligt — und unbetrogen — läßt. Zweifelhaft bleibt zuletzt, ob nicht die ganze Welt, die um Kolderup herumwuselt, einzig sich seiner Phantasie verdankt (wie er der Phantasie seines Autors), so daß sich das derb-obszöne und geisterhaft transparente Spiel als unendliche Reflexion und Projektion eines alternden Gehirntiers verstehen ließe, als Vorstellung und Schein, der unauflösbaren Einsamkeit des poetischen Ichs entwachsen.

Mit der ›vis comica‹ der »Schule der Atheisten«, in der alle mythologischen, religiösen, poetischen und wissenschaftlichen Welterklärungen rekapituliert werden und Revue passieren, ist Arno Schmidt in nächste Nähe von Jean Pauls ›letztem komischen Werk‹ gelangt. Jean Paul wollte ihm den Namen »Papierdrachen« geben. Er hatte darin vor, *sich mit der komischen Muse einmal in meinem Leben ganz auszutanzen.* ›Der Papierdrachen‹ ist jedoch nur als Materialskizze vorhanden. Darin wollte Jean Paul verwenden: *Papiere aller Art, Herrenpapiere und Kartaunenpapiere, Trauerpapiere mit vergoldetem Schnitte und Staatspapiere und Stempelpapiere ... Flugschriften und Einlösescheine, Hirtenbriefe und gnädigste Handschreiben, Komödienzettel und diplomatische Berichte und Konkordanzen, Liebesbriefe, Küchenzettel und Arzneizettelchen gar nicht einmal mitgezählt ...*[28] Während jedoch Jean Pauls Projekt einer Zitatcollage aus zeitgenössischem Realienmaterial — eine dadaistische Vorwegnahme? — genug politischen Sprengstoff enthielt und es ihm deshalb, nach seinem Zeugnis, unmöglich war, diesen »Papierdrachen« in der *langgestreckten ... Windstille* des *fünfjährigen Karlsbader Zensurprovisoriums steigen zu lassen,* stehen Schmidts vorläufig ›letztem komischen Werke‹ solche politischen Schwierigkeiten nicht entgegen. Literatur ist bei ihm ganz auf sich selbst zurückgenommen, letzter — endgültig aber auch schwindender — Trost eines Polyhistors, dessen *Ahnen- & Enkeldienst* ins Leere geht, folgenlos bleibt: *Mit der Relig'jon iss's nichts: Decoratzjon & Betrüge(reien) —: mit den Wissnschaftlern? iss's nichts:*

*Die sind charakterlos, und ganz-leicht düp- & fanatisierbar. — Die*
*eigntlich, ErdBall umspannen-können-sollende?: wäre DIE KUNST*
*... Die Kunst ist mehr als das ihr zugrunde liegende (an)organische*
*Gaukl-Spiel der Welt ...*[29]

Schmidts Resignation, die sich im Porträt Kolderups den Gestus des
chinesischen Weisen zulegt — Kolderup zitiert oft und zustimmend
Kungfutse —, sucht jedoch den Grund ihrer Verzweiflung (vor der
man die Komik des Buches sehen muß) nicht in den realen gesellschaftlichen Entwicklungen, welche die Möglichkeiten der absoluten, subjektiven künstlerischen Existenz mit wachsender Arbeitsteilung und in
hoffnungsloser Konkurrenz zur multimedialen Informations- und
Reizfülle problematisieren. Diese pessimistische Zukunftsperspektive
glaubt sich tiefer, metaphysisch tiefer fundiert: in der Dualität der
Geschlechter und deren ewigem Kampf, bis der entzweite Wille im
allgemeinen Untergang der Menschheit seine ersehnte Einheit wieder-
gefunden hat. Das erotische Pandämonium der »Schule der Atheisten«,
in dem zuletzt auch Kolderups Enkelin, indem sie ihn endgültig zugunsten des potenten *APO-thekers* verläßt, versinken wird, präludiert
den dank Kolderups Weisheit nur noch einmal hinausgezögerten Zu-
sammenbruch.

Die chinesische Wendung Arno Schmidts, die Mythologisierung seiner
resignierenden Verzweiflung, welche dieser ganz in die Literatur ver-
sunkene und von ihr verzauberte große Schriftsteller mit seinem Spätwerk vornimmt, könnte auch die Zurücknahme, zumindest aber die
äußerst skeptische Korrektur seines früheren aufklärerischen Jakobi-
nertums sein. Das kennzeichnende Motto aus Verdis Falstaff — einem
geistig verwandten Spätwerk —, das Arno Schmidt der »Schule der
Atheisten« vorangestellt hat, dürfte, hoffe ich, nicht sein letztes Wort
bleiben: *Alles ist Spaß auf Erden, / der Mensch ein geborener Tor; /*
*(und dünkt er sich weise zu werden, / ist er dümmer noch, als zuvor).*

---

[1]) In ›Text + Kritik‹, Zeitschrift für Literatur, Nr. 20, 2. Auflage, 1971, S. 39.
[2]) Vgl. a. a. O., S. 57 f., und Wolfram Schütte ›Polly & Valencien in einer verschmidtsten Welt‹, ›Frankfurter Rundschau‹, 13. 12. 1969.
[3]) Berechnungen in A. Schmidt: ›Rosen & Porree‹, Karlsruhe 1959, S. 293.

⁴) a. a. O.

⁵) A. Schmidt: ›Sitara und der Weg dorthin. Eine Studie über Wesen, Werk und Wirkung Karl Mays‹, Karlsruhe 1963.

⁶) So der Untertitel seiner Essaysammlung mit dem Titel ›Der Triton mit dem Sonnenschirm‹, Karlsruhe 1969, der Radio-Essay über Collins, die Brontës, Dickens, Bulwer, Joyce, Cooper und Poe enthält.

⁷) Vgl. ›Sylvie & Bruno, Dem Vater der modernen Literatur ein Gruß!‹ in A. Schmidt: ›Trommler beim Zaren‹, Karlsruhe 1966, S. 253 ff.

⁸) a. a. O., S. 262.

⁹) Vgl. »›Zu Spät!‹, mehrfach«, im zweiten Teil dieses Bandes.

¹⁰) Hans Mayer: ›Deutsche Literaturkritik, VI, 2‹, Frankfurt a. M. 1972, S. 162.

¹¹) ›Text + Kritik‹, S. 58, und besonders Hartwig Suhrbier: ›Zur Prosatheorie von Arno Schmidt‹, Magisterarbeit, Bonn 1969.

¹²) A. Schmidt: ›Die Schule der Atheisten‹, Frankfurt 1972, S. 162.

¹³) ›Triton mit dem Sonnenschirm‹, S. 154—328.

¹⁴) A. Schmidt: ›Zettels Traum‹, Karlsruhe 1970 und Frankfurt 1973.

¹⁵) ›Triton mit dem Sonnenschirm‹, S. 279 ff.

¹⁶) ›Kindler Literatur Lexikon‹, Band 7, München 1972, Zeile 1430 f.

¹⁷) ›Triton mit dem Sonnenschirm‹, S. 239.

¹⁸) ›Zettels Traum‹, S. 915.

¹⁹) Michail Bachtin: ›Literatur und Karneval, Zur Romantheorie und Lachkultur‹, München 1969.

²⁰) a. a. O., S. 13 f.

²¹) a. a. O., S. 9.

²²) Wollte man Bachtins soziologischen Überlegungen folgen, die eng mit seinen Sprachuntersuchungen zusammenhängen, müßte man Schmidts Frontalkritik und deren subjektives, psychoanalytisches Fundament ideologisch in der Nähe Stirners lokalisieren. Auch der Anarchismus der Etymtheorie und -praxis hätte hier den ideologischen Ort.

²³) Nietzsche, Werke, München 1960, 2. Auflage, Band I, S. 131.

²⁴) ›Die Schule der Atheisten‹, S. 166.

²⁵) Walter Benjamin: ›Das Kunstwerk im Zeitalter seiner technischen Reproduzierbarkeit‹ in ›Illuminationen‹, Frankfurt 1961.

²⁶) ›Trommler beim Zaren‹, S. 337.

²⁷) Hoffmanns ›Capriccio nach Jakob Callot‹ gehört zu Schmidts Lieblingsstücken.

²⁸) Jean Paul, Werke, München 1963, Band VI, S. 569 ff.

²⁹) ›Die Schule der Atheisten‹, S. 270.

Jürgen Busche

# Eidyllion - das heißt kleines Bildchen

Über Arno Schmidt und Heimito von Doderer

Auch den Laudator überkommt bei der Lust zu loben ein zusätzlich stolzes ›immerhin, immerhin‹. Das ist aber wenigstens auch die schiere Verlegenheit. Sehen wir beides.

Immerhin — sagt Lars Clausen in seiner Rede auf Arno Schmidt, nicht wörtlich, aber umständlich — immerhin enthält Arno Schmidts »Das steinerne Herz. Historischer Roman aus dem Jahre 1954« neben sehr viel anderem *die ersten, ich sage die ersten mittels Roman in der Bundesrepublik Deutschland herausgekommenen Beobachtungen des Alltags der Deutschen Demokratischen Republik, die nicht kalten Krieg, sondern: kühlen Kopf dartaten.* Das perfekte Un-Wort »mittels« und die Flucht in die Kabarett-Pointe sagen vielleicht etwas darüber, wie sich Clausen bei diesem Satz gefühlt haben muß. — Frankfurts Oberbürgermeister Arndt, seit seinem Ansinnen, die massige Ruine der früheren Frankfurter Oper statt kostspielig restaurieren einfach in die Luft sprengen zu lassen, als »Dynamit-Rudi« ein

Begriff, sagte, als er den Goethepreisträger der Stadt zu loben hatte, Arno Schmidt habe — ›immerhin‹ — schon in den fünfziger Jahren der damaligen *Bonner Führungsschicht* seine Abneigung bewiesen.

Zu den sechziger Jahren fällt einem da, auch 1973, schwer etwas ein. Und wie sich das mit dem politischen Engagement des Autors verhält, da macht der Schmidt von 1973 doch vermutlich sowohl Clausen wie Arndt eher die Augenbrauen zusammenziehen und verlegen gucken, überrascht vielleicht, aber nicht anders verlegen, wie man zuvor von der Literatur-Prosa des Preisträgers Schmidt weggeguckt haben wird. Der Versuch, einen Mann von Bedeutung für die erklärbare Sympathie einzufangen, geht daneben. In diesem Fall. Es gibt keinen Königsweg zu Arno Schmidt. Auch nicht, wenn man diesen Weg mit Bekenntnissen zu pflastern bereit sein sollte. Arno Schmidts Name hat Klang als Literatur — oder überhaupt nicht. Kein Kämpfer, kein Aufklärer (auch nicht einer, der von aufgeklärtem Bewußtsein etwas verriete), kein engagierter Schriftsteller: ein Dichter.

Ein politisches Gespräch indes, von dem einiges erwartet werden könnte, müßte mit einer Erörterung der Frage beginnen, warum die beiden bedeutendsten deutschen Romanautoren des zwanzigsten Jahrhunderts — der andere ist Heimito von Doderer — vielfach als unlesbar gelten. Die Lektüre, dies muß man glauben, nachdem es oft genug versichert wurde, macht Schwierigkeiten.

Ein angesehener Buchhändler in Wien hat einmal Heimito von Doderer ganz unpolemisch darauf angesprochen, daß manche Menschen seine Romane ›unleserlich‹ fänden. Eine luxuriöse Literaturkritik, die nicht polemisch sein wollte und es dann nicht war, dekretierte zu Arno Schmidts Roman »Kaff auch Mare Crisium«, seine Teile seien ›schlechthin unlesbar‹.

Ein interessantes politisches Gespräch. Weder Schmidt noch Doderer wird man avantgardistisch nennen können ( w o l l e n wohl: Schmidt wird gern in Anspruch genommen, Doderer hat sich nicht ungern zur Verfügung gestellt). Tatsächlich sind beide nicht einmal Richtung. Vor allem aber: weder schreiben sie über Dinge, die schwer verständlich sind, noch schreiben sie unverständlich. Was immer für progressiv angesehen sein soll: man sucht es bei ihnen vergebens. Ansichten, wofern man finden möchte, daß sie vorgetragen werden, erweisen sich bald als so trivial — oder fiktiv im Stil der Gattung —, daß sie es tatsächlich nicht verdienen, als Ansichten, geschweige denn gar als Meinung apostrophiert zu werden. Beide Autoren sind, und dies ist das einzige Attribut, das sie vertragen, konservativ. Ein politisches Gespräch?

Möglich, daß die »Strudlhofstiege«, die »Merowinger«, die »Wasserfälle von Slunj« aber auch »Kaff«, »Kühe in Halbtrauer« und der Aufriß von »Zettels Traum« deshalb einem konservativen Publikum schwer zugänglich sind. Eine solche Vermutung ist keineswegs paradox.

Konservatives Bewußtsein ist als Selbstbewußtsein Literatur. Konservatismus bedeutet Praxis als Theorie zu formulieren (Progressivität . heißt Theorie gegen die Praxis zu entwickeln). Im Denken bewegt sich der Konservatismus von seiner Basis fort. Dieser Schritt müßte eigentlich dazu führen, daß die Basis geschwächt wird. Das geschieht auch in einem Teil der Fälle. Das Auseinandertreten von Handeln und Urteilen unterminiert die Sicherheit des Handelns; das Handeln ist in der Folge nicht mehr (vom Subjekt aus) voraussetzungslos, die vorherlaufende theoretische Erörterung der Praxis nimmt dieser die Geschlossenheit.

In anderen Fällen kann es aber sein, daß die Basis gestärkt wird. Der in Gang gebrachte Theorieprozeß wird eingeholt und kontrolliert. Künftige Reflexion fällt dann in vorbereitete Strukturen, deren Hauptmerkmal es ist, daß sie das Subjekt auf die Trennung der Bereiche Theorie — als Übung für Mußestunden — und Praxis — als Antwort auf Leistungsforderung — einstellen. Spaziergänge in die Offenheit theoretischer Möglichkeiten bedeuten ihm fortan nicht mehr notwendig eine Aufforderung, die Voraussetzungen seiner Praxis zu überprüfen. Philosophie, Kunst, Literatur müssen dann nicht mehr als unnütz, ablenkend, vielleicht gefährlich diffamiert werden; im Gegenteil, die Spielwiese wird außerordentlich nützlich. Im verbreiteten Manager-Idiom heißt das Entspannung durch Umspannung. Statt Bilanzen einmal Hexameter überdenken, statt den Börsenbericht einmal Enzensberger lesen. Die Irritation ist durch Freigabe ausgeschaltet, die übrigbleibende Möglichkeit einer Gefährdung minimal.

Eine Abschweifung? Durchaus nicht. Wir sagten: Konservatismus ist als Selbstbewußtsein Literatur. Das heißt, das Bewußtsein delegiert sich in eine Rolle, in der es sich beobachten kann: Das sich beobachtende Bewußtsein projeziert Selbstbewußtsein. Damit am Ende der Beobachtungen keine Überraschungen stehen, ist die Rolle vorher festgelegt. Dies leistet Literatur. Richtiger: Literatur legt nicht Verhaltensweisen als Rollen fest, sondern sie beschreibt Verhaltensweisen in Rollen und stellt sie in den Rahmen eines (moralischen, intelligenten, edlen usf.) Anspruchs.

Diese Beschreibung hat zunächst sehr wohl eine kritische Funktion (etwa die Fürstenspiegel, Shakespeares Königsdramen); die Funktion geht aber dann verloren, wenn die Vorbilder als Rollen für die Gestaltung von Realität adaptierbar werden und in der Möglichkeit, daß auf sie verwiesen werden kann, für Apologien zu gebrauchen sind.

Mit dem Hinweis auf Shakespeares Königsdramen läßt sich Grausamkeit der Herrschenden sowohl angreifen wie auch rechtfertigen. Aber darauf kommt es nicht einmal an. Wichtiger ist, daß im Anschluß an die Leistung Shakespeares eine bestimmte Praxis nach ihrer Disposition im Konzept Shakespeares gedacht wird. Gewalt, Macht und Recht sind plötzlich Begriffe, die jeder handhaben kann, ohne zugleich von realer Macht, realer Gewalt und der Realität von Unrecht und der Scheinrationalität des Rechtes zu sprechen. Das konservative Bewußtsein verinnerlicht etwa den Begriff ›Gedankenfreiheit‹ zugleich mit dem Bild des Marquis Posa, und die Tatsache, daß der Marquis Posa vielleicht nicht mehr bedrängt wird, also ›ideell in der Geschichte‹ gesiegt hat, bedeutet ihm, daß ›die Gedanken frei‹ sind, die allgemeinen Freiheiten also in einem wesentlichen Teil garantiert sind.

Die theoretische Auseinandersetzung mit Möglichkeiten von Freiheit ist also auf ein Rollenspiel gebracht worden; was gefordert und was gewährt werden kann, wird an einer ›klassischen‹ Konstellation gemessen; die Interpretation möglicher Freiheit ist an die Stelle der Reflexion freier Möglichkeiten getreten.

Die Verführung, die alles Bewegen im Theoretischen für den Menschen hat, ist unter Kontrolle gekommen. Denken ist nicht mehr von vornherein gefährlich, sondern kann es nur noch werden, wenn es Regeln verletzt.

Aufgrund des Begriffs des Klassischen lassen sich die Regeln sehr blaß und gleichwohl sehr einleuchtend als ›ästhetisches Niveau‹ umschreiben. Für das *durchschnittlich geistige Bewußtsein* (um ein Wort Hegels zu nehmen, ohne freilich darauf angewiesen zu sein) ist die Klassik das schlechthin Beispielhafte, ist die Klassik die große Synthese von idealer Kunst, idealer Stimmigkeit des gesellschaftlichen Zustands, ideale Entfaltung des individuellen Paradigmas. Klassik — so allgemein zuvorderst ein Thema der Kulturgeschichte — wird in der Kunst und was ihre gesellschaftlich übergreifende Bedeutung angeht, in der Literatur manifestiert. Klassik wird daher in der Folge Hauptstützpunkt reaktionärer Argumentation, insofern auf sie rekurrierend ein Standpunkt als prinzipiell richtig vertreten werden kann, der aktuell nicht relevant ist. Das Auseinandertreten von Richtigkeit und Relevanz, das gemeinhin dem Theoretiker als Schwäche vorgeworfen wird (Gemeinplatz: Das mag zwar für die Theorie gelten, taugt aber nicht für die Praxis), kennzeichnet in einer nach-klassischen Gesellschaft die reaktionäre Argumentation, wo sie auf der Überlegenheit ausgewiesener Modelle beharrt und die intellektuellen Leistungen, die im Umgang mit diesen Modellen erbracht werden, der in der Präsentation weniger glanzvollen Diskussion des Aktuellen vorzieht.

Für das konservative Bewußtsein wird das von klassischer Literatur entworfene Menschenbild und Gesellschaftsbild verbindlich, ja, in einem parasitär-ethischen Sinne verpflichtend. Diese Selbst-Verpflichtung wird durch das Niveau der Dichter gesichert und bedeutet eine Entpflichtung von aktueller Orientierung.

Freilich wiederholt sich das reale Auseinandertreten von gesellschaftlicher und — sagen wir — literarischer Entwicklung in der nachklassischen Zeit. Allerdings haben sich die Voraussetzungen im Vergleich zur Vorklassik grundlegend gewandelt.

In der Vorklassik ist die Beschäftigung mit — bleiben wir dabei — Literatur beliebig. Dies günstigenfalls. Es wird davor gewarnt, meist, weil sie ablenkt, nicht nützlich ist, Lebensuntüchtigkeit verschuldet. Daß Phrynichos Tragödie »Die Einnahme von Milet« von den griechischen Behörden verboten wurde, hatte nichts mit dem Prinzip Literatur zu tun. Angesichts der Persergefahr war die Bevölkerung bei Gelegenheit der Aufführung des Stückes in Panik geraten. Dagegen gilt es einzuschreiten. Dem Äschylos war noch wichtiger, daß er bei Marathon gekämpft als daß er die Orestie geschrieben hatte. Sein Beitrag zum politischen Leben Athens orientierte sich an einem primär politischen (konservativen) Bewußtsein. Eine politische und nur politisch begründete Überzeugung ließ ihn den Areopag, eine althergebrachte Versammlung Privilegierter, die von der sich entwickelnden Athener Demokratie in ihrer Kompetenz eingeengt wurde, die glückliche Entscheidung zugunsten Orests treffen.

Sophokles war zwar Beamter in der Administration des Perikles, aber er schätzte sich schon eher und lieber als autonomer Tragödiendichter ein. Seiner literarischen Gabe dürfte er auch einen guten Teil seiner Karriere verdankt haben. Perikles umgab sich bereits auch programmatisch mit Intellektuellen (wodurch er sich allerdings zugleich angreifbar machte). Ein interessantes Zwischenspiel ist das Verbot der attischen Komödie, das er erließ. Von den Komödiendichtern (meist aus den Taschen der konservativen Familien bezahlt) unausgesetzt angegriffen und beleidigt, versuchte er die politisch genutzte (oder mißbrauchte?) Literatur zu verhindern. Die Athener erzwangen die Aufhebung des Verbots. Perikles' Stellung war hernach nicht schwächer. Sie war ebenso stark, wie sie zuvor gewesen war. Die Komödienschreiber und ihre Auftraggeber blieben in der Minderheit. Aber jetzt hatte das Prinzip Literatur (und die an sie gekoppelten Begriffe der Freiheit) einen Sieg errungen.

Literatur war dieser Gesellschaft nicht mehr beliebig; sie war Institution, der grundsätzlich hoher Rang und große Bedeutung eingeräumt wurde. Perikles konnte sich behaupten, nicht aber das Prinzip des politischen Urteils. Perikles blieb an der Spitze des Staates, weil, wie Platon diagnostizierte, vor einer ›Aristokratie‹ — als Herrschaft des besten Mannes — die Demokratie freiwillig zurücktrat, eine Entscheidung, die, wie die Bereitschaft der Massen dazu, wiederum einleuchtend als literarisch erklärt werden kann.

Über einen längeren Zeitraum hinweg wird eine fatale Veränderung sichtbar. Die Literatur, die relevante Schichten einer Bevölkerung erreicht, bricht die private Perspektive eines Wohnzimmers auf und bietet die Attribute eines universalen Aspekts an. Die Universalität löst aber nur das Attribut »privat« ab, sie überwindet nicht das Wohnzimmer, ersetzt es nicht: es entsteht ein Innenraum von Universalität.

Das Ergebnis ist aber nicht, daß an die Stelle vormaliger Plüsch- oder Empire-Gemütlichkeit die Unruhe und die gespannte Unsicherheit offenen Erlebens tritt, sondern es werden umgekehrt alle Erfahrungen in universalen Horizonten als Spiegelungen des geschlossenen Bildes verstanden. Das Wohnzimmer wird nicht durch Weite unbewohnbar, sondern was vormals Begriff der Weite zu sein schien, erweist sich als Konstruktion in Abmessungen, die auch possierlich präsentiert werden können. Im Innenraum dominiert die Übung, zu wohnen, und die beherrschte Faszination ist aufgehoben in Literatur, Malerei, Musik. Man kann sogar diskutieren: Philosophie. Die Nahtstelle von privater Universalität und öffentlicher Individualität — denn ebenso aufstörend wie das Erlebnis fremder Welten ist das Alleinsein mit sich selbst — ist die Rezeption klassischer Literatur, die Vorlage des gesellschaftlichen Programms. Das allgemeine Selbstverständnis wird in Postulaten (eben nicht in Desideraten) kolportiert. Literatur ist jetzt nicht mehr beliebig (und auch nicht mehr gefährlich).

Schien es vordem unzweckmäßig, sich mit Versen zu befassen, wollte man vorankommen, so hilft jetzt dem Tüchtigen weder sein Glück noch sein Geschick, wenn er nicht zeigen kann, daß er auch nach dem Kanon der klassischen Literatur gebildet ist. Verdienst soll Konsequenz der gemeinsam erreichten Entwicklungsstufe sein. Wer als Kaufmann oder Staatsmann anerkannt sein will, muß über das Kaufmännische und das Staatsmännische so reden können wie der Dichter, als er das Idealbild des Kaufmanns oder des Staatsmanns entwarf. Die Gesellschaft nimmt an der individuellen Leistung oder Größe selbstbewußten Anteil, indem sie das immer Größere und immer besser zum Ausdruck Gebrachte als ihre Äußerung, ihre Präsenz, ihre Realität gleichsam eingesogen hat. Ihr Selbstbewußtsein ist Literatur.

Es ist bezeichnend, daß die Titulierung ›Abenteurer‹ in ihrer günstigstenfalls skeptischen, aber immer etwas herabsetzenden und auch mit Befremden oder Verachtung, Neid oder Bewunderung vermischten Absicht erst jetzt vordringt. Der Abenteurer hält mit seiner Existenzform dem allgemeinen Innenraum das nach wie vor bestehende Außen entgegen. Er konfrontiert die Heimeligkeit des Wohnzimmers mit der Unheimlichkeit einer offenen Welt. Das ist ein Skandal. Würde sein Verhalten in den Kontext von Realismus passen, wäre ja der Anspruch der klassisch gewordenen Welt widerlegt. Wenn der Bücherschrank nicht mehr für die relevante Komplexität von Welt stehen kann, wird aus dem kultivierten Bürger ein Stubenhocker.

Realismus kann man denn auch das Bemühen nennen, ein Individuum in die Konvention einzubeziehen. Der realistische Roman zieht Grenzen und widmet sich ihren Überschreitungen. Der historische Roman, der Erziehungsroman, der Abenteuerroman sind Erzählformen des Realismus. Sie sind charakterisiert durch ein Sujet, das ein Abweichen von der Konvention vorstellt, ein noch nicht zu ihr Gefunden-haben oder ein trauriges Unvermögen, zu ihr zu finden. Realismus ist Verhalten-zu. Das kann kritisch, ironisch, romantisch, heroisch ausfallen: wichtig ist, daß der Leser die Spannung erfährt zwischen der Welt, wie sie ist, und dem Einzelnen. Der Einzelne muß sich auf die Welt einlassen. Er kann dumm, gescheit, tapfer, feige, unglücklich oder glücklich sein, weil er es tut oder nicht tut. Die Welt kann sich garstig, lieblich, haßerfüllt, kriegerisch, verlogen, wohlgeordnet oder gemütvoll zeigen: Hinter ihr steht, was sie nach klassischem Begriff sein soll; zu ihr steht der Einzelne und was nach klassischem Begriff seine Bestimmung ist. Lesbar wird der Roman dadurch, daß irgendwer, der Einzelne oder der Teil von Welt, mit dem er es zu tun hat, etwas nicht beachtet, obgleich es die Klassiker vorgeschrieben haben.

Das Auseinandertreten von gesellschaftlichem und künstlerischem Bewußtsein ereignet sich im Anschluß an die Klassik nur von dem Schriftsteller, dem Maler, dem Komponisten aus real. Die konservative Gesellschaft — noch einmal: das ist die Gesellschaft, die Literatur institutionalisiert hat und sich selbst als Literatur denkt — versteht die Bedingungen des Auseinandertretens als Inszenierungen, die sie erlaubt, ja, auf die sie sich einläßt.

Freilich ist sie inzwischen auch in ein Dilemma geraten, das sie von sich aus nicht mehr erkennen, geschweige denn lösen kann, ohne ihre Kultur-Konvention aufzugeben. Politische Veränderungen, auch wenn sie als Schauspiel im Bewußtsein realisiert werden, erzwingen eine Änderung des Verhaltens — auch für den Akteur im Schauspiel. Literarische Veränderungen nicht unbedingt.

Politische Veränderungen ergeben sich aus der Fortentwicklung der Rollen (der Veränderung ihrer materiellen Basis) und dem Verhältnis der Rollen zueinander, das real ist, insofern Machtunterschiede real sind, und in der sich ausformenden Realität Bedingungen schafft. Der materielle Zustand der Gesellschaft verändert sich, der geistige bleibt nach ihrer Konvention der gleiche.

Literarische Veränderungen zielen darauf ab, wieder das Subjekt aus dem Regiezusammenhang herauszunehmen und mit der aus den neuen realen Bedingungen gewonnenen neuen Definition der Rolle kritisch gegen die Funktion der Rolle zu argumentieren.

Das konservative gesellschaftliche Bewußtsein reagiert darauf in zweierlei Weise. Einmal weist es jede Irritation im Verständnis seiner Basis ab, indem es unausgesetzt das höhere Niveau, die bedeutendere Komplexität der Klassik gegen die nun jeweilige Moderne ausspielt. Zum anderen hat sie aber aus dem Beispiel ihrer Klassik gelernt, den Künstler zu respektieren. Literarische Veränderungen werden also in ihrem Anspruch wieder beliebig.

Die Gesellschaft produziert das Auseinandertreten von Literatur-Literatur des Autors und ihrer eigenen literarisierten Wirklichkeit. Sie beginnt hier, sich selbst als tragisch zu inszenieren, indem sie sich in ihren Rollen so interpretiert, daß sie gar nicht anders kann, als daß sie den Widerspruch aushalten muß, den ihr das literarische Kunstwerk vorhält — aber vorhält eben in grober Einseitigkeit (die sich ein Klassiker nie erlaubt hätte!), die aber gleichwohl als beneidenswert erscheint. Die Gesellschaft produziert in der Folge eine Scheindialektik von Theorie und Praxis, von Literatur- und Wirklichkeitswelt. Sie produziert den Autor als Typ und umreißt die Regeln seiner Biographie. Das ›Werk‹ ist im Bewußtsein immer schon vorgeprägt und erscheint als Entäußerung von Bewußtsein mal als aggressiv, mal als Eskapismus, mal als revolutionär (›erfrischend‹ oder dogmatisch), mal als einsichtig-altersweise.

Wie auch immer es erscheint, es leistet Entlastung des rezipierenden Bewußtseins, das letztlich bei jedem ›jungen Autor‹ immer wieder dem Tasso zulächelt, den Lenz bedauert, echte Ergriffenheit aber nur als Bildungserlebnis für die freien Stunden inszeniert. Die Identifikation von Literatur geschieht nach dem Begriff der Klassik. Wenn sich Kunst als antizipatorisch, als Beitrag zur Aufklärung, als Widerspruch zu bestehenden Verhältnissen ausgibt, ist sie jetzt immer schon dort, wo das Publikum sie aufsucht.

Die literarisierte Gesellschaft versteht die Gewalt, mit der sie die von ihr abgesteckte Welt als die maßgebliche Welt zur privilegierten Bühne macht, als komplementär zu ihrer kulturellen Identifikation. Sie billigt dabei dem Künstler zu, an dieser Gewaltausübung nicht teilzunehmen. Und sie tut noch mehr. Sie überträgt auf den Künstler das Recht zur Artikulation des Unbehagens. Sie selbst also, das ist die Quintessenz, steht für die Synthese ein, weil sie nur über die Synthese die materiellen gesellschaftlichen Verhältnisse stabil halten kann. Literatur ist als Antithese herausgestellt — Literatur ist die Herausforderung, mit der die Gesellschaft sich auseinandersetzen will; und jede gesellschaftliche Herausforderung ist in dem Augenblick entschärft, in dem sie als Literatur erkannt ist. (Die Chance einer gesellschaftlichen Veränderung über den Weg der literarischen Aufklärung oder Agitation beruht auf der gelegentlichen Dummheit der attackierten Instanzen oder Gruppen.)

Das Sich-Einlassen auf eine literarische Entwicklung versichert das literarisierte Bewußtsein einer scheinbaren eigenen, gesellschaftlichen Dynamik. Die Freiheit, die die Gesellschaft der Literatur gewährt, erlaubt ihr zu vergessen, daß die sich verändernden materiellen Grundlagen ihr selbst die Freiheit mehr und mehr nehmen.

Hier wird das Rollenbewußtsein nach der Disposition der Klassik am deutlichsten sichtbar. Die Gesellschaft verwaltet die Freiheit. Sie versteht Freiheit aber nur als Zustand in einer literarisch explizierten Situation. Sie überprüft das Vorhandensein von Freiheit am literarischen Beispiel, wobei sie sich selbst in der Literatur-Situation eine Rolle zugewiesen hat. Diese Rolle heißt: verantwortlich für die Synthese.

Materielle Veränderungen sind damit ihrem urteilenden Blick entzogen. Wo sie spürbar werden, reagiert man literarisch: verantwortlich (obgleich man selber nichts zu verantworten hat) oder revolutionär (also literarisch unverantwortlich — wobei jede Literarisierung dann wieder wie ursprünglich, die Praxis behindert).

Das durchschnittlich gesellschaftliche Bewußtsein entwickelt sich als kritischer Partner von Literatur weiter, nicht aber als Partner — geschweige denn kritischer — des historischen Prozesses. Sein Urteil über Literatur gleicht dem Urteil, das das Publikum im Zirkus des kaiserlichen Rom über die Gladiatoren fällen durfte.

Das Publikum entschied über Leben und Tod, nachdem es sich zuvor als Fachmann bei der Beurteilung des Kampfes um Leben und Tod bewiesen hatte. Währenddessen aber waren die Quiriten nicht mehr in der Lage, was in Rom geschah und was an den Grenzen Roms vorging, aus eigenem Vermögen zu beurteilen oder gar zu beeinflussen.

Ein anderes ist das Verhalten der Autoren unter diesen Bedingungen. Die Erfolge von gestern noch einmal zu schreiben, verbietet sich für die meisten von selbst, und der Erfolg, der sich damit in gewisser Weise wohl einstellen kann, ist höchst zweifelhaft und zählt vor allem dort nicht, wo sie anerkannt sein möchten. Das Vorbild der Klassik zwingt also die Autoren geradezu, sich von der Klassik fortzubewegen. Das gilt sowohl für die Form wie für den Inhalt.

Daß es nicht mehr so interessant ist, klassische Konstellationen auszu-
füllen, sondern daß es reizvoll ist, sie zu problematisieren, bewies schon
der letzte der drei großen Tragiker, Euripides, indem er, ein Goethe-
Wort zu zitieren, das Kranke dem Gesunden vorzog. Er nahm schon
eine Position außerhalb des Innenraums ein und versuchte in seinen
Stücken, die Rollen-Harmonie zu durchbrechen. Die attische Komödie
bei allem auch vorhandenen, vordergründigen und meist reaktionärem
Engagement tat Ähnliches.

Im Hellenismus wird der Autor der Abenteurer. Er kann sich das ohne
Schaden seines Ansehens leisten, weil der durch die Institution Lite-
ratur gedeckt ist. Die Literatur entwickelt die Form des Prosaromans.
Wenn Franz Altheim darauf hingewiesen hat, daß an der Stelle der
Reflexion im neuzeitlichen Roman im hellenistischen Roman das ab-
geschilderte Abenteuer steht, der Gedanke also in der Vorstellung eines
Erlebens präsentiert wird, dann zeigt das auch, daß das geschlossene
Bewußtsein der Leser damals durch die starke Imagination des
»Außen« aufgebrochen werden sollte. In der Neuzeit tritt die Erfah-
rung der Subjektivität an die Stelle des unerhörten Erlebnisses in der
Fremde. Dies ist der Unterschied von dem Stadtstaat, für den vor den
Mauern das Abnorme beginnt, zu der erobernden Kolonialmacht, für
die nichts fremd oder abnorm ist, was Gott geschaffen hat, die aber
die beunruhigende Differenz in der Unterscheidung von ›ich‹ und
›Umwelt‹ erfährt.


Wenn wir davon absehen, daß im Hellenismus, also in der nach-klassischen Zeit, jede Generation von Künstlern sich als ›Moderne‹ im
Sinne neuer revolutionärer Ausdrucksformen erweist, die aber immer
gleich als ›Literatur‹ einholbar sind, bleibt als herausragendes Prinzip die bewußte Kritik des Autors. Der Autor definiert sich als in die
Gesellschaft nicht miteinbezogen und vertritt ihr gegenüber die Ver-
neinung ihrer Konvention. Indem er es aber als Literatur tut, erfüllt
er den Anspruch dieser Konvention im höchsten Maße. Wenn sich
Autoren in einer nach-klassischen Gesellschaft als Instanzen des Wider-
spruchs gegen diese Gesellschaft und besonders gegen die Gewalttätig-

keit der Gesellschaft empfinden, dann ist das beinahe ein Witz. Ohne ihre Absicherung in der Szene, die Literatur als Vergangenheit, aber eben notwendig auch als Gegenwart hat, ist die nachklassische Gesellschaft nicht lebensfähig. In allen Staaten, in denen Literatur sich nicht frei entfalten darf, müssen Polizei und Justiz in deutlich größerem Umfang die Disziplinierung der Bevölkerung leisten. Und dies überlebt die auf Leistung angewiesene nach-klassische Gesellschaft nicht.

Die Freiheit des Autors ist notwendig als Freiheit des Autors. Die Freiheit des Autors X ist damit aber nicht die Freiheit des Bürgers Y (Der Bürger verbittet sich das wohl auch mit Blick auf seine Konvention und die Klassiker im Bücherschrank). Aber da der Autor X zugleich auch nach Paß und Einkommensteuerbescheid der Bürger X ist, kann für ihn der Unterschied spürbar werden. Ein hellenistischer Autor, der ein Gedicht schrieb, das dem Herrscher mißfiel, weil es eine Prinzessin lächerlich machte, ward in ein Bleifaß gesteckt und im Mittelmeer versenkt. Der Herrscher und sein Hof waren der Meinung, daß hier die Insubordination eines bürgerlichen Individuums vorlag. Daß der Betreffende ein Dichter war, war für den Vorgang nur insofern von Belang, als die Insubordination sich in besonders wirkungsvollen Zeilen niedergeschlagen hatte. Man nahm also eine Trennung vor. Der Bürger X, der von Beruf Dichter ist, kann als Bürger sich schuldig machen, nicht aber als Dichter. Aber selbstverständlich verrät die Art seines Vergehens, daß er Dichter ist. Man hat also zu wägen, was bei dem Vorgang vorrangig ist. (In den fünfziger Jahren hat man Bert Brecht nicht eigentlich vorgeworfen, daß er kommunistisch interpretierbare Sachen schrieb, sondern daß er als Individuum mit österreichischem Paß für die Kommunisten in Ost-Berlin optierte. Als Brecht tot war, konnte man beginnen, diese Option in das Werk mit hineinzunehmen: sie war keine sperrige Realität mehr, sondern Teil einer Geschichte: statt von Herrn Keuner von Herrn Brecht.)

Eine andere Möglichkeit hellenistischer Autoren war eine Art poetisierter Philologie mit den Klassikern. Dem Publikum wurde als Literatur eine Fülle von Zitaten, Bezügen und Vergleichen aus dem Kanon der klassischen Literatur geboten. Die reichste Bildung wurde präsentiert, und dem Hunger nach Bildung, nach purem Wissen über die Klassiker sollte genüge getan werden.

Schließlich — vielleicht die einzige tatsächlich eigene Form des Hellenismus — gab es die Idylle. Die Bedeutung ›kleines Bildchen‹ ist neuzeitlichen Ursprungs. Wilamowitz-Moellendorff hat bemerkt, der Name Idylle besage, daß diese Literaturform keinen Namen hat, das heißt, daß man keinen suchen soll. Die Entsprechung in der Gegenwartsliteratur ist ziemlich exakt der ›Text‹.

Idylle oder Text machen keinen expliziten gesellschaftlichen Anspruch (sie implizieren ihn vielleicht). Sie sind so beliebig, wie Literatur in der Vor-Klassik war; allerdings teilen sie das Innenraum-Bewußtsein der nachklassischen Gesellschaft. Sie sind daher für das ›durchschnittlich geistige Bewußtsein‹ der nachklassischen Gesellschaft als Literatur nicht erkennbar.

Das charakteristischste Kennzeichen der Idylle ist ihr Interesse am Stationären. Sie bestimmt einen Raum, sichert die Grenze um diesen Raum und gibt eine Reportage der Intensivierung ihrer Erfahrungen in diesem Raum. Der Idylliker lebt also in der Wohnzimmerwelt, deren Zustandekommen ihn nicht weiter interessiert, vor allem an deren Veränderung er nicht interessiert ist, was nicht bedeutet, daß er diese Wohnzimmerwelt durchweg oder überhaupt positiv beurteilt. Der Schriftsteller der Idylle teilt das konservative Bewußtsein, das man als implizite politische Haltung dem durchschnittlich geistigen Bewußtsein einer Gesellschaft unterstellen kann. Damit ist wiederum nicht gesagt, daß die politischen Urteile, die ihm konsequent immer nur äußerlich sein können, dem programmatischen Konservatismus entsprechen.

Sowohl Heimito von Doderer als auch Arno Schmidt geben in ihren Romanen die bruchlose Wohnzimmerwelt einer stationären Idylle. Für diese Idylle gibt es keine zeitliche Dimension, das heißt, keine Veränderung über Geschichte hinweg, soweit es jene Dinge betreffen könnte, die an Welt, Leben und Gesellschaft für den Autor von Belang wären. Die »Strudelhofstiege« soll sogar der Beweis dafür sein, daß die österreichische Gesellschaft in den Jahren 1905 bis 1925 exakt die gleiche ist.

Bei Arno Schmidt nimmt sich diese Gleichsetzung noch krasser aus. Seine literarischen Ausflüge in die Antike bedeuten im Grunde nur einen Wechsel der Kulisse. Freilich ist es auch so, daß er sich bei seinen Ausflügen meist in das Zeitalter des Hellenismus begibt, also in jene Epoche, die Droysen die Moderne des Altertums genannt hat.

»Gadir« und »Kosmas« stellen Protagonisten vor, in denen Schmidt sich durchaus selbst nachzeichnet. Wir wollen jetzt nicht auf einzelne Positionen eingehen, als da wären Skeptizismus, Flucht ins Private — auch eine Form von Idylle, dem literarischen Begriff, wie wir ihn nach Wilamowitz verstehen, eng verwandt — Wissenschaftsgläubigkeit (das heißt: grenzenloses Vertrauen in die mathematischen und die Naturwissenschaften), Bildungsstolz, Bildungsüberfluß, Ablehnung des aufkommenden Irrationalismus wie der traditionellen Riten, ständiger Beweiszwang zum Wissen und um des Wissens willen. Wichtiger ist, daß Schmidt um das Verwandte besorgter ist als um Differenzierungen. Es gibt, und dies ist die vorgetragene Überzeugung, keinen Unterschied zwischen der Lage des gebildeten Intellektuellen vor zweitausend Jahren und der Lage Arno Schmidts.

Es bedarf nicht mehr des Nachweises, daß dies eine eminent konservative Haltung ist. Man kann es vielleicht so beschreiben, daß Schmidt in der Wohnzimmerperspektive von Welt die Geschichte als Zeit miteinbezieht. Die Zuordnung von Individuum und Gesellschaft bleibt bei Annahme konstanter Identität im Typischen beider immer die gleiche.

Um dagegen einen sicher nicht konservativen Autor zu halten: Man lese, was Bert Brecht über Kleist und den »Prinz von Homburg« geschrieben hat. Man schließe daran die Frage, ob es für Brecht einen Unterschied zwischen Kleist und, sagen wir, Berthold Schwarz gegeben hat. Es hätte nur den Unterschied ihrer Jahrhunderte gegeben, den Brecht am Beispiel Kleist und am Beispiel Schwarz herausstellen würde.

Brecht schneidet wie aus einem Bilderbogen Figuren der Vergangenheit aus, um ein Bild der Vergangenheit, des anderen Zustands von Gesellschaft zu erhalten. In der Vergangenheit etwa sucht Brecht nicht zuerst das Individuum auf; und am Individuum interessiert ihn dann zuerst der Unterschied zu seinem eigenen Selbst. Bei Doderer, Schmidt und wenigen anderen ist es gerade umgekehrt. Für sie haben Kostüme, Lebensumstände, politische oder gesellschaftliche Verhältnisse den Reiz des Spielerischen. Sie und ihre Protagonisten laufen in ihrer wesentlichen Entwicklung neben ihrer jeweiligen Zeitgeschichte her oder sind über diese weit erhaben. Um wieder das Beispiel des Bilderbogens zu nehmen: Schmidt und Doderer schneiden die Figuren aus, weil die Kostüme und Frisuren Gesichter und Menschen umrahmen. Sie sind an den Gesichtern, den einzelnen Menschen und ihrer privaten Geschichte interessiert, und dies ist ein Bereich, in dem die Ebenen des Gleichen nicht nach Epochen, sondern nach Charakteren und individuellen Anlagen und Schicksalen verlaufen.

Dies schlägt sich sowohl bei Schmidt als auch bei Doderer in einer Attitüde nieder, die vielleicht ihre erste Formulierung bei Nietzsche hat: in der malerischen Szene des Gesprächs, das die alten griechischen Philosophen über die Zeiten hinweg miteinander führten. Auch hier wird die zeitliche Erstreckung, die Jahrhunderte umfaßt (und tatsächlich wohl als Zeit schlechthin gedacht war), zum Innenraum, in dem sich die Gleichen zu den Gleichen hinbewegen — ohne der viel zu vielen zu achten.

Wenn Doderer sagt, daß jeder Epiker eigentlich alles von Homer lernen könne, dann ist damit sicher nicht eben ein Beitrag zur Theorie des epischen Kunstwerks intendiert. Es wird vor allem anderen der Kreis angedeutet, in dem man sich als Romanautor bewegt, es wird einer der akzeptablen Gesprächspartner genannt — nicht ohne Stolz. Doderers Äußerungen zu Musil und — besonders abfällig — zu Thomas Mann können dies vorzüglich illustrieren.

Schmidts Exerzitien über die *vergessenen Kollegen* geben anschaulichen Beweis von dem gleichen Selbstbewußtsein, das in seiner Art eben auch das Rollenspiel des literarischen Konservatismus ist. Arno Schmidt, dies darf man getrost unterstellen, sieht für sich mehr Gemeinsamkeiten — wenn auch mitunter in aller Ehrfurcht — mit Wieland, Joyce, Poe und wenigen anderen als mit seinen Zeitgenossen. Bertolt

Brecht würde im Gegenteil die Gemeinsamkeiten mit jedem seiner Zeitgenossen für unendlich größer, bedeutender und selbstverständlicher halten, als eine für ihn nur äußerliche, vage, immer unaktuelle Gemeinsamkeit mit einem Menschen, und wäre er Stückeschreiber, Bänkelsänger oder Revolutionär einer anderen Epoche.

Dagegen verschlägt wenig, daß etwa Doderer ein exzellenter Historiker war, der die Eingebundenheit eines Individuums und einer individuellen Entwicklung in seine jeweilige Epoche keineswegs übersah. Auch von Schmidt läßt sich die Forderung zitieren, eines *sollte jeder Dichter einmal leisten: ein Bildnis der Zeit uns zu hinterlassen, in der er lebte.*

Aber diese Zeit ist eben auch für Schmidt Zustand im Wohnzimmer. Nicht der Anspruch des Individuums an seine Gegenwart — weil das die Gegenwart ist, die sein Leben bestimmte — oder der Ertrag einer bestimmten Interpretation von Vergangenheit ist der Ausgangspunkt, sondern umgekehrt: je vollkommener, will sagen, je unmittelbarer zu sich selbst ein Ausschnitt der Vergangenheit oder der Prospekt der Gegenwart erarbeitet wird, um so realistischer kann das Individuum — als einzelnes oder ruhendes geschichtslos gleich — als geschichtsabhängiges Agens erfaßt und verstanden werden.

Entscheidend ist in diesem Zusammenhang der Begriff ›Realismus‹. Das realistische Allgemeine findet sich für Schmidt nur in der minutiösen, in der nach Sekundenausschnitten gefaßten Zusammensetzung von Allgemeinheiten. Alles Besondere, Ausgedachte, Spekulierte widerspricht dem realistischen Bild, das Fiktion sein muß, um die Bruchstücke nebeneinander stellen zu können, so, wie sie im Bewußtsein Bruchstücke waren, bevor sie für die Erinnerung zu einem fiktiven Kontinuum verbunden wurden.

In dem pathetischen Duktus, in dem Schmidt den ›Realisten‹ vorstellt, dominieren Worte wie ›Sichtbarkeit‹, ›Erfaßbarkeit‹ — ›in Tabellenform gar‹; nicht die ›Wesensart‹, sondern die ›Anzahl der Dinge‹ sei interessant. Landmesser, Topographen, Inspektion (»Die Ritter vom Geist« — »Nichts ist mir zu klein«). — »Die Aufgabe, die sich dem

Roman heute stellt«, schreibt Heimito von Doderer in seinem Aufsatz über »Grundlagen und Funktion des Romans« (in »Die Wiederkehr der Drachen«), »ist . . . die Wiedereroberung der Außenwelt: und in dieser wird bekanntlich gehandelt, in jedem Sinne. Denn die Schöpfung ist nun einmal dinglich, dagegen ist nichts zu machen, und das habe man vor Augen«.

An anderer Stelle: der erzählende Schriftsteller »weiß mit Platons Höhlengleichnis ebensowenig anzufangen wie mit Kants Ding an sich. Er hat von vornherein innig die Erkennbarkeit der Schöpfung aus dem, was sie uns in wechselndem Flusse darbietet, umarmt, und meint fest, daß die Sachen, wie sie sich als Konkretionen zeigen, durchaus sie selbst sind, ja, mehr noch — daß sie durchaus auch wir selbst sind«. Dies eben ist, wenn man es sich statt österreichisch norddeutsch rekapitulieren kann, das Programm Arno Schmidts: »Legt nicht aus: lernt und beschreibt. Zukunftet nicht: seid«. (»Seelandschaft mit Pocahontas«).

Ein konstruiertes ›interessantes‹ Sujet kann für ein Gedankenspiel ausreichen, um Typisches sichtbar zu machen. Für die realistische Erzählung fallen die unumgänglichen Konstruktionen so trivial aus, daß niemand auf den Gedanken kommen kann, sie hätten für sich oder für eine Idee etwas zu bedeuten. Wie Frieda Thumann zu einem neuen Lebensgefährten kommt und außerdem noch reich wird, ist so unwichtig wie der Umstand, daß beides geschieht (oder vielleicht doch eins davon nicht). Der Ausschnitt von Leben in den deutschen Fünfziger Jahren und das Leben einer Frieda Thumann sind (neben anderem) exemplarisch Themen dieses Romans.

Für den modernen Autor von Stendhal und Fontane über Heinrich Mann bis zu Böll und Zwerenz ist die Legitimation des Romans, was mit ihm gesagt wird. (Und der Rezensent formuliert, was der Romanautor gesagt hätte, wenn er Politiker, Sozialarbeiter, behandelnder Arzt oder Lokomotivführer gewesen wäre.) Heimito von Doderer darauf schlicht: Ich habe nichts gesagt. Sein Ideal: der schweigende Roman. Der Roman als Kunstwerk in Worten, aber ohne Aussage. Kann man eindrucksvolle Begabungen — die allein schon ein hellenistisches Talent der Universität von Alexandrien verheißen — miteinander vergleichen, wie zum Beispiel die nicht unwesentliche Tatsache, daß Schmidt wie Doderer außerordentliche Gedächtniskünstler waren (Schmidt mit seinen aus der Breslauer Zeit kolportierten Leistungen im Kopfrechnen; von Doderer wird bewundernd weitergegeben, daß er aus der Gefangenschaft in Rußland nicht nur seine eigenen Erzählungen, sondern auch die Prosa-Produktionen und Poeme seiner Freunde, Opera, die aus Papiermangel nicht schriftlich niedergelegt werden konnten, per Gedächtnis nach der Entlassung heim nach Wien transportierte), so sind andere Parallelen bemerkenswerter. Sowohl bei Doderer wie bei Schmidt findet der Allwissende — Schmidt: der Protagonist; Doderer: der Erzähler — seine bevorzugte Umgebung im Kreis der ›einfachen Leute‹: dort, wo die ›filmisch geminderte‹ Thea Rokitzer und Melzer zusammengebracht werden, oder man sehe »Kaff«, »Das steinerne Herz«, »Seelandschaft mit Pocahontas«. Das wichtigste aber: beide benötigen, um den planen Realismus in Sprache umzusetzen, unerhörte Kunstgriffe, Eigentümlichkeiten. Sie fallen bei Schmidt anders aus als bei Doderer — doch beiden ist der Abstand zur Erzählsprache der Gegenwartsliteratur, ein wie reiches Spektrum diese auch aufweisen mag, gemein.

Schließlich noch: beide umgrenzen sich in strenger Verhaftung in ihrer Umgebung. Und beide verlassen in ihren Romanen kaum den gesicherten Bereich: Österreich, Wien, und wo nicht Wien, doch das hinübergetragene ›Wien‹ in eine österreichische oder ungarische Landschaft oder so ähnlich. Schmidt: Norddeutschland, später: die Gegend unmittelbar um Bargfeld herum.

Doderer und Schmidt erreichen die Faszination, die ihre Werke ausüben, beide in so hohem Maße durch die Intensivierung des Erlebens eines Innenraums, daß es eine lohnende Aufgabe wäre, den Begriff der ›stationären Idylle‹ an ihren Romanen zu erläutern. An ihrem Werk indes ließe sich zugleich auch zeigen, daß dabei keine Freundlichkeit ist.

Doderers »Merowinger« sind ebenso wie Schmidts »Kühe in Halbtrauer« die Präsentation des gleichen gereizten, gesellschaftsfeindlichen

Temperaments (das diese Gesellschaft gleichwohl nicht durch eine andere zu ersetzen für empfehlenswert, denkbar oder überhaupt nur der Phantasie zumutbar hält), der gleichen, hier gar nicht zurückgehaltenen oder verklausulierten Absicht, der Welt und zumal der Gegenwart böse zu sein.

Kann man sich mit Schmidt bei Tante Heete oder in »Zettels Traum« zu Hause fühlen oder mit Doderer in dessen Roman »Die Wasserfälle von Slunj« die Welt vergessen, indem man die Welt als Idylle (im hellenistischen Sinn) erlebt, also als Vorlage für eine Prosaform, so darf man mit ihnen auch die Konfrontation von Realisten und wirklicher Welt erleben, die zeigt, daß der Realist gegenüber der Welt, wo diese die Unverschämtheit hat, als Umwelt aufzutreten, den allergrößten Zorn verspürt und zum Ausdruck bringt. Grimm heißt das bei Doderer, Hohn klatscht dem Leser bei der Lektüre Schmidts entgegen. Beides liest sich lustig, erweist sich aber angesichts des Ernstes der Autoren als ganz und gar frei von Humor. Die Überlegenheit des Protagonisten bzw. des Erzählers wird immer schmerzhaft aufgetragen. Dies hat seine Fortsetzung oder seine Ursprünge, wie man will. Die Humorlosigkeit Arno Schmidts haben bereits einige seiner Fans erfahren. Die Wutausbrüche des sonst kultivierten Heimito von Doderer, die dieser gelegentlich nicht zurückhalten konnte, haben einen großen Ruf.

Der Konservatismus diskutiert eine Literatur, deren politischer Anspruch zunächst einmal dasein und dann gegen ihn gerichtet sein muß, oder er diskutiert nicht Literatur. Die Voraussetzung seiner Diskussionsfähigkeit ist der Widerspruch, den ein literarisches Denken gegen die unbefriedigende Realität der konservativen Positionen erhebt. Die intellektuelle Abhängigkeit von diesem Gegensatz ist so groß, daß ein konservatives Urteil literarisches Niveau überhaupt nurmehr an den Äußerlichkeiten der entgegengesetzten Position erkennt. Vermeintlich sichert es die Konstituenda der Synthese zugunsten pragmatischer Politik gegen den literarischen Spielraum von Möglichkeiten; tatsächlich aber bezieht es aus einem durch Literatur vorgegebenen Zusammenhang die Möglichkeit, die politische Praxis als Herausforderung auf das Feld intellektueller Spielereien und literarischer Szenen abzudrängen.

Selbst literarische Figurinen, verteidigen die Träger des *durchschnittlich geistigen Bewußtseins* konkrete gesellschaftliche Verhältnisse, die als Fiktionen verschleiert sind, gegen den politischen Anspruch von Literatur. Diese Literatur bleibt aber immer, indem sie sich als Literatur ausweist, hinter dem Stand der Entwicklung der konkreten Verhältnisse zurück.

Der Konservatismus, der sich auf Literatur einläßt — und in gewisser Weise einlassen muß —, hat die Auseinandersetzung mit ihr immer schon gewonnen. Ohne von den geschaffenen Bedingungen abzurücken, geht er in seiner Bereitschaft, Literatur als seinen Teil anzuerkennen, immer auf den Punkt seiner Entwicklung zurück, wo die Literatur ihn attackierte, und gestattet sich, zu unterliegen. Was als Literatur aktuell ist, weil es aggressiv auftritt, ist als Politik schon erledigt.

Im Konservatismus von Arno Schmidt und Heimito von Doderer allerdings erreicht Literatur von hohem Rang vielleicht zum ersten Mal in der deutschen Geschichte den Augenblick ihrer geschichtlichen Zeit. Dabei läßt sie sich auf die Bedingung der Zeit ein, simuliert nicht ein dienstbares Draußen, sondern teilt mit ihr das Wohnzimmer, ja, durchdringt aus dem Innenraum den Innenraum.

Vielleicht sind diese Romane für ein konservatives Publikum deshalb so schwer perzepierbar. Das literarische, also in Rollen übertragene Bewußtsein ist nicht mit Sensationen konfrontiert, denen gegenüber sich seine Gefaßtheit vorteilhaft abheben kann, sondern dem Spiel von Rollen, das als solches die Realität seines Bewußtseins ist, und in dessen Reproduktion es die Unbedeutendheit seiner Existenz erkennt. Die Literatur, die mit den Namen Arno Schmidt und Heimito von Doderer verbunden ist, ist realistisch, weil sie die gespielte Realität durchschaubar macht.

bert blumenthal

# brotarbeiten eines buchfeinschmeckers

eine übersicht und analyse von arno schmidts zeitungsartikeln

vorbemerkung:
der beitrag beschäftigt sich allein mit den veröffentlichungen, die bisher n u r in zeitungen erschienen sind; die kenntnis der im buchhandel erhältlichen prosa schmidts annehmend, will der aufsatz zusatzinformation bieten zur kritischen auseinandersetzung mit dem selbstverständnis des ›frühen‹ schmidt[1].

*Der Dichter müßte der unsinnigsten Nahrungssorgen enthoben werden; damit er, was theoretisch seines Amtes ist, gute Bücher schreiben könnte, und nicht mehr fluchend, ums lieben Brotes willen, Übersetzungen, Radiosendungen, Kurzgeschichten, und wie die süßen Nichtigkeiten alle heißen, anzufertigen brauchte[2].*
diese — schmidt-lesern wohlbekannte — klage des büchernarren sei ansatz für eine erste wichtige feststellung: da der ertrag aus den übersetzungen schmidts für rowohlts billige reihe und den funkdialogen

das existenzminimum des freien schriftstellers kaum deckte — obwohl er wahrlich asketisch lebte —, begann er knapp zehn jahre nach kriegsende auf rat seines freundes alfred andersch überregionalen zeitungen artikel unterschiedlichster art zu verkaufen. als er nach wiederum zehn jahren den mit 10 000 mark dotierten berliner fontane-preis erhalten hatte, und obendrein die arbeit an »Zettels Traum« ihn inzwischen voll in anspruch nahm (durch vorschüsse des verlags ermöglicht), versiegte der meist monatliche erzählungs- und essaystrom. zwischen 1955 und 1965 wurden an die 200 beiträge aus schmidts maschine publiziert; die erzählungen darunter sind bis auf wenige im sammelband »Trommler beim Zaren« zusammengefaßt. bevor ich den rest (kulturkritische betrachtungen und rezensionen) vorstelle, kurz noch ein weiterer hinweis:

die vielzahl und unterschiedlichkeit der blätter, in denen schmidts nebenarbeiten erschienen, läßt zunächst darauf schließen, daß ihm an einer bestimmten leserschaft nicht gelegen war, daß es also wirklich nur ums verdienen ging; denn die skala der berücksichtigten zeitungen reicht von der »welt« und der »frankfurter allgemeinen zeitung« über die »zeit«, die »süddeutsche zeitung« und die »frankfurter rundschau« bis zur »anderen zeitung«. doch während in schmidts ›jakobinerzeit‹ bis ungefähr 1960 in der »frankfurter allgemeinen zeitung«, der »süddeutschen zeitung« und der »frankfurter rundschau« nur je zehn texte zu finden sind, brachte es die »andere zeitung« auf rund dreißig![3]. erst als diese anfang der sechziger jahre ihre bedeutung einbüßte und ende 1969 gar ihr erscheinen einstellen mußte, rückte die »zeit« an ihre stelle. — könnte also die anzahl der publikationsorgane (ungefähr fünfzehn) die deutung erlauben, daß dem autor auch an großer und weitgestreuter verbreitung lag, so kann aus der konzentration auf linksliberale zeitungen und auf die kommunistisch unterstützte »andere zeitung« der vorsichtige schluß gezogen werden, daß der zurückgezogene aufklärer besonders auf die beeinflussung von geistesgenossen abhob, wenn er sich schon von den seligmachenden büchern ab- und den geringgeschätzten journalen zuwenden mußte[4].

aber — um mit dem reizwort ›kommunistisch‹ gleich bei seinen ›politi-schen erörterungen‹ zu beginnen —: neue, die ideologisch festgefahrene politische lage erhellende oder sogar aufbrechende einsichten vermittelt der ›nur-dichter‹ nicht; über eine einmalig eingeschobene auf-forde-rung, daß jeder gute deutsche irgendwann in seinem leben wenigstens einmal kommunist gewesen zu sein hätte[5], geht schmidt nicht groß hinaus, denn — eingeweihte wissen 's längst —: *Politik: stinkt mich an*[6]. kein wunder, daß der sich sonst durchaus als politisch verstehende schriftsteller aus seiner finanziellen not nicht die tugend gemacht hat und als selbsternannter nachfahr von *Sprechern des Vierten Standes*[7] sich konsequent für die probleme des *armen, seine Energien in körper-licher Arbeit völlig verbrauchenden Volkes aber, des sprachlos-preisge-gebenen*[8] in einem für autoren optimalen medium einsetzte. verlangte er zwar wiederholt, der schriftsteller

*müßte ungekränkt und beunruhigt bei Namen nennen dürfen, was er für faul hält im Staate Dänemark — lieber einmal zu oft und einmal zu laut, als einmal zu wenig*[9],

so folgte dem diktum keineswegs die tat, denn obschon er sich einige-male in die politischen diskussionen der westdeutschen restaurations-epoche einmischt, geschieht das viel zu wenig und zu einseitig-unreflek-tiert, um überhaupt die chance für widerhall zu bieten.

kaum den tradierten rahmen der feuilletonsparte sprengend, gibt es höchstens ein halbes dutzend prüfungen der aktuellen gesellschaftlichen situation, allerdings stets bloß um das thema ›der schriftsteller und die politik‹ kreisend, nie um allgemein-gesellschaftliche problematik. von dem, was faul im staate deutschland war, hat der *gebürtige Schrek-kensmann*[10] zumeist nur das attackiert, was ihn unmittelbar betraf, nicht dagegen, was die mehrheit der zeitgenossen bewegte. sich und die gegenstände seines (literarischen) interesses in den mittelpunkt stellend, sind die politisch gedachten essays entweder nur rechtfertigung für seine (a-)soziale einstellung in form von polemischen auslassungen als reaktion auf sein öffentlich nicht genügend gewürdigtes schriftstelle-risches schaffen oder werbung für seine angeblich objektive position als unparteiischer außenseiter. und werden gesellschaftlich allgemeinbedeutende vorgänge ausnahmsweise gestreift, dann jeweils, ohne zweifelnde widerrede zuzulassen; kurz und bündig fällt das votum, denn — so denkt schmidt offenbar häufig wirklich —:

*Ich finde Niemanden, der so häufig recht hätte, wie ich!*[11].

andererseits sei eingeräumt: arno schmidts aversion gegen zu engagierte einmischung in die weltanschaulichen streitfragen während der aufbauphase der brd hatte ihren grund auch in leibhaftig erlittenen repressionen seitens konservativ-kirchlicher kreise, die ihn wegen angenommener gotteslästerung in seinen erzählungen vor den kadi zerren wollten. verständlicher deshalb eine empörung wie die folgende: *Die Situation ist, nebenbei bemerkt, in ganz Europa die gleiche. Weltanschauliche Empfindlichkeit gilt als das ›Gebot der Stunde‹; in den Feuilletons meint man nicht Literatur-, sondern Kirchengeschichte zu lesen (bzw. Wahlaufrufe); und eine Binsenweisheit, wie etwa, daß es bei einem guten Dichter völlig gleich sei, ob er Karl Marx oder die Jungfrau Maria besingt, würde am liebsten gerichtlich verfolgt*[12].

darum schlägt der (um seine freiheit und die der kollegen besorgte) denker vor, wenigstens hundert dichtern die immunität und eine gesicherte lebensgrundlage zu verleihen[13] und stellt sich und seine profession der nach idealen suchenden jugend als vorbild vor[14].

damit legt schmidt das thema politik ad acta, was nicht heißen soll, daß er es nicht öfter bei sich bietender gelegenheit erneut heranzieht, um seine wachsende unzufriedenheit mit der politischen entwicklung auszudrücken. so bei etlichen literarischen betrachtungen, wenn er bezüge vom text herstellt zur gesellschaftlichen realität, z. b. anläßlich der würdigung von alfred anderschs »sansibar«[15] oder ernst kreuders »agimos«[16]. andere politische thesen als die in die frühen prosastücke eingesetzten werden aber auch in diesen rezensionen nicht aufgestellt; eher verstärkt sich der eindruck, daß schmidt einzelne angriffe oder nichtbeachtung der leserschaft als willkommenen grund vorschob, um seine selbsterwählte widerspruchsvolle position zwischen einer erwartung auf öffentliche wirkung und gleichzeitigem rückzug aus der gesellschaft zugunsten einer emigration in die literatur und dadurch bedingter politischer abstinenz aufzulösen. eine häufung von ärgernissen mit den mitmenschen trieb ihn in die nicht ungewollte (geistige und geographische) distanz, in der er sich ein von der umwelt abgeschirmtes refugium schuf.

eine anzahl von kurzen abhandlungen, die man unter der kategorie ›verschiedenes‹ subsumieren kann, beziehen sich auf historische ereignisse, auf die schmidt im laufe seines fouqué-studiums gestoßen war. überraschenderweise ist ihm ein 1810 gefaßter plan zum ausbau eines kriegshafens bei cuxhafen der wiedererinnerung wert[17], das wenig später ins leben gerufene königreich westphalen unter französischer herrschaft findet seine anerkennung[18], und in einer darstellung der (un-)taten des hamburger verlegers friedrich perthes gibt er eine »Nachdenkliche Probe verschiedenartiger Geschichtsauffassung«[19], oder er nimmt zeitgenössische begebenheiten zum anlaß, um durch geschichtliche beispiele sein urteil über die macht der herrschenden (politiker und priester) und die ohnmacht der beherrschten an exemplarischen fällen zu begründen[20]. der literatur nähern wir uns, wenn er — bei der unzulänglichkeit nur eines nachrichtensenders für das informationsbedürfnis eines staatsbürgers ansetzend — konversationslexika kritisch durchblättert und dem leser endlich rät: *Hände weg vom Lexikon!*[21]. zwei weitere artikel führen große klagen über literatur-nachschlagewerke (in ost- wie westdeutschland)[22], die für jeden ernsthafteren zeitgenössischen schriftsteller unabdingbare hilfsmittel seien.

aufsätze wie diese führen direkt ins zentrum von schmidts publizistischer produktion: der erörterung literarischer themen. seine schriftstellerische monomanie, die so weit gedieh,

*daß ich g a n z sorgenfrei, ›aus Wolluscht‹, überhaupt nichts mehr lesen kann: immer muß ich ›einen Aufsatz drüber schreiben‹*[23],

erbrachte einen quantitativ erheblichen regelmäßigen ausstoß von ›allgemein-literarischen überlegungen‹. er geht aus von dem postulat, dichtung sei kein nebenberuf[24]; die für viele kollegen heutzutage anachronistisch anmutende vorstellung des vollblutdichters und dessen daseinsberechtigung unterstreichend, verlangt arno schmidt allerdings ein fleißiges pensum von ihnen, außerdem anerkennung ihrer bedeutung als wahre sprecher der menschheit seitens der regierenden und des volkes, aber auch preisgabe jener *stellvertretenden Exemplare der Gattung,* auf daß ihr beispiel der möglichen nachahmung diene[25]. diese entprivatisierung betreibt schmidt beispielhaft in einer »Betrachtung über die Leiblichkeit der Großen«[26] und in einer skizze über die seifenscheu vieler[27]. wichtiger aber als derartig anekdotenhafte berichte sind zwei aufsätze, die aufschlußreiche informationen über schmidts einstellung zum schreiben und lesen enthalten. ich meine erstens seine antwort auf eine umfrage von radio bremen, wie autoren zu ihrem material (die sprache) stehen; vom *unterkühlten* sammeln der eindrücke und ihrem fixieren auf zettel bis zum *glühenden* zusammenschweißen wird hier die sukzessive entstehung eines textes grob präsentiert[28]. voller nützlicher hinweise auch der essay »Meine Bibliothek«, da er gedrängt schmidts verhältnis zu büchern überhaupt und seine lese-erfahrungen behandelt[29]. woanders ist nachzulesen, wie er (und mancher anreger) die namen seiner hauptfiguren findet[30], welche bedeutung er der naturwissenschaft, insbesondere der mathematik, als basis aufklärender literatur zuschreibt[31], von welch schludriger qualität übersetzungen meist sind[32], was staatshandbücher[33] und träume[34] für einen literarischen wert erhalten können, wie wahllos mancher *Blaublümler* den mond entgegen astronomischer berechnung auf- und untergehen ließ[35], warum die erzählung scheinbar ausstirbt[36] und wie lebensnotwendig schriftsteller wie er sind, da sie den menschen qua lettera die zeit verlängern, langeweile stiften, also letztlich das leben verlängern[37]. zusammenfassend sei darauf hingewiesen, daß weniger die aufgegriffenen themen als die weggelassenen erstaunen hervorrufen. bedenkt man, was ungefähr gleichaltrige zeitgenössische autoren zur essayistischen reflexion über ihren beruf veranlaßte: skepsis über ihre aufgabe, ihre gesellschaftliche rolle, ihr publikum, ihre sprache, ihre medien, ihre formen und ihre inhalte, so findet man nichts davon bei arno schmidt! außerhalb aller gesellschaftlichen und literarischen strömungen berichtet er ungebrochen aus seiner traditionsorientierten bücherwelt, um diese in die kurzlebige massenkultur hinüberzuretten.

die durchsicht seiner ›rezensionen‹ bestätigt die abkehr vom aktuellen; unter den besprochenen ist kein lebender, sieht man von den würdigungen der freunde andersch (s. anm. 5), kreuder (s. anm. 16) und des malers e. schlotter[38] ab. im übrigen wenig, was nicht verändert später eingang in buchausgaben fand, bzw. aus diesen für das feuilleton herausgezogen wurde. völlig neu nur »Eindrücke von einer neuen Scheerbart-Ausgabe«, aber eben mehr von der ausgabe als von scheerbart[39]. weiter prosafassungen von funkdialogen, z. b. über leopold schefer[40] und gustaf frenssen[41], kritisches zu einer neuauflage von schnabels »insel felsenburg«[42], noch eine »Begegnung mit dem Baron Fouqué«[43] und seiner »undine«[44]. außerdem rührt er die werbetrommel für cooper[45] und seine übersetzung von dessen »conanchet«[46]. für schmidts selbsteinschätzung als nachfolger von james joyce äußerst wichtig die vernichtende kritik an der deutschen ulysses-übersetzung[47] und die neuinterpretation von »finnegans wake«[48]. und wer noch immer nicht genug von karl may weiß, der sei verwiesen auf eine reihe von untersuchungen, die zeigen, daß schmidt schon seit 1957 intensiv mays wissenschaftliche entdeckung und neuinterpretation systematisch vorbereitete[49].

diese aufstellung verbirgt eine nicht zu unterschätzende leistung: im vergleich zu fast allen namhaften zeitgenössischen schriftstellern in der bundesrepublik ist es schmidt tatsächlich gelungen, sich vollständig aus dem aktuellen literaturbetrieb mit seinen gegenseitigen angriffen und belobungen herauszuhalten. doch um welchen preis! kein artikel über die doch wahrhaft nicht stagnierende deutsche literaturszene, keine wertung außerdeutscher bucherscheinungen. warum? ganz einfach:
*Was haben die Leute an künstlerischer Leistung vorzuzeigen? Meines Erachtens nichts . . . Die wollen ja gar keine Kultur*[50]
schmidt dixit. statt eines kommentars noch ein zitat von ihm, allerdings auf seine zeitungsartikel bezogen:
*Wenn ich ein Werturteil fällen soll, da muß ich, im pluralis majestatis, sagen: we are not amused*[51].
nor are w e pleased.

(abkürz.: az = die andere zeitung / dz = deutsche zeitung / faz = frankfurter allgemeine zeitung / fr = frankfurter rundschau / sz = süddeutsche zeitung)

[1] eine von hans michael bock (hamburg) zusammengestellte bibliografie (1949—1973) erscheint als sonderlieferung des bargfelder boten

[2] »die wüste deutschland«, az 29. 1. 1959

[3] und das linke studentenmagazin konkret publizierte fast zwanzig schmidt-texte!

[4] s. »leviathan«, hamburg 1963, s. 120, und der spiegel, 6. 2. 1952, s. 31

[5] »das land, aus dem man flüchtet«, az 24. 10. 1957

[6] »nobodaddy's kinder«, hamburg 1963, s. 137

[7] vgl. »dya na sore«, karlsruhe 1958, s. 359 ff

[8] ebenda, s. 359

[9] s. anm. 2

[10] »in der nachfolge des jean calas«, fr 16. 2. 1959

[11] »rosen & porree«, karlsruhe 1959, s. 90

[12] s. anm. 2. (den bezug marx/maria stellt schmidt übrigens noch öfter her.)

[13] s. anm. 2

[14] »hat unsere jugend noch ideale?« az 5. 8. 59.

[15] s. anm. 5

[16] »bedeutend; aber . . .« az 29. 10. 59

[17] »ein neuer kriegshafen: altenbruch«, az 26. 2. 59

[18] »das musterkönigreich«, fr 5. 10. 57

[19] »legende vom braven mann«, az 16. 4. 59

[20] »flüchtlinge, o flüchtlinge«, az 20. 3. 58

[21] »hände weg vom lexikon«! az 10. 4. 1958

[22] a) »unsterblichkeit für amateure«, zeit 8. 11. 63
b) »große klage über deutsche nachschlagewerke«, welt 25. 9. 1965

[23] »trommler beim zaren«, karlsruhe 1966, s. 344.

[24] »dichtung ist kein nebenberuf«, tagesspiegel 2. 4. 1958

[25] »wer schützt die autoren vor ihren erben?« sz 8. 8. 1961

[26] »wie sich die bilder gleichen«, fr 25. 2. 1956

[27] »die sorte der struwwelpeter«, fr 27. 4. 1957

[28] »der autor und sein material«, deutsche zeitung 15./16. 12. 1962

[29] »meine bibliothek«, zeit 4. 6. 1965

[30] »ach, wie gut, daß niemand weiß . . .!«, zeit 17. 1. 1964

[31] »der dichter und die mathematik«, zeit 9. 9. 1960

[32] »tausend zungen«, sz 30. 4. 1955

[33] »ich bin erst sechzig«, az 26. 1. 1956

[34] »traumkunstwerke«, zeit 4. 10. 1960

[35] »finster war's, der mond schien helle«, fr 27. 6. 1959

[36] »die aussterbende erzählung«, az 3. 4. 1958

[37] »geschenkte weile«, fr 28. 10. 1955

[38] »mein bild«, zeit 18. 8. 1961

[39] »seifenblasen und nordisches gemähre«, zeit 25. 1. 1963

[40] »leopold schefer«, deutsche zeitung 17. 2. 1962

[41]) »ein unerledigter fall«, deutsche zeitung 19./20. 10. 1963

[42]) »der zufluchtsort des bedrängten untertans«, zeit 5. 2. 1960

[43]) »begegnung mit dem baron fouqué«, az 19. 2. 1959; aufgenommen in: »trommler beim zaren« a. a. o., s. 348 ff.

[44]) »geburtsort steinhuder meer«, zeit 24. 5. 1963

[45]) »siebzehn sind zuviel«, az 13. 9. 1956

[46]) »das amerika der pioniere«, zeit 15. 6. 1962

[47]) »ulysses in deutschland«, faz 26. 10. und 6. 12. 1957

[48]) »das geheimnis von finnegans wake«, zeit 2., 9., und 16. 12. 1960

[49]) a) »vom neuen großmystiker«, faz 10. 8. 1957
   b) »winnetous erben«, az 8. und 15. 7. 1959
   c) »reden wir ruhig einmal von karl may«, zeit 11. 9. 1959
   d) »gesammelte werke in 70 bänden«, faz 25. 3. 1961
   e) »sächsischer janus«, deutsche zeitung 24./25. 3. 1962
   f) »ein toast für nummer 104«, welt 15. 5. 1965

[50]) »apropos: ah!; pro=poe«, der spiegel nr. 17/1970, s. 226

[51]) ebenda

Gerd Haffmans

# Von A. Sch. zu A. Sch.

Prolegomena zur Chronik einer Schopenhauer'schen Linken

> *Wenn auch einst die Philosophie zur höchsten Vollendung gediehen seyn wird, so wird sie doch nie die anderen Künste entbehrlich machen; vielmehr wird sie ihrer stets als eines notwendigen Kommentars bedürfen. Umgekehrt ist auch sie der Kommentar der übrigen Künste.* Arthur Schopenhauer[1]

> *Kunst: für mich ist das Atemluft, das einzig Nötige, und alles andere Klo und Notdurft. Was Euch langweilig ist: Schopenhauer, Wieland, das Campanerthal, Orpheus: ist mir selbstverständliches Glück; was Euch rasend interessiert: Film, Swing, Hemingway, Politik: stinkt mich an.* Arno Schmidt[2]

Schopenhauer und ›Die Linke‹: manche möchten meinen, das passe zusammen wie *Schweinskarbonade zur Judenhochzeit*[3]. Der Erzkonservative Hegel, dem der Staat der *absolut vollendete ethische Organismus*[4] war, hatte das Glück, via Marx zwar kritisiert, auf die Füße gestellt, dadurch aber als Kirchenvater der Linken konsekriert zu werden. Aus Hegel lassen sich sämtliche derzeit herrschenden gesellschaftspolitischen Konzepte abzapfen, ob marxistischer, bürgerlichdemokratischer oder faschistischer Observanz. Schopenhauers Wirkung ist ungleich weniger spektakulär — oder nur weniger gegenwärtig. Psychoanalyse[5] und Verhaltensforschung[6] sind ohne ihn undenkbar: *Die Wissenschaft (hat) nie eine Entdeckung gemacht, zu der sie nicht von der Philosophie autorisiert und angewiesen wäre* (Thomas Mann zu Sigmund Freud)[7]. Und seine Auslassungen »Zur Rechtslehre und Politik«[8] sind so irrelevant nicht, wie gemeinplätzigerweise behauptet wird; für Max Horkheimer waren sie Anlaß, die *Aktualität Schopenhauers*[9] zu konstatieren. Schopenhauers entscheidender Einfluß aber ging und geht auf die Kunst; die Geschichte soll kurz skizziert werden, wobei sich — von Gutzkow bis Arno Schmidt — eine abenteuerliche internationale Galerie heterogenster Gestalten ergibt. Diese alle als ›Linke‹ zu subsummieren, sei auch den Gutwilligsten nicht zugemutet; es läßt sich allerdings innerhalb der Aufgereihten eine linke Linie nachziehen.

Schopenhauer und —, Hegel und —: diese Kopulationen haben stets etwas Mißliches; Klaus Podak hat darauf hingewiesen, seine Untersuchung »Arno Schmidt: Weltanschauung und Sprache«[10] (darin ein konziser Abriß der Philosophie Schopenhauers) muß ich voraussetzen ebenso wie T. J. Reed, »Kafka und Schopenhauer: Philosophisches Denken und dichterisches Bild«[11], nicht nur weil's zum Thema gehört, sondern auch wegen der methodologischen Grundsatz-Überlegungen und -Einwände. Hier soll auch keine Heerschar von Schopenhauerianern zusammengezwungen werden — ihr Kennzeichen ist vielmehr gerade, daß sie keine Heerschar oder Schule bilden, sondern höchst eigentümliche Adaptationen oder Verarbeitungen aus Ablehnung vorlegen.

1. Das Vorfeld. Neben den erwählten Vorfahren Platon, Kant und den Upanishaden[12] beruft sich Schopenhauer auf Voltaire[13], Lessing[14], Lichtenberg[15], Locke[16] und Helvetius *(Daß Sie aber gar den Helvetius gelesen haben, wird Ihnen der liebe Gott vergelten: er liest selbst oft im Helvetius)*[17]: er versteht sich also als Summe der *Aufklärung.*

2. Das Umfeld. Schopenhauer war bekannt, befreundet oder verfeindet mit: Wieland (über A. Sch.: *aus dem wird noch was Großes werden)*[18]; Goethe[19]; Tieck (A. Sch.: *Was? Sie brauchen einen Gott?)*[20]; Alexander von Humboldt[21]; Chamisso (zu A. Sch.: *Malen Sie den Teufel nicht zu schwarz, ein gutes Grau ist ausreichend)*[22]; Hegel[23]. Heine, als guter Hegelianer, kannte Schopenhauer nicht, aber Schopenhauer schätzte Heine *(ein wirklicher Humorist)*[24]; und dann fängt man an, Schopenhauer in jedem Dichter zu sehn und allerlei Parallelen zu konstruieren, zweifelhafte zu Schiller[25]; berechtigte zu Jean Paul, der als erster auf Schopenhauer hinwies *(ein genialphilosophisches, kühnes Werk voll Scharfsinn und Tiefsinn, aber mit einer oft trost- und bodenlosen Tiefe)*[26]; interessante zu Georg Büchner, der Schopenhauer sicher weder gekannt noch gelesen hat et vice versa: beide begründen den Pessimismus mit den gleichen Argumenten. (Thomas Payne in »Dantons Tod«: *Warum leide ich? Das ist der Fels des Atheismus. Das leiseste Zucken des Schmerzes, und rege es sich nur in einem Atom, macht einen Riß in die Schöpfung von oben bis unten)*[27]; verblüffende Ähnlichkeiten lassen sich auch bei Flaubert (Pessimismus, Erkenntniskritik)[28] und Baudelaire (Pessimismus, Ästhetik) nachweisen[29].

3. Das Nachfeld. Mit Gutzkow könnte eine Darstellung der Schopenhauer'schen Linken im eigentlichen Sinne beginnen; er war der erste des »Jungen Deutschland«, der auf Schopenhauer hinwies *(ein freier Geist, der über den Vorurtheilen schwebt)*[30] — Arno Schmidt hat die Begegnung Gutzkow-Schopenhauer ziemlich genau wiedergegeben; ob das aber für Gutzkow die *tiefsinnig-netteste — im Endeffekt folgenreichste Bekanntschaft*[31] war, wird bezweifeln, wer Gutzkows »Arthur

Schopenhauer's Lehre und Leben«[32] gelesen hat — eine überaus wichtige und ergötzliche Lektüre heute, weil Gutzkow dem Schopenhauer genau das vorwirft, was Pius al Wetzel[33] dem Schmidt vorwirft, moralisch rührend und richtig, aber auch beschränkt. — Über Herwegh[34] kam Wagner[35] zu Schopenhauer, über Wagner Nietzsche[36]. Weiter in der Aufzählung: Hebbel[37]; Nestroy (›der Schopenhauer der Posse‹)[38]; Wilhelm Raabe[39]; Wilhelm Busch[40]; Fontane (darauf hinzuweisen blieb einem Forscher aus der DDR vorbehalten)[41]; Flaubert-Schüler Maupassant (der eine köstliche Schopenhauer-Geschichte fingiert hat: A. Sch. als Underground Man in absinthklebriger Kneipe, *gläubige Anschauungen zerbeißend und zerreißend*)[42]; Tolstoj[43]; Čechov[44]; Huysmans[45]; Oscar Wilde (führt in extenso ein Schopenhauer-Zitat an[46], das sich nahezu wörtlich im »Steinernen Herz« wiederfindet; nebenbei: Schmidt hat mehrere Wilde-Zitate eingearbeitet, die nicht als solche gekennzeichnet sind, vielleicht liegt die Nahtstelle bei Stanislaus Joyce); Ibsen; Strindberg[46a]; Proust[47]; Gide[48]; Thomas Mann[49]; Hesse[50]; Broch[51]; Georg Kaiser (bei dem man *überall dort wo man Marx vermutet, Schopenhauer vorfindet*)[52]; Karl Kraus[53]; Kafka[54]; Döblin[55]; Morgenstern[56]; Tucholsky[57]; Friedell[58]; Freud[59] (daß der was mit Schopenhauer zu tun hat, haben sogar Bloch[60] und Gramsci[61] bemerkt); Kurt Hiller[62]; Kommerell[63]; Italo Svevo[64]; Somerset Maugham[65]; Samuel Beckett[66]; Gottfried Benn *(Der moderne Nihilismus geht über Schopenhauer direkt auf ihn zurück)*[67]; Max Horkheimer[68]; Ludwig Marcuse[69]; Hans Wollschläger[70]; — Arno Schmidt.

## A. Sch. & A. Sch.

Schopenhauers nicht genug zu akklamierendes Verdienst ist, den Willen (oder Trieb, oder das Unbewußte, Irrationale) als das Primäre, in der Substanz Unveränderbare aufgezeigt zu haben, nachdem, währenddem (und noch immer) ein teleologischer Weltgeist (oder Gott, oder die Weltrevolution, oder das Prinzip Hoffnung) dem Ganzen ein bekömmliches Ziel geben s o l l. Tatsächlich, so Schopenhauer, ist Wille zum Leben bereits eine Tautologie, der Wille i s t Leben, und der Intellekt ein Akzidens, ein sekundäres Instrument des Willens und daher ganz sein Ausdruck: er liefert die Wahnvorstellungen, die schein-rationale Rechtfertigung dessen, was man vor aller Vernunft will[71]. Die Religionen sind nicht *Opium fürs Volk* (als ob die künftigen Paradiese des Marxismus kein Opium wären), sondern die *Metaphysik fürs Volk*[72]: Wahrheiten im Gewande der Absurdität: die miserable Beschaffenheit der Welt wird verschämt zugegeben, und gleichzeitig ein Trostpflaster draufgeklebt. Die Welt ist lange genug verschieden verändert worden, es kommt darauf an, sie richtig zu interpretieren: erst dann wird sich herausstellen, ob und wieweit sie überhaupt veränderbar, d. h. verbesserbar ist. Schopenhauer hat, in der Nachfolge Kants, die grundsätzliche Beschränktheit aller Erkenntnis durch die Verstandesfunktionen Zeit, Raum und Kausalität dargetan; in diesem Sinne ist die Welt *meine Vorstellung*[73]. Die Kehrseite der Vorstellung ist der Wille: die durchgängige Triebstruktur, die kein anderes Konstruktionsprinzip kennt als Fressen und Gefressenwerden, mit dem alleinigen Zweck, sich selbst zu reproduzieren. Schopenhauer hat den Irrationalismus und den Pessimismus als conclusio rational ins Bewußtsein gehoben; ihn deswegen einen Irrationalisten nennen, hieße aus einem objektiven Kriegsberichterstatter einen Kriegstreiber machen. Daß Schopenhauer schwer zu ertragen und niemals populär werden kann, ist geradezu seine Bestätigung: der Wille will nicht durchschaut sein und läßt sich intellektuelle Einsichten lieber vom Affekt diktieren: die instrumentelle Vernunft steht stets hoch im Kurs, die kritische Vernunft zielt auf die Substanz und wird verdrängt.

Bei Arno Schmidt gibt es direkte Hinweise auf Schopenhauer en masse, der »Leviathan« ist geradezu eine Exegese Schopenhauers, es ließe sich seitenlang aus Schopenhauer und Schmidt zitieren, wobei schwer auszumachen wäre, was von A. Sch. und was von A. Sch. stammte. Gleichwohl kann bei Arno Schmidt keine Rede von einem Schopenhauerschen Derivat sein. I h r e   G e m e i n s a m k e i t e n   s i n d   k o n s t i t u t i o n e l l. Beide sind von einer nahezu ahistorischen Singularität. Unzeitgemäße in jeder Zeit, werden sie immer nur medial wirken (darüber täusche keine Modepopularität hinweg;

die kam bei Schmidt am Ende doch nur zustande, weil er einen unförmigen, kuriosen Wälzer geschrieben und daraufhin einen Preis bekommen hat). Und das liegt mitnichten an einer etwa abschreckenden ›Gelehrsamkeit‹ oder ›komplexen Form‹: Es gibt — eine intellektuelle Apperzeptionsfähigkeit vorausgesetzt — in der gesamten Philosophie kaum einen, der *unterhaltender* wäre als Schopenhauer; es gibt in der ganzen Literatur wenige, die so *unterhalten* können wie Schmidt. Ihre genuine Unpopularität und Unpopularisierbarkeit liegt im Wesentlichen in ihrer ›Botschaft‹, die als Kunst auftritt. Die *Sprüche und Maximen*, meint Klaus Podak, *werden überflüssig und überboten durch: Kunst*[74]. Sicher: den Rang eines Kunstwerks — ob überhaupt etwas Kunst ist — bestimmen formale Qualitäten. Aber diese formalen Qualitäten flattern ja nicht als solche irgendwie herum, sondern manifestieren sich durch Inhalte, ›überbieten‹ diese weder, geschweige, daß sie sie ›überflüssig‹ machen: Kunst gibt ganz im Gegenteil den Inhalten erst ihre Wucht und Wirklichkeit. Der Impuls, die Basis der Kunst, ist immer — altmodisch ausgedrückt — ein Anliegen (das auch ein formales sein kann, das die Grenzen der Form versucht). Die »Sprüche und Maximen« sind nur die expliziten Spitzen dieses Anliegens, das sich bei Arno Schmidt nicht aus der Kunst dividieren läßt, sondern Agens seiner ganzen Gestaltungsfähigkeit ist. Und da benutzen Schopenhauer und Schmidt in der Tat die gleiche Hexenmilch: den *Pessimismus als Element des Schöpferischen* (Gottfried Benn)[75]: Schopenhauer begrifflich, mit epischer Plastizität, Schmidt episch, mit begrifflichen Implikationen und Konklusionen. Die Umsetzungen, die natürlich letztlich ihre Genialität ausmachen, sind inkommensurabel, die Melodie ist verschieden, der basso ostinato der nämliche. Auf philosophische Begriffe reduziert: Erkenntniskritik[76]; Pessimismus, und zwar ein existentieller Pessimismus, der die Bestialität nicht mit schönen Sonnenuntergängen oder ähnlich läppischen Einwänden aufrechnet[77]; daraus notwendig folgernd: Atheismus, der zu Gunsten Gottes annimmt, daß es ihn nicht gibt[78] und das ganze christliche Gerümpel vom Weiterleben nach dem Tode[79] bis zur Freiheit des Willens[80] unter sich läßt; Ethik des Mitleids mit der humansten, radikalsten und eigentlich verändernden Konsequenz: keine Kinder in die Welt zu setzen[82]; Ästhetik: einzige subjektive Möglichkeit auszusteigen[83], daraus resultierend die Festsetzung des Primats der Kunst vor den Wissenschaften, der Haß auf den Utilitarismus, das Sensationelle[84] — große Kunst befaßt sich nur mit der Alltäglichkeit[85]. Die Analogien lassen sich weitertreiben bis in lächerlichste Details: die Ungeselligkeit; der Grobianismus; Ansichten über Ehe, Bärte, Bipedes, Politik. Und beide geraten an den gefährlichen Punkt, wo Verachtung in Reaktion, wo Pessimismus in Rechtfertigung umschlägt, die Kritik an allem und jedem sich in Nörgelei verläuft. In beiden steckt auch ein Spießer, der seine verhärtete Isolation für den Nabel der Welt ausgibt. Was bei Schopenhauer nur schrullig ist, wird bei Schmidt zuweilen penetrant: seine Graphomanie sei ihm unbenommen, solange er sie nicht zum Gesetz einer allgemein verbindlichen Arbeitswut erhebt. Denn es wird in Wahrheit entschieden zuviel und sinnlos gearbeitet; die Kulturentwicklung — darunter die Rezeption von »Zettels Traum« zum Beispiel — geht daran zugrunde. Arbeit ohne Passion ist Sklaverei. Arno Schmidt hat das 1955 noch gewußt[86], er hat auch gewußt: *Es gibt keine Altersweisheit!*[87] Er ist in das Studium des Altersweisen eingetreten.

Dabei sind ›pessimistisch‹ und ›reaktionär‹ keine Korrelate: *Die Vorstellung, daß der Nihilist passiv sein muß oder destruktiv, weil er nicht weiß: wohin?, kennt nicht den Ursprung des Handelns* (Ludwig Marcuse)[88]. Schopenhauer hätte das wissen müssen. Georg Büchner, Kurt Tucholsky, Kurt Hiller, Karl Kraus, Max Horkheimer, Ludwig Marcuse haben das gewußt — und gehandelt. Sie haben aber auch — und das haben sie mit den trotzdem größeren A. Sch. und A. Sch. gemeinsam — den individuellen Ausweg bereits als Voraussetzung mitgebracht: daß die Welt nur als ästhetisches Phänomen — beileibe nicht gerechtfertigt, aber: — auszuhalten ist.

*Nachweis*

Schopenhauer, Werke in sieben Bänden, hrsg. v. Arthur Hübscher. Wiesbaden 1946—1951.
W I/II = Die Welt als Wille und Vorstellung I/II
E = Die beiden Grundprobleme der Ethik
N = Über den Willen in der Natur

P I/II = Parerga und Paralipomena I/II
B = Briefe, hrsg. v. Arthur Hübscher. Wiesbaden 1960
G = Gespräche, hrsg. v. Arthur Hübscher. Stuttgart-Bad Cannstatt 1971
JSch = Jahrbücher der Schopenhauer Gesellschaft, seit 1912
Arno Schmidt wird nach den im Bargfelder Boten 1, München 1972, gegebenen Abkürzungen zitiert.

[1]) Schopenhauers handschriftlicher Nachlaß, hrsg. v. Julius Frauenstädt. Leipzig 1864, S. 302

[2]) NDK 137

[3]) L. Marcuse, Das Gespräch ohne Schopenhauer. Der Monat 83, 1955

[4]) W II. S. 677 f.

[5]) Th. Mann, Freud und die Zukunft. Adel des Geistes. Frankfurt/M 1959

[6]) Konrad Lorenz, Über tierisches und menschliches Verhalten II. München 1965, S. 162, 167, 240
I. Eibl-Eibesfeldt, Grundriß der vergleichenden Verhaltensforschung. München 1967. S. 426

[7]) Th. Mann, a.a.O. S. 507

[8]) P II. S. 256 ff.

[9]) JschXXXXII. Frankfurt/Main 1961, S. 12 ff.

[10]) Text + Kritik 20, Aachen 1968. S. 20 ff.

[11]) Euphorion 59, 1/2. Heidelberg 1965. S. 160 ff.

[12]) W I. S. XI f.

[13]) W II, S. 669, 671 f.

[14]) W II. S. 665

[15]) P II. S. 529

[16]) P I. S. 25

[17]) B S. 166

[18]) G S. 22

[19]) B. S. 28 ff. / K. Pfeiffer, Goethes Faust im Lichte der Schopenhauerschen Philosophie. Berlin 1949

[20]) G S. 53

[21]) G S. 57

[22]) G S. 60

[23]) Hegel, Berliner Schriften 1818—31. Hamburg 1956. S. 587 ff. / Hübscher, Von Hegel zu Heidegger. Stuttgart 1961. S. 30 ff.

[24]) W II, S. 110

[25]) F. Burschell, Schiller. Reinbek 1968. S. 387, 397

[26]) Vorschule der Ästhetik. München 1963. S. 507

[27]) Werke und Briefe. Frankfurt/M. 1962. S. 51 ff., 374

[28]) November. München 1960. S. 105. / Erinnerungen, Aufzeichnungen, geheime Gedanken. Wiesbaden 1966. / Maupassant, Gustave Flaubert, in: Madame Bovary. Zürich 1967. S. 549 ff.

[29]) Werke IV. Minden o. J.

[30]) Unterhaltungen am häuslichen Herd 6, 1852, S. 80

[31]) RITTER S. 31 ff. / Gutzkow, Rückblicke auf mein Leben. Werke IV. Leipzig und Wien o. J. S. 195 ff.

[32]) Unterhaltungen am häusl. Herd, Leipzig 1860. S. 879 f. und 1862 S. 252—275

[33]) Frankfurter Rundschau, 14. 9. 73

[34]) Th. Mann, a.a.O., S. 293

[35]) L. Marcuse, Das denkwürdige Leben des Richard Wagner. Zürich 1973

[36]) Schopenhauer als Erzieher. Leipzig 1893

[37]) G S. 303

[38]) Otto Basil, Nestroy. Reinbek 1967. S. 48 f.

[39]) 54. JSch. Frankfurt/M. 1973. S. 93 ff.

[40]) Briefe I. Hannover 1968. S. 140 / J. Ehrlich, W. B. der Pessimist. Sein Verhältnis zu A. Sch. Bern 1962

[41]) Hans-Heinrich Reuter, Fontane. 2 Bde. Berlin 1968. Bd. II, S. 648 ff.

[42]) Totenwache. Novelle I. München 1963, S. 354 ff.

[43]) Th. Mann, a.a.O. S. 293

[44]) Briefe. In Vorbereitung in Zürich

[45]) Gegen den Strich. Zürich 1965. S. 170 ff., 291 ff., 33 ff.

[46]) Briefe. Reinbek 1966. S. 52 / StH 238

[46a]) XXXII. JSch. Frankfurt/M. 1961

[47]) Tage des Lesens. Frankfurt/M. 1963. S. 49 f.

[48]) Tagebuch III. Stuttgart 1954. S. 32

[49]) Schopenhauer. Adel des Geistes a.a.O. S. 291 ff.

[50]) Gesammelte Werke 12. Frankfurt/M. S. 257 f.

[51]) M. Durzak, Broch. Reinbek 1966. S. 43 ff.

[52]) Stücke, Erzählungen, Aufsätze, Gedichte. Köln 1966. S. 773

[53]) Sprüche und Widersprüche. Frankfurt/M. 1966. S. 136

[54]) Siehe Anmerkung 11

[55]) Robert Minder, Dichter in der Gesellschaft. Frankfurt/M. S. 161

[56]) Reinhard Piper, Mein Leben als Verleger. München 1964. S. 281 f.

[57]) Hans Mayer, Der pessimistische Aufklärer Kurt Tucholsky. Akzente, Jg. 1967, Heft 1

[58]) Kulturgeschichte der Neuzeit. München 1965. S. 1225 ff.

[59]) Th. Mann, Freud und die Zukunft. a.a.O. / Th. Mann, Die Stellung Freuds in der modernen Geistesgeschichte. Altes und Neues. Frankfurt/M. S. 157 ff. / Ludwig Marcuse, Sigmund Freud. Zürich 1972

[60]) Der Wissenschaftsbegriff des Marxismus. Tübingen 1967. S. 310

[61]) Philosophie der Praxis. Frankfurt/M. 1967. S. 404

[62]) Köpfe und Tröpfe. Hamburg 1950 / Leben gegen die Zeit I. Reinbek 1969. S. 100 ff.

[63]) Briefe und Aufzeichnungen. Olten und Freiburg i. Br. 1967. S. 81 f.

[64]) Zeno Cosini. Reinbek 1959. S. 458

[65]) Rückblick auf mein Leben. Zürich 1948. S. 231 ff.

[66]) Eva Hesse, Die Welt des Samuel Beckett. Akzente, Jg. 1961, Heft 3

[67]) Pessimismus. Werke I. Wiesbaden 1959, S. 356 ff.

[68]) LII. JSch. Frankfurt/M. 1971. S. III ff.

[69]) Pessimismus. Ein Stadium der Reife. Hamburg 1953, S. 3

[70]) Die Gegenwart einer Illusion. Ms 1969

[71]) W. I/II cplt.

[72]) Über Religion. P II S. 343 ff.

[73]) W I. S. 3 ff.

[74]) Siehe Anmerkung 10

[75]) Siehe Anmerkung 67

[76]) W I. S. 3 ff. / W II. S. 3 ff. / LV S. 55, 62 / NDK S. 32 / StH S. 163 f.

[77]) W II S. 657 ff. / LV 68 ff. / BEL 7 ff. / StH S. 116 ff. / NDK S. 212 ff. etc.

[78]) W I S. 481 / P I S. 129 / NDK S. 214 / LV S. 36 / 73 ff. / StH S. 79 f.

[79]) P II, S. 284 / GR S. 147 / NDK S. 104 / StH. 29 f., 274 f.

[80]) E cplt. / LV S. 12, 74

[81]) »Atheist?: Allerdings!« In: Was halten Sie vom Christentum? München 1961, S. 74

[82]) StH. S. 147, NDK S. 179

[83]) jeweils Buch III in W I/II / NDK 80, 223 ff. / StH S. 151 f.

[84]) LV S. 19 / NDK S. 192 f., 203 f.

[85]) P II S. 588 ff.

[86]) StH S. 106, 23

[87]) StH S. 168

[88]) Argumente und Rezepte. Zürich 1973. S. 91

Hans-Michael Bock

# Potz Geck und kein Ende!

Die Presse und »Zettels Traum«

Robert sei Dank.

I.

*Wer wird nicht einen Klopstock loben?*
*Doch wird ihn jeder lesen? — Nein.*
*Wir wollen weniger erhoben,*
*Und fleißiger gelesen sein.*

Gotthold Ephraim Lessing

Im folgenden soll in Zitat, Zusammenfassung, Wertung und Dokumentation dargestellt werden, wie es dazu kommen konnte, daß ein
literarischer Bastard aus Theorie und Poesie mit elitärem Touch und
Ewigkeits-Anspruch wie »Zettels Traum« innerhalb weniger Jahre
einen so weiten Ruhm erlangen konnte, wie kaum ein anderes deut-
sches Buch in den letzten Jahrzehnten.

Und seinem Autor den höchstdotierten deutschen Kulturpreis einbrachte — das Geld sei ihm gegönnt. Erstaunen, Erregung und Zorn, die seine »Dankadresse zum Goethepreis« erregten und immer noch erregen, zeigen, wie wenig genau doch ›Das Buch‹, aber auch die früheren Werke Schmidts zur Kenntnis genommen wurden. Hätten die Preisrichter Schmidt wirklich so gut gelesen, wie sie es jetzt in ihren Rechtfertigungsbemühungen vorgeben, uns wären eben diese erspart geblieben. (Der Stahlberg- bzw. Fischer Verlag hätte doch bestimmt auch ein angestoßenes Remittenden-Exemplar für Herrn Zwerenz übrig gehabt, auch wäre ein Raubdruck sicher in seinen Kreisen zu leihen gewesen.) Denn was war die Rede denn schließlich anderes als ein Florilegium von Vorurteilen und Kraftsprüchen, die Schmidt seit Jahren in seinen Büchern verstreut, aber wiederholt schon geäußert hatte. Allerdings war die geballte Ladung von »The Worst of AS« auch für abgehärtete Leser schwer zu nehmen.

Vielleicht können die folgenden Seiten mit einer Art kritischen Destillats aus den Schriften zu ZT 1966—1973 ein wenig dazu beitragen, Lars Clausens börneschen Richter-Spruch von Arno Schmidt als dem ›Auge des Jahrhunderts‹ kritisch zu überprüfen, ohne gleich in pauschale Polemik zu verfallen.

II.

> ... aber nein, »Schweig stille, mein Herze!«
> Jörg Drews

Schon in den Rezensionen zu »Trommler beim Zaren« Ende 1966 — also fast 4 Jahre vor Erscheinen von »Zettels Traum« — schreibt Hanns Grössel:
*Anklänge an frühere Bücher finden sich, und vereinzelt der Hinweis auf ein künftiges, jenes ›komplizierteste Buch‹, das dem Vernehmen nach den letzten Roman, »Kaff auch Mare Crisium«, weit hinter sich lassen wird: »Zettels Traum« (1, 2).*

Urs Jenny spricht von einem *summum opus* und bringt es in Verbindung mit »Finnegans Wake« (3, 4).

Jahrelang herrscht dann ziemliche Ruhe um Arno Schmidt. In den Jahren 67 und 68 erscheint kein neues Buch, von einigen Taschenbüchern abgesehen. Dann, am 18. 1. 69, dem 55. Geburtstag Schmidts, meldet Jörg Drews in der SZ:

*Am 31. Dezember 1968, morgens um 6 Uhr und 3 Minuten beendete er die Arbeit an seinem inzwischen fast zur literarischen Legende gewordenen Riesenbuch »Zettels Traum« (7).*

Zu Drews — von ihm auch ein Geburtstagsgruß im Bayerischen Rundfunk — gesellt sich bald Hartwig Suhrbier mit einem langen Artikel im KStA und der FR (10, 12). Mit scheinbar intimen Kenntnissen (*...ein ›Schauerfeld‹ wird darin vorkommen, eine ägyptische Göttin und eine Gesellschaft von Bäumen ...* (7); *Zeitlich erstreckt sich das Geschehen von kurz vor Sonnenaufgang bis in die späten Nachtstunden eines Tages.* (10)) ausgestattet, beginnen beide am Mythos von der Kompliziertheit des Buches zu basteln. Sie berichten — unzutreffend —:

*... auf drei Ebenen, in drei Kolumnen zugleich spielend, außerdem sprachlich von der Komplexität des Joyceschen Spätwerks »Finnegans Wake« (7).*

*In der Mitte werden die Personen und ihre Handlungen beschrieben; rechts sind die Dialoge notiert und links ist ein Gedankenspiel des Ich-Erzählers zu verfolgen (10).*

Auch wird schon die Nützlichkeit einer *aufmerksamen Lektüre der Werke E. A. Poes* (10) sowie notwendige *Spezialstudien zum Verständnis des Buches* (8) den Lesern an- und aufgetragen. Nach Meldungen auch in der »Zeit« und im »Spiegel« nimmt dann Helmuth de Haas in der Welt der Literatur ZT zum Anlaß, die ›totgesagte‹ Literatur wieder auferstehen zu lassen:

*Es wird die Fibern der Kritiker spannen, die Nerven der Buchhändler schütteln, denn solches Opus verbreitet wilde Gerüchte von Qualität; aber auch die Anforderung an den Leser, der sich für »Zettels Traum«*

*eine eigene Methode des Rezipierens erarbeiten muß — wie bei James
Joyce, wie bei Marcel Proust* (13).

Worauf dann als letzte der ›großen‹ deutschen Zeitungen die FAZ sich
zu Worte meldet, in der sich Dietrich Segebrecht über die ›Hellseher‹
erregt, die mit Lob und Preis *bereits zur Stelle* (16) seien, ohne das
Buch zu kennen.

Was könnte sich ein PR-Mann mehr wünschen: Ein Buch, dessen Er-
scheinungsdatum noch nicht einmal feststeht, das niemand außer dem
Autor gelesen hat — und schon erregt es die Gemüter der Kritik in
allen wichtigen deutschen Zeitungen.

So meinte denn auch später — im August 70 — die Verlegerin Dr.
Stahlberg, der Verkaufserfolg des Buches beruhe weniger auf den Hinweisen nach dem Erscheinen, *als auf den im vergangenen Jahr erschienenen Meldungen, Arno Schmidt habe nun sein großes Werk voll-
endet* (87).

Am 29. April und 13. Mai 69 erscheint schließlich der ›Meister‹ höchst-
persönlich auf der Szene: in einer 2-teiligen »Selbstanzeige« im 2. Programm des NDR gibt Schmidt ein »Panorama von Zettels Traum«.
Diese Sendung — im Bargfelder Domizil von Schmidts damaligem
Freund Wilhelm Michels produziert — wird vom SDR, WDR und HR
später übernommen.


III.

> *Das Schauspiel Arno Schmidt
> wird mit Geschick inszeniert.*
> Armin Mohler


Der nächste Schritt auf der ›Leiter zum Ruhm‹ ist das taktisch gut ter-
minierte Erscheinen von Schmidts ›Großbritannischen Gemütsergetzungen‹ »Der Triton mit dem Sonnenschirm« im Oktober 1969. Es ist
zwar nur eine Sammlung von Radioessays und Aufsätzen vorwiegend
aus der ersten Hälfte der 60er Jahre, doch erscheinen 1969/70 rund 40
Hinweise und Rezensionen. Rund die Hälfte davon enthält Hinweise
auf ZT. Aufreißer wie:

*»Zettels Traum« ist noch nicht zu haben, und so ... (23)*
*Vielleicht wird das für 1970 angekündigte und sündhaft teure Werk*
*Arno Schmidts, »Zettels Traum«, die Frage ... (29)*
oder Schlußsätze:
*... vor allem aber die Vorschulung, die der »Triton«-Band uns bietet*
*fürs Auskundschaften jenes neuen epischen Kontinents, der nächstes*
*Jahr aus den Fluten des Büchermeeres auftauchen wird: »Zettels*
*Traum« (21).*
*... und ein Meilenstein auf dem Wege zum magnus opus »Zettels*
*Traum«, dem Buch, das wir demnächst vom Wort-Kobold Arno Schmidt*
*zu erwarten haben (35).*
Für die Rezensenten, die sonst nicht selbst drauf kämen, fehlt nicht
der Hinweis auf der Klappe des »Triton«:
*... sie werden dem Schmidt-Leser beim Eindringen in sein demnächst*
*erscheinendes Hauptwerk »Zettels Traum« gute Dienste leisten.*
Und rechtzeitig für die meisten Rezensionen erscheint dann auch Anfang November die erste ›Vorankündigung‹ des Verlags auf das *seit*
*langem erwartete Hauptwerk von Arno Schmidt.* Die dort aufge-
führten Materialien und Daten (1334 Seiten, Format 34,5 x 45 cm,
Preis etwa 265,—/325,—) werden denn auch gern wiedergegeben. Zum
Teil verdrängen sie fast ganz die Aussagen zum »Triton«:
*Essays als Vorstudien zu einem Mammut-Roman:*
*Zehn Kilogramm Arno Schmidt für 265 Mark (25).*
Der unter dieser Schlagzeile angekündigte Artikel besteht entspre-
chend — außer aus einem großen Foto von AS — gut zur Hälfte aus
dem Material der Vorankündigung und nur zu einem Viertel aus Hin-
weisen auf »Triton«.

Insgesamt scheint sich die Koppelung »Triton — ZT« für beide Bücher
günstig ausgewirkt zu haben, denn schon Anfang 1971 erscheint die
zweite Auflage des »Triton«, der so etwa die Funktion eines ›ZT für
Arme‹ erfüllt haben mag. Alle diejenigen, für die ZT zu teuer war,
die aber bei all dem Rummel auch mal was von AS gelesen haben
wollten, griffen zum »Triton«.

IV.

> *Keiner, sage ich, zuvor — den Das Buch*
> *und sein Autor nicht hohnlachend bla-*
> *mierten.* Wolfram Schütte

Am 4. April 1970 beginnt der Stahlberg Verlag mit der Auslieferung von ZT.

Noch am selben Tag wird es jubelnd begrüßt von Jörg Drews in der SZ und Wolfram Schütte in der FR. Selbst das Münchner Boulevardblatt AZ widmet dem Ereignis 3 lange Spalten. In ihrem Jubel nähern sich Drews und Schütte zum Teil der Sprache des ›hard selling‹ von Waschmitteln und Politik:

*Ein Buch, das keines mehr ist, ein Buch der Bücher, um alle Rezensionen zu beenden* (45).

*. . . die herrliche Strapaze der Lektüre dieses Buches . . .* (46).

Sie schlagen Metaphern-Kobolz:

*. . . kurioses Letternmeer . . .*

*. . . abenteuerliche literarische Tiefseetauchfahrt . . .* (46).

*Ein Wortgebilde, in das man eingehen kann und niemals mehr daraus zurückkehrt: Berge, Meere und Giganten* (45).

Und ordnen das Ereignis gar ins Weltgeschehen ein:

*Und bevor nicht einige Jahre vergangen sind, Brandt wiedergewählt, die DDR anerkannt, der Papst die Pille erlaubt, wird keiner der Leser, die Zettels Traum nachträumten, daraus auffahren und sagen können: Wahrlich, ich habe es gelesen, und jetzt bin ich am Ende* (45).

Alle Drei führen einen schönen Brauch der ZT-Beschreiber ein: Sie beginnen mit dem Gewicht des Buches; und schon ergeben sich die ersten Diskrepanzen: Drews - 9,5 kg, Schütte - 12 Kilo, Nöhbauer - 20 Pfund. An diese Tradition knüpft dann im »Spiegel« auch Gunar Ortlepp an:

*Das Buch ist da. Ich habe es gewogen: Es wiegt 17 Pfund* (49). Ortlepp war es gelungen, am Bargfelder Hof vorgelassen zu werden und ein längeres Gespräch mit Herrn und Frau Schmidt zu führen. Schmidt nutzte das Medium des »Spiegel«, um sein Bild von sich und seinem

Buch einem weiteren Publikum nahezubringen — sein »Panorama von Zettels Traum« war ziemlich ungehört verklungen.

Schmidt präsentiert von sich das Bild eines sich fast zuschanden arbeitenden Literatur-Produzenten:

*Ich habe keine 40-Stunden-Woche, meine Woche hat 100 Stunden — wenn ich Glück habe. So habe ich jeden Tag 14 bis 16 Stunden gearbeitet. Ganz einfach: Sie müssen aufs Leben verzichten* (49).

Er wählt sich sein Publikum:

*Was meine Leser betrifft (...): Die eigentlichen Kulturträger in einer Nation (...), die sich nun wirklich fleißig, mit viel Ausdauer, viel Kosten, viel Mühe und Feinempfinden in die Kunstwerke vertiefen, die die Menschheit besitzt —, die Zahl dieser Kulturträger erhalten Sie, wenn Sie die dritte Wurzel aus P ( = Population) ziehen* (49).

(Da versteht man, warum Schmidt sich in den letzten Jahren hauptsächlich mit Übersetzungen von Romanen aus dem Miliö der englischen Oberklasse des 19. Jahrhunderts abgab; Gutzkow brauchte nicht übersetzt zu werden.)

Nach langen Aufzählungen der notwendigen Vorbildung und des vorher zu absolvierenden Lesestoffes — einmal quer durch die Literaturgeschichte, vorwiegend des 19. Jahrhunderts — ordnet sich Schmidt dann selbst ins Pantheon der Dichtergrößen ein:

*Sterne und Smollett waren noch relativ dicht beieinander. Aber dann kam ein großer Hopser von über 100 Jahren bis hin auf Carroll. Und dann kam wieder ein Hopser von 40, 50 Jahren bis zu Joyce. Und bis zu mir sind's halt auch schon wieder 30 Jahre* (49).

Insgesamt: ein exhibitionistisches Konglomerat von Hybris, bildungsbürgerlichem Dünkel, literarischem Kraftmeiertum und bedauerlicher Weltfremdheit mit einem Schuß kauziger Widerborstigkeit: ein literarischer Muhammad Ali.


Am 25. 4. veröffentlicht Karlheinz Kramberg in der SZ:

*In die Kladde Gekliertes. Lesernotizen zu einem ersten Zwischenbericht über eines ungewöhnlichen Autors ungewöhnliches Buch* (50).

Denn er gibt an, das Buch noch nicht durchgelesen zu haben:

*Vom Sog der Erregung zur Raserei hingerissen, bin ich nach 152 Stunden Lektüre schon bis zum Ende des vierten, »Die Geste des großen Pun« betitelten Buches, das ist Zettel 600, gelangt* (50).
Es ist der Versuch, eine Einführung in das Buch anhand eigener Eindrücke zu geben.


V.

*Das achte Weltwunder selbstverständlich.*

K. H. Kramberg

Zunächst aber kuschen die meisten Literatur-Beschreiber vor Schmidts Drohgebärde:
*Der kluge Rezensent sagt ein Jahr lang gar nichts. Er sagt nur, daß es so etwas gibt* (49).
Material zu solchen Hinweisen liefern — neben dem »Spiegel«-Gespräch — ein achtseitiger Prospekt (Pr) und eine fünfseitige Presse-Information (PI) des Verlags, die kurz vor und zum Erscheinen des Buches verteilt werden.
Der illustrierte Prospekt gibt in einem längeren Aufsatz eine Einführung in Inhalt, Form, Mittel und Absichten des Buches, sowie die exemplarischen »Anmerkungen zum Aufbau« einer Seite aus ZT.
Die Presseinformationen dagegen bieten vor allem: Daten *(schätzungsweise 9 Millionen Buchstaben, Filmverbrauch: 2 ar, 600 bis 700 Stunden (Lesezeit)* und Namen *(Auf wieviel literarische Werke wird in »Zettels Traum« angespielt?)*, aber auch poetisierende Interpretationsversuche:
*Ein Weben von Pflanze und Tier, Wind und Wolke, Chargen vom Lande, die den Charakter von »Boten« annehmen, zugereiste Figuren, die nur Chargen zu sein scheinen, aber nicht ›von unserer Art‹ sind* (PI).
Diese Materialien werden nun von den Journalisten selegiert, montiert, umformuliert. Dabei fällt überall z. B. der Komplex »4. Instanz« fort, der sowohl im Prospekt, als auch im »Spiegel« auftaucht und erläutert wird.

Durch Umformulierung oder Verknappung entstehen jedoch auch miß-
verständliche Informationen: So wird aus der korrekten Information
des Prospektes:

*Den Hauptzug der Erzählung nimmt die Mittelkolumne auf, die das*
*Hier und Jetzt der Handlung bezeichnet; sie weicht nach links aus,*
*wenn sie in engeren Sachbezug zum Poe-Thema tritt, nach rechts, wenn*
*sie Exkurse ins Zeitlos-Entlegene bietet. In die freien Räume sind ge-*
*setzt Glossen, Kommentare, Exklamationen, Exzerpte . . .* (Pr).

: also aus einer kontinuierlichen — hin- und her rutschenden — Haupt-
kolumne plus Randglossen:

*Es ist ein dreigleisiger Traum. Das mittlere Gleis (sprich Kolumne)*
*wird allein vom ›Hauptzug der Handlung‹ benutzt, das linke führt*
*immer zu Edgar Allan Poe, das rechte weist ›ins Zeitlos-Entlegene‹*
(87).

: also 3 gleichwertige Spalten nebeneinander; was im Mythos von der
Schwierigkeit des Buches eine große Rolle spielt. Ebenso wird aus der
zum Teil sehr abwechslungs- und ereignisreichen Handlung des Romans (Jahrmarkt, Fischteich!) schnell folgendes:

*Die erzählte Handlung (. . .) ist banal und hat nichts weiter zum*
*Inhalt, als daß ein mit Poe-Übersetzungen befaßtes Schriftsteller-Ehe-*
*paar mit seiner sechzehnjährigen Tochter Franziska den Privatgelehr-*
*ten Daniel Pagenstecher in der Lüneburger Heide aufsucht, um den*
*Einsiedler-Gelehrten (Schmidts Selbstporträt) alle jene Fragen über*
*den amerikanischen Dichter-Heroen zu stellen, die Schmidt brennend*
*gerne beantworten möchte* (67).

Im letzten Teil des Satzes wird — eine gern geübte Praxis — der Artikel in der »Zeit« mit ausgeschlachtet, wo es noch etwas prononcierter
heißt:

*Arno Schmidt hat zehn Jahre so gut wie allen Verkehr mit der Außen-*
*welt abgewehrt, um in Ruhe und wahnwitziger Mühe eine Roman-*
*situation auszuspinnen, in der er doch Besuch bekommt; und in der der*
*Besuch ihm jene Fragen stellt, die er sich selber stellt und die ihm wahr-*
*scheinlich kein wirklicher Besucher je gestellt hätte. So daß die imagi-*
*näre Romansituation Schmidt Gelegenheit gibt, alle seine Ideen zu Poe*

*auszubreiten, die in Wirklichkeit vielleicht niemand hätte anhören wollen* (56)[1].

Das Ereignis des *Monumentale Roman van Arno Schmidt* (69) wird im nicht-deutschsprachigen Raum auch sogleich vermeldet; besonders natürlich die Maße und Daten erregen Aufsehen: *A Gigant* (75), *Volumul-monstru care cîntareşte 9,1 kilograme, are o latime de 34 centimetri* . . . (53). Und TLS deutet das Erscheinen von ZT als Antwort auf die Konzentrations-Entwicklungen auf dem deutschen Medien-Markt.

In einigen dieser Hinweise auf ZT finden sich aber auch schon kritische Anmerkungen, oder besser vielleicht Vermutungen zur Bedeutung des Buches:

*G r o ß ist das Buch auf jeden Fall. Es könnte schon sein, daß in »Zettels Traum« das literarische Meisterwerk des Jahrhunderts steckt; es könnte sein, daß es sich um eine Art Streichholz-Eiffelturm in Originalgröße handelt, von einem Hobby-Berserker um den Preis seines Lebens erstellt. Vielleicht ist es auch beides* (56).

Und wahrlich prophetisch:

*Es wird sein wie mit »Finnegans Wake« von James Joyce: Wer etwas auf sich hält, wird wissen, wovon die Rede ist, lesen wird das Buch kaum einer* (51).

VI.                                        *Das war förmlich ein Jammer damals.*
                                                             Arno Schmidt

Am 19. 6. 70 kann dann der Stahlberg Verlag im Börsenblatt Frankfurt melden:

*Bereits 5 Wochen nach Beginn der Auslieferung ist die Auflage von 2000 signierten Exemplaren Arno Schmidt »Zettels Traum« beim Verlag vergriffen. (. . .) Es ist nicht übertrieben, zu sagen, daß der Verkauf der ganzen Auflage noch vor Ablauf der Vorbestellfrist eine echte Sensation ist.*

Doch schon einen Monat später beendet Wolfgang Breuer seinen Hinweis auf ZT mit den Worten:

*Dennoch scheint keine ›Zettel‹-Dürre zu drohen. Clevere Burschen, so munkelt man, werkeln bereits an einer Raubdruck-Ausgabe* (81).

Ein paar Tage später weiß Jörg Drews wieder Genaueres:

*Der, wie es in einem im Underground kursierenden Nachrichtendienst heißt, ›proletarische Reprint‹ des 1334seitigen großformatigen Riesenbuchs hat eine Auflage von 500 Exemplaren und soll — wiederum laut Informationsdienst — ›70 Eier‹ kosten, die auf ein Westberliner Bankkonto überwiesen werden müssen* (86).

Diese Meldung wird sofort wieder von anderen Zeitungen aufgenommen, zunächst natürlich von der FR, aber auch Hamburger Morgenpost, Nürnberger Nachrichten, Mannheimer Morgen usw. Diese Zeitungen veröffentlichen dann auch die — von Drews verschwiegene — Kontonummer, die zur Bestellung notwendig ist. Die »Zeit« kann dann — inzwischen ist MIRI'S MOTZ ZOOF Nr. 2 erschienen — die korrekten Zahlen nennen: 1000 Exemplare zu jeweils 100 Mark.

Am 25. August schlagen Verlag und Autor zurück. Sie teilen der Presse mit:

*Der Goverts Krüger Stahlberg Verlag G.m.b.H. und Arno Schmidt verwahren sich schärfstens gegen diesen Raubdruck, haben gegen Hersteller und Verbreiter Strafantrag gestellt und warnen sowohl den Buchhandel wie alle Leser von Ankauf und Weitergabe des unberechtigten Nachdrucks.*

Diese Meldung wird in den nächsten Tagen von allen wichtigen Zeitungen abgedruckt. Zum Teil wird ein Krimi daraus:

*Jagd auf Raubdrucker aus dem Untergrund* (Schlagzeile). *Die Einzelheiten zur Raubdruckerjagd werden vom Verlag verschwiegen.* »Expreß« *erfuhr das Aktenzeichen: 9 JS 2685/70.* (105).

Und wieder benutzt Schmidt den »Spiegel« als Sprachrohr für seine Entrüstung:

*Die Denkweise, die Gesinnung dieser Leute ist einfach unglaublich* (120).

Aber auch die Raubdrucker — *vornehmlich Studenten der Germanistik* in Berlin — kommen zu Wort:

*In der Tat meinen wir, daß der Preis des ›Originals‹ nicht länger Ihrem Werk potentielle Leser fernhalten sollte. Bis jetzt hörten wir nur die Klagen der Nichtprivilegierten, von Studenten, Arbeitern, Schriftstellern* (120).

Im Oktober hat MIRI in der Nr. 4 seines Deutschen Alternativ-Presse-Nachrichten-Dienstes einige neue Einzelheiten zu vermelden:

*Der RD von »Zettels Traum« erscheint beim Göthe-Verlag in Berlin und wurde von 40 Leuten in der Rekordzeit von 8 Wochen gefummelt. (. . .) Es soll auch noch n paar Exemplare des Toffen Buches bei den deutschen U-Dealern geben* (137).

Neben einer neuen Welle von Publizität für ZT, wird durch den Raubdruck jedoch auch die Diskussion über das Buch als Objekt des Warenmarktes ausgelöst.

Während Drews mit seiner zurückhaltenden Äußerung:

*Mögen im übrigen die Nachdrucker auch mit dem Copyright in Konflikt kommen, so ist doch ihr Unternehmen angesichts des normalen Preises von »Zettels Traum« eine soziale Tat für viele Literaturbeflissene mit dünnem Geldbeutel* (86).

in Bargfeld Unmut erregt, den Ernst Krawehl der Öffentlichkeit übermittelt und Mathias Schreiber veröffentlicht:

*(Der Raubdruck, der) zum großen Verdruß des Autors von einem Rezensenten als ›soziale Tat‹ gefeiert wurde* (102).

werden Andere deutlicher:

*Die Differenz von 275 Mark, die zwischen diesen Preisen liegt, könnte auch den Abstand markieren, der zwischen reichen Sammlern besteht, die sich ein Wertobjekt angeeignet haben, und Lesern, denen eine ihnen teure Lektüre eben doch zu teuer war. Jetzt ist sie billiger* (91).

*Die Publikationspolitik Schmidts und seines Verlags hat vor allem die Interessenten für Kunstwerte und Raritäten auf den Plan gerufen. Den Sachverhalt offenbar ganz und gar verkennend, hat Arno Schmidt auch noch heftig gegen die Raubdrucker gewettert, obwohl die ihm noch am ehesten tatsächlich zu Lesern verholfen haben dürften* (146).

Diese Analyse dürfte nicht weit von der Wahrheit entfernt sein, hat man doch schon vor dem Erscheinen des Buches lesen können:

*Sicher keine Fehlinvestition; die originelle Edition wird bald Sammlerwert besitzen* (37).

Und der Übersetzer Eugen Helmlé kann in einem Interview berichten:

*»Zettels Traum« wurde ein Geschäft. Und wie der Lektor mir erzählte, gab es eine ganze Reihe von Käufern, die an dem Buch weniger literarisch als spekulativ interessiert waren. Sie setzten darauf, daß dieses Buch in fünf oder zehn oder in zwanzig Jahren vielleicht das Doppelte oder gar das Vierfache wert sein wird. Einige Käufer haben sich nicht nur ein Exemplar, sondern bis zu fünf Exemplare gekauft, in der Hoffnung eben, daß das Buch eine gute Geldanlage ist* (133).

Die Verlegerin Ingeborg Stahlberg sieht es — ebenfalls in einem Interview — lieber anders, verrät sich jedoch etwas durch die Wortwahl:

*Die erste Hälfte der Auflage kam in die Hände der Schmidt-Freunde (...). Die zweite Hälfte der Auflage teilten sich Export und Bibliotheken, die saumseligen unter Arno Schmidts Stammlesern und (!!:) jene literarisch Interessierten, die zwar bisher keine Schmidt-Enthusiasten gewesen sind, sich aber durch die literarische und literaturgeschichtliche Besonderheit des Objekts (!) angeregt fühlten und dann auch kauften.*

*Wir möchten die Käufer der letztgenannten Gruppe auf gar keinen Fall als wahllose Buchsnobs gewertet sehen, selbst dann nicht, wenn in einzelnen Fällen spekulative Nebengedanken mit unterlaufen (!) sein sollten* (87).

## VII.

*Ein dorniger Weg, wie gesagt.*
Thomas Kielinger

Ende April 70, das Erscheinen von ZT zum Anlaß nehmend, treffen sich in Bangemanns Gasthof zu Bargfeld 5 befreundete Philologen aus der Zeitungs- und Verlags-Branche, um über ihr gemeinsames Hobby, die Schmidt-Lektüre, zu klönen. Als Journalisten schlachten sie dies Ereignis natürlich aus und veröffentlichen in SZ und FR eine Meldung von der Gründung eines *Arno-Schmidt-Dechiffrier-Syndikats* (ASDS),

*das auf dem Gebiet der Auffindung und Verifizierung von versteckten und offenen literarischen, mythologischen und historischen Zitaten im Werk Arno Schmidts zusammenarbeiten soll* (57).

Dieser Journalisten-Jux mit ernster Grundlage stößt auf eine merkwürdige Resonanz. Mal wird er als Ente abgetan:

*... als sogar seriöse Schmidt-Fans sich den Bären von der Philologen-Riege aufbinden ließen ...* (94).

mal bitterböse ins unreflektierte Vorurteilsarsenal über Schmidt und seine ›Gemeinde‹ eingeordnet:

*Für ›Zettels Traum-Posten‹ hat der Verlag schon gesorgt, die Meldung von einem in Bargfeld begründeten ›Arno-Schmidt-Dechiffrier-Syndikat‹ braucht keine Falschmeldung zu bleiben, okkultistische Pilgerfahrten zu Pop-Veranstaltungen sind sowieso große Mode* (93).

Oder er wird todernst zum Anlaß für stirnrunzelnde literatur-theoretische Reflexionen genommen:

*Keinem der Mitglieder dieses Syndikats (und wem von den Lesern dieser Meldung?) scheint aufgefallen zu sein, daß es sich dabei um einen Vorgang von völlig einmaliger Art handelt, der niemals vorher in der Geschichte der Literatur zu beobachten war. (...)*

*Überraschend und neu, ja in bestimmter Weise unglaublich ist die Tatsache, daß eine solche Erklärergruppe sich zusammentut, noch bevor das literarische Werk gelesen ist, daß die Bildung dieser Gruppe genau zusammenfällt mit dem Erscheinen des Buchs* (66).

Daß in der Meldung nicht die Dechiffrierung von ZT, sondern von Schmidts Werk, also durchaus ›gelesenen‹ Büchern, erwähnt wird, übersieht Helmut Heißenbüttel in seinem Eifer, wenn er weiter sich bis zu der Feststellung steigert:

*Diese Tendenz jedoch ist, auch wenn sie dem vielzitierten und für das nun wirklich bürgerliche Bildungsbewußtsein zurechtstilisierten ›gemeinen‹ Mann unverständlich bleibt, nur zu verstehen als die grundsätzliche Sozialisierung dessen, was bisher Kunst hieß* (65).

Zu einem zweiten Treffen des ASDS treffen sich dann im Oktober 1971 etwa 20 Schmidt-Interessierte, wiederum in Bargfeld.

Diesmal berichten »SZ« und »Spiegel« — dieser sogar mit Fotos — in ausführlichen Artikeln über Verlauf und Erfolg des Treffens. So faßt Jörg Drews die Tätigkeit zusammen:

*Nicht nur die gemeinsamen ›brainstorming sessions‹ zeitigten Ergebnisse; vielmehr war das Treffen auch eine wichtige Gelegenheit, einzelne Hinweise und Aufklärungen über rätselhafte Zitate und poetische Örter bei Schmidt auszutauschen, Bausteine zur philologischen Konstruktion oder Rekonstruktion der mythologischen, historischen und literarischen Parameter, die Schmidts Büchern weitere Bedeutungsdimensionen hinzufügen. Der Austausch von solchen Mosaiksteinchen ist wichtig, weil bei Schmidt Bedeutung ja nicht durch eine tiefsinnige Story sich konstituiert, sondern durch den gezielten Einsatz von Zitaten, Versatzstücken, Anspielungen (169).*

Um solche Arbeitsergebnisse einer weiteren Öffentlichkeit zugänglich zu machen, wird die Gründung eines Informationsblattes mit dem Titel »Bargfelder Bote — Materialien zum Werk Arno Schmidts« angeregt.

Knapp ein Jahr später wird dann in verschiedenen Zeitungen das Erscheinen der ersten Lieferung dieses *Boten* mit Materialien zu ZT angezeigt und kommentiert:

*... ein Mitteilungsblatt der Brüder und Schwestern im Geiste von Arno Maximus. Darin erzählen sie sich (...) ihre Funde und Deutungsversuche, tauschen und teilen Zettels Schmerz und Wonne (183).*

Im Oktober 72 kommen — diesmal in Siegen — etwa 15 ›Schmidt-Kenner‹, vorwiegend Literaturwissenschaftler, zusammen, um den BB zu kritisieren, die inzwischen erschienene »Schule der Atheisten« zu diskutieren und eine rund 750 Seiten starke Fassung eines *Registers zu ZT* zu begutachten, die Dieter Stündel erarbeitet hat, der schon in Bargfeld 1971 ein 49seitiges Register vorgezeigt hatte.

Kurz danach bringt der »Spiegel« wieder einen Bericht, diesmal hauptsächlich über BB, ASDS und das Register. Im Juni 73 hat sogar die deutsche Ausgabe des »Playboy« über eine Seite Platz, um über *Arno*

*Schmidts Jünger,* aber auch über ihn selbst und vor allem seinen ZT zu berichten.

VIII.

*Arno Schmidt is a bee and not a spider, to use the image Matthew Arnold borrowed from Swift.*

Siegbert Prawer

Zeitungen und Zeitschriften zahlen nach der ›Länge‹ des Ergebnisses und nicht nach der aufgewandten Arbeitszeit. Die Diskrepanz zwischen der Mühe der Erarbeitung einer Rezension und dem Erlös bei einer Zeitung, wo auch der Platz beschränkt ist, ist bei ZT besonders groß.

So kommt es, daß in Zeitungen zwar gründlichere Auseinandersetzungen erscheinen, diese aber fast ausschließlich Vor- oder Nach-Veröffentlichungen — natürlich auch umgearbeitete — von Beiträgen für Rundfunkanstalten sind, die mehr zahlen können. Die Autoren dieser Beiträge — das Wort ›Rezension‹ trifft nicht ganz — sind sozusagen ›alte Schmidtianer‹, denn zum Durcharbeiten von ZT gehört natürlich auch eine starke persönliche Motivation, von der ›Vorbildung‹ einmal abgesehen.

Was geschrieben wird, ist sehr unterschiedlich, auch wie es präsentiert wird.

Auffällig ist zunächst, daß Rezensenten zugeben, das Buch nur teilweise gelesen zu haben:

*Ich stand, Hände auf's Herz, nach 152 Stunden allzu flinker Lektüre erst bei Seite 600* (59).

*Ich rede über ein Buch, das ich nur unvollkommen, ja über längere Strecken hinweg nur oberflächlich gelesen habe* (65).

*Schon ergreife ich die rechte untere Ecke der Seite 494 . . .* (95).

Die größte Gruppe der ›Rezensionen‹ sind Leseberichte. Die Autoren geben ihre persönlichen Eindrücke von und Erfahrungen mit dem Buch wieder. Zum Teil s e h r persönlich:

*Da hat es mein Briefträger leichter, der mit mir gern ein Schwätzchen
hält ...* (114).

Vorwiegend läuft es — wie in den Hinweisen — auf Beschreibung der
formalen Aufbereitung, der Personen, von ›Story‹ und ›Plot‹ hinaus,
jedoch hier durch die persönliche Anschauung präziser, detailreicher
und zum Teil korrekter. Auch werden kritische Wertungen und Ein-
ordnungsversuche unternommen, wobei manchmal eine auffällige Diskrepanz zwischen zahlreichen kritischen Einwänden und einer positiven Gesamtwertung auftritt.

So schreibt Heinrich Vormweg:

*Arno Schmidt hat zweierlei in eins zu bringen versucht, was sich mög-
licherweise nicht vereinen läßt: eine Theorie der Etyms und eine aus-
ladende, sie illustrierende Analyse eines historischen Gegenstandes auf
der einen Seite, die Praxis des Schreibens mit Etym-Bewußtsein auf
der anderen. (...)*

*Jetzt hat Arno Schmidt beide Ansätze zu einem Großwerk zusammen-
gezettelt, und obwohl sich daraus manche speziellen Reize ergeben,
ergibt sich doch auch das Problem der Überfrachtung. Halbiert, hätte
das Ganze vielleicht zwei größere Werke gebracht* (146).

Trotz dieses grundsätzlichen Einwandes kommt er schließlich zu einer
positiven Wertung:

*»Zettels Traum« wie er sich darstellt, ist nicht nur seiner Quantität
wegen ein großes Buch* (146).

Aus diesen persönlichen, kritischen Referaten fallen einige Arbeiten
heraus, weil sie unter ganz verschiedenen Aspekten, vom Interesse
des Betrachters bestimmt, an ZT herangehen und so einige Mosaiksteinchen zu einem Gesamtbild liefern. Das sind die Arbeiten von
Heißenbüttel, Ueding, Drews, Wiener und Beatrice Leuthold.

Helmut Heißenbüttel setzt bei seinen Untersuchungen voraus, daß
den Interessierten bekannt ist, worum es sich dreht, und gibt nur kritische Anmerkungen. Dabei bringt er nur knapp die Ergebnisse seiner
Analysen, die unüberprüfbar bleiben, weil er es unterläßt, den Prozeß
und die Belege mitzuteilen. Außerdem schreibt er eine teils unsichere,
teils hermetische Sprache, die aus sich schwer verständlich ist.

*Ein Impetus, der in der Ausbreitung eines nichtkommunikativen Sprachmodells Sprache aus den formalisierten Verformungen des technischen Zeitalters heraushält, ein Sprachmodell anbietet, das eben nicht nach Privilegien der Verstehbarkeit gestuft, sondern in sich egal ist* (66). Seine unsystematischen Anmerkungen und Einwände beziehen sich unter anderem auf die Frage nach der Gattung (*eine moderne Form des Lehrgedichts* (65)), auf die Einordnung ins Gesamtwerk (*Alle Themen, Methoden und Inhalte seiner Literatur sind hier zusammengefaßt* (65)), oder auf eine *unaufgehobene Antinomie*, die Heißenbüttel auf eine Fast-Identität von Schmidt und Pagenstecher zurückführt und die er für den Umfang des Buches und die *enorme Leseschwierigkeit* verantwortlich macht (*dies unendliche Remis zwischen Erfindung und Bekenntnis* (65)).

Vorzüglich aber geht er auf die äußere Darbietung des Textes ein. Dabei widerspricht er einigen falschen Behauptungen, die durch Meldungen und Hinweise in die Welt gesetzt wurden und sich auch heute noch halten:
*Schmidt benutzt nicht mehrere Kolumnen, wie aus anfänglichen Berichten hervorzugehen scheint* (66).
*Im ganzen habe ich keine Stelle entdecken können, die nicht auch mit einem konventionellen Buchdruckverfahren zu bewältigen gewesen wäre. (...) Wie die mäandernden Textränder hat auch die Form der Schreibmaschinenschrift häufig etwas nur Dekoratives* (66).
Hier wendet er sich wohl vor allem gegen den Versuch des Verlags, aus einer drucktechnischen Not eine das Buch auszeichnende Tugend zu machen:
*Nur die fotogetreue Wiedergabe des Typoskripts mit allen Einbesserungen kann den Spontaneindruck der Textpartitur im Zeitpunkt ihrer Entstehung, mit den sich entwickelnden Textspalten, vermitteln* (PI).
So fragt er denn auch profan:
*Warum sind Seiten, auf denen offensichtlich nur Tippfehler verbessert worden sind, deren Durchstreichen keinerlei tiefendimensionale Auf-*

*brüche aufkommen läßt, nicht noch mal sauber abgeschrieben worden?* (66).

Gert Ueding spürt nach einer Einführung in ZT und einem ausführlichen Hinweis auf Schmidts ›Panorama-Theorie‹ den formalen Vorläufern ZTs nach. Dabei geht er bis ins Barock zurück:

*Ars inveniendi hieß im Barock die Kunst, sich souverän der Muster zu bedienen; Voraussetzung einer Meisterschaft in ihr waren große Belesenheit und die Geschicklichkeit im Kombinieren der überkommenen Motive, der Topoi und tradierten Formeln* (68/172).

Zu den Etyms fällt ihm folgendes Aperçu ein:

*Besteht die Kunst des Pornographen darin, aus zwei Dingen tausend zu machen, so ist es gerade die Kunst Arno Schmidts, tausend Dinge wieder auf zwei zu reduzieren* (68/172).

Ueding nimmt dann den Titel »Zettels Traum« zum Ausgangspunkt für seine Hauptthese:

*»Zettels Traum« ist ein solches gigantisches Bilderrätsel, eine komplizierte Komposition, entstanden durch eine der Freudschen Traumarbeit analoge schriftstellerisch-artistische Methode* (68/1972).

Dabei geht er von der Theorie aus, die Freud in seiner *Traumdeutung* vertritt: daß Träume Bilderrätsel sind, hinter denen sich Wünsche, vorwiegend sexueller Natur, verbergen. In diesem Zusammenhang charakterisiert er zutreffend Schmidts Freud-Rezeption:

*Sie zeigt deutliche Merkmale des Epigonen: Vereinfachung, Absolutheitsanspruch, virtuose und nicht mehr bezweifelte Handhabung der Methode und damit Kodifizierung der Theorie* (68/172).

Leider nutzt Ueding nicht die Chance, den Traum des deutenden Träumers Schmidt seinerseits zu deuten. Indem Ueding seine Traum-These auch auf die Komposition des Buches anwendet und feststellt:

*Der Konzeption nach ist »Zettels Traum« unendlich fortsetzbar, ergänzbar, variierbar; mit dem Ende des Gesprächs über Edgar Allan Poe und sein Werk ist nur ein Ausschnittstenogramm beendet, nicht der Traum selber — und mit ihm auch nicht seine Analyse* (68/172).

*Die ihm immanente Ästhetik ist die des Fragments, nicht eine des ge-*
*bauten, gerundeten Kunstwerks mit seinem Ideal der Vollkommen-*
*heit (68/172).*

übersieht er jedoch die unter dem Wust von Zitaten, Exkursen, Theo-
rien etc. fast verschüttete durchkomponierte ›Story‹ des Buches: Vor
lauter Bäumen und Gestrüpp sieht er — und nicht nur er — den zum
Teil überwachsenen, gewundenen Wald-Weg nicht.

Das letzte Drittel seiner Untersuchung widmet Ueding einem ideolo-
giekritischen Angriff auf Schmidts elitäres Bewußtsein. Dabei gerät er
teilweise so in Rage, daß er leider — hierin durchaus schmidtisch —
Tatsachen verdreht, um seine These besser belegen zu können:

*Daher auch heißen die großen Autoren, die ihm vorbildlich sind, in*
*»Zettels Traum« durchweg Dichter-Priester (68/172).*

Seine Analysen sind im Ansatz durchaus zutreffend, z. B. wenn er
bemerkt:

*Edgar Allan Poe, ebenso wie alles das, was Schmidt die Hilfsliteratur*
*zu dessen Werk nennt, ist nur der Anlaß, in fast späthumanistischer*
*Manier Wissen, Kenntnisse, Bildungsfakten auszubreiten, anzuhäufen*
*und durch ihre Summierung, durch die Entlegenheit ihrer Herkunft*
*Bewunderung zu erregen (68/172).*

oder — von der Gestaltung Franziskas ausgehend — konstatiert:

*. . . auch sie also, wie ihre fiktiven Eltern, wird schließlich zum reinen*
*Kunstprodukt, zum Spiegel sexueller Wünsche und Träume (68/172).*

Leider ist Ueding aber dann (plötzlich) doch zu wenig an Schmidt
und ZT interessiert, um dem Heischen nach Bewunderung, den Wünschen und Träumen nachzugehen. Ihm geht es nun eher darum, mit
dem Sack Schmidt den Esel Schöne Literatur zu schlagen. Mit seiner,
die Wirksamkeit von Literatur völlig über- und falsch einschätzenden,
pauschalen Polit-Schelte wendet er sich nun an eine ganz andere Ziel-
gruppe als zuvor mit seinen eingehenden und wohlwollenden Text-
analysen.

In seinen beiden umfangreichsten Beiträgen zu ZT — einer Rede vor
der Siemens-Stiftung am 30. 6. 70 und einem ›Lesemodell‹ fürs Radio

1973 — gibt *Jörg Drews* vor allem Anregungen und Anleitungen für Leser.

Ähnlich wie Heißenbüttel versucht er in seiner Siemens-Rede (SR) zunächst ZT als *planvoll gezogene summe aus schmidts bisherigen arbeiten* darzustellen.

Sein Hauptinteresse liegt jedoch bei der *psychoanalytischen literaturtheorie,*
*die die wort-, bild-, szenen- und personenwahl eines autors als ergebnis der interaktion der drei bzw. vier instanzen der menschlichen psyche erklären will* (SR),
und der damit zusammenhängenden Etym-Theorie, zu der er einige grundlegende und gravierende Einwände vorbringt, nämlich:
*daß nicht wörter die triebe, sondern die triebe die wörter auslösen.*
*primär ist das triebmotiv, das sich seine verbale äußerung sucht* (SR).

Dies also eine grundsätzliche psychologische Einschränkung der schmidtschen Etymtheorie, aber auch ganz konkrete Verfälschungen bei der Anwendung, von Drews vorsichtig *bedenklich* genannt, kann er anführen, z. B.:
*bestimmte assoziationskomplexe interpretiert schmidt unter stillschweigender zuhilfenahme der hypothese, daß poe etyms aus allerlei sprachen zusammengebacken habe, was so weit geht, daß er bei poe excellente latein- und französischkenntnisse voraussetzt; an anderer stelle aber erklärt er abschätzig gerade poes fremdsprachenkenntnisse für minimal* (SR).
Ebenfalls glaubt oder hofft er noch, daß Schmidts These,
*daß unbewußt die versteckten sexual-wörter und sexualsymbole und vorstellungen auf das sensorium des lesers wirken, daß der leser sich unbewußt sehr wohl dadurch angesprochen fühle* (SR)
haltbar sei oder sogar *testpsychologisch* sich nachweisen lasse. Er verknüpft dennoch in einer Zusammenfassung ZT sehr mit der Etym-Theorie, wenn er sagt:
*ZT würde an gewicht verlieren, wenn die ganze etym-theorie nur ein quasi-wissenschaftliches ›längeres gedankenspiel‹ wäre.*

Im folgenden stellt er einige Thesen, die er zum Teil belegt, einer gründlichen Überprüfung anheim, unter anderem die, daß ZT *unter zwei aspekten kein ›realistischer‹ roman* sei, daß nämlich sowohl der Tag, als auch die Geografie modellhafte Komposita seien; oder daß ZT *quer zu den zeitgenössischen ästhetisch-literarischen standards* stehe. Hier stellt er zwar fest, daß und warum es so sei, enthält sich dann aber jeglicher Schlußfolgerung. Ähnlich rücksichtsvoll verhält er sich, wenn er zwar konstatiert, daß eigentlich ZT selbst zum Objekt einer psychoanalytischen Untersuchung werden *könnte, ja — schmidts eigener theorie zufolge — müßte,* dann aber nach ein paar zarten Andeutungen meint, *näheres mag einer späteren schmidt-forschung anheimgestellt bleiben.* Den Schluß bildet ein großer Aufruf zur allgemeinen ZT-Lektüre, zu der

*eins allerdings wirklich unabdingbar ist: die lust an einem ganz unverkrampften, lockeren, detailfreudigen sich-versenken in einen text, das nicht gleich nach der tiefsten bedeutung sucht und an sich selbst die höchsten anforderungen stellt, sondern sich vergnügt einer buchwelt überläßt, die trotz manches bedenklichen ›locus theoreticus‹ doch ein einziger großer ›locus poeticus‹ in des wortes wörtlichster wie auch etymlichster bedeutung ist* (SR).

Dieses *detailfreudige sich-versenken* praktiziert Drews 1973 in seinem *Lesemodell* exemplarisch an der ersten Seite von ZT. Dennoch zeigen sich einige Entwicklungen in seiner Auffassung des Werkes. So, wenn er jetzt meint, daß die Literatur-Theorie in ZT

*sich wissenschaftlich gibt, es zum Teil auch ist, aber doch zugleich eine gigantische Schelmerei darstellt* (204).

Hier kann man eine deutliche Akzentverschiebung zu seinen obigen Ausführungen feststellen.


Doch überwiegt auch hier nach einer detail- und kenntnisreichen Einführung in die Motive, Inhaltsstränge und Techniken des Romans eine vorsichtige Zurückhaltung. Er stellt Forderungen für *eine zukünftige Gesamtinterpretation und Bewertung des Buches* auf; er läßt offen, *was »Zettels Traum« objektiv darstellt, welchen Platz das Buch einst in der Literatur erhalten wird und wie man es bewertet* (204).

Er referiert Schmidts Absichten, ohne jedoch das Ergebnis an ihnen zu messen.

Einwände, die Drews vorsichtig andeutet, versucht Oswald Wiener in einer 3teiligen Rezension zu untermauern. Zunächst gibt er eine recht präzise Einführung zu den Komplexen »Personen, Handlung«, »Sexualität«, »Stil«, »Poe« — so seine Überschriften, in die er jedoch auch schon kritische Einwände mit einfließen läßt. Er mißt Schmidt an seinen eigenen Ansprüchen und kommt so z. B. im Kapitel »Stil« zu der Zusammenfassung:

*es ist das ins Gegenteil gekehrte Verfahren des Ulysses, in dem die — als bekannt vorausgesetzte — Mythologie eine ›Erklärung‹ (und sei es nur im Sinne eines Archetyps) für das Erleben* Blooms *abgibt: hier wird die Mythologie* (Poe) *durch die Handlung des Buches überhaupt erst ›erschlossen‹* (165).

Leider verfällt Wiener stellenweise in einen kommunikationswissenschaftlichen Fachjargon — die Redaktion gibt jedem Teil ein »Kleines Fremdwörter-Lexikon zu obiger Lektüre« bei —, der es sehr erschwert, seine Einwände nachzuvollziehen:

Schmidts *Buch ist wie jede ›analysis of communication content‹ eine Paraphrase der Einschränkung der eigenen Kognitivität durch die jeweiligen historischen Bedingungen der Kommunikation. Daß er nicht im Stande ist, diesen Umstand zu reflektieren, weist seinem Werk den Rang zu* (165).

Der 2. Teil ist zwar »Die Psychoanalyse und Arno Schmidt« überschrieben, Schmidt kommt aber nur im ersten und letzten Satz vor. Der Rest ist eine sehr interessante Untersuchung zur Sprachtheorie Sigmund Freuds; die Verbindung zu ZT ist jedoch nur für Eingeweihte ersichtlich. Allerdings wird hier Drews' These vom Verhältnis Trieb-Wort im Unter- bzw. Vorbewußten theoretisch untermauert.

Auch im letzten Teil, der hauptsächlich die Etym-Theorie behandelt, werden Drewssche Thesen verschärft und untermauert. Auch versucht Wiener, ZT und Schmidt kritisch einzuordnen:

*Sicherlich muß eine literarische Leistung, um bedeutend zu sein, die Kenntnisse oder die Standpunkte ihres Publikums erweitern.* Schmidt aber hat nicht die Kraft, die ihn über seine Lektüre beherrschenden Gesichtspunkte Anderer zu durchbrechen, und nicht die Freiheit, den Sektor origineller, meinethalben wissenschaftlicher, Betätigung dort zu suchen, wo er unter den Bedingungen dieser Zeit noch zu finden ist: in den Paradoxien der Auseinandersetzung des individuellen Bewußtseins mit den es strukturierenden Gestalten der Kommunikation (167).

Besonders in den Schlußabsätzen, in denen eine sehr normative Literaturauffassung Wieners zu spüren ist, merkt man, was die Rezensionen eigentlich sind: Ein Titanenkampf um die Krone der literarischen Avantgarde.

Zum Schluß noch ein kurzer Hinweis auf Beatrice Leuthold. Sie ist die einzige Frau, die sich gründlicher mit ZT beschäftigt hat — überhaupt scheinen schmidt-interessierte Frauen Mangelware zu sein. Sie ist sauer. Und in ihrer Wut über das Buch gelingt es ihr, einen guten Überblick über die Macken, Vorurteile und Verklemmungen Pagenstecher-Schmidts zu geben:

*Dem ›pornographischen Lachkabinett‹ stehen die Zuckungen, Träume und Ängste eines total frustrierten Eigenbrötlers gegenüber, der sich überaus geklärt-aufgeklärt gibt, bei dem aber die Sittlichkeit heimlich zum Hintertürchen wieder hereinschleicht (175).*

*Daß Frustrationsgefühle irgendwie kompensiert werden müssen, liegt auf der Hand: Pagenstecher läßt sich von seinen Trabanten ununterbrochen als ›Übermensch‹ bestätigen. (...) Anderen Interessengruppen, sozialen Schichten und Außenseitern gegenüber verhält er sich betont aggressiv (175).*

Ihr Urteil fällt demnach eindeutig aus: ungerecht dem Buch gegenüber, doch — cum grano salis — auch gerecht:

*Pagenstecher alias Schmidt bildet sich allen Ernstes ein, daß sein Leistungsfanatismus in Sachen Belesenheit, seine mühsame Pseudo-Wissenschaftlichkeit, seine Detailkrämereien bereits kultur- und kunstträchtig seien. Mit Quantität soll Qualität erzeugt werden, erzeugt aber Sterilität und elitäre Bildungsphilisterei (175).*

> *Ein Geist ist entschwunden,*
> *das Wort ist geblieben.*
>
> Ludwig Börne

## Welches Jahrhundert sieht das Auge?

*Chronologische Dokumentation*

Die folgende Liste soll die Veröffentlichungen zu ZT dokumentieren, vor allem Anzahl und zeitliche Häufungen erkennen lassen.

Um den Rahmen nicht zu sprengen, werden Kürzel verwandt. Für vollständige Angaben sei auf die *Arno Schmidt Bibliografie* verwiesen, die die ausführlicheren Rezensionen und Artikel aufführt.

Die Kennzeichnungen bedeuten: R = Rezension, A = Artikel, M = Meldung, —E = Erwähnung von ZT; ZT = Zettels Traum, ZTR = ZT-Raubdruck, TmS = Der Triton mit dem Sonnenschirm, BB = Bargfelder Bote, ASDS = Arno-Schmidt-Dechiffrier-Syndikat.

Ab 1960 Materialsammlung für ZT, ab 1965 Niederschrift.

Sep 66

| | | | |
|---|---|---|---|
| 1 | 27. | WDR | H. Grössel: Buchkritik. RTbZ—E |

Nov 66

| | | | |
|---|---|---|---|
| 2 | | Neue Rs. | H. Grössel: AS / TbZ. RTbZ—E |

Jan 67

| | | | |
|---|---|---|---|
| 3 | 13. | Weltwoche | U. Jenny: Gehirn-Champion, mondsüchtig. RTbZ—E |
| 4 | 21. | Stg. Ztg. | U. Jenny: Gehirn-Champion, mondsüchtig. RTbZ—E |

Feb 67

| | | | |
|---|---|---|---|
| 5 | | Konkret | J. Haderlev: TbZ. RTbZ—E |

Mai 68

| | | | |
|---|---|---|---|
| 6 | | Text + Kritik | J. Drews: Vita AS. E |

31. 12. 68: Beendigung der Niederschrift, anschließend Korrekturen.

Jan 69

| | | | |
|---|---|---|---|
| 7 | 18. | SZ | J. Drews: ZT ist fertig. AZT |
| 8 | 20. | BR | J. Drews: Kulturspiegel. AZT |
| 9 | 24. | Zeit | Zeitmosaik: Schmidts Traum. MZT |
| 10 | 25. | KStA | H. Suhrbier: Statt Elfenbeinturm ein sechs Fuß hoher Drahtzaun. AZT |

| 11 | 27. | Spiegel 5 | Demnächst in Deutschland. MZT |
|---|---|---|---|
| | Feb 69 | | |
| 12 | 1. | FR | H. Suhrbier: ZT zu Ende gebracht. AZT |
| 13 | 13. | WdL | H. de Haas: Die Totgesagte lebt. AZT |
| 14 | 26. | AZ | H. B. Bock: 1000 Seiten Arno Schmidt. MZT |
| 15 | | Civis | —: Nicht mehr in Mode. A—E |
| | Apr 69 | | |
| 16 | 11. | FAZ | D. Segebrecht: Hellseher. AZT |
| 17 | 22. | FAZ | W. Michels: Leserbrief. |

Arno Schmidt: Panorama von Zettels Traum. Eine Selbstanzeige.
Gemeinschaftsproduktion von NDR, SDR und WDR.
Erstsendung: NDR/SFB 2, 29. 4. 69 und 13. 5. 69

| | Jun 69 | | |
|---|---|---|---|
| 18 | 17. | FR | H. Suhrbier: Ein neuer Arno Schmidt. MTmS—E |
| | Jul 69 | | |
| 19 | 7. | FAZ | F.A.Z.: MTmS/ZT |

Okt 69

*Der Triton mit dem Sonnenschirm* erscheint.

| 20 | 29. | FR | H. Suhrbier: Taschenbuch-Tips: Sommermeteor. A—E |
|---|---|---|---|
| 21 | 31. | Zeit | J. Drews: Vor Zettels Traum. RTmS—E |

Nov 69

Stahlberg Verlag: *Vorankündigung: Arno Schmidt Zettels Traum*
»Was der Titel ZT bedeutet / Umrisse des Inhalts /
ZT erscheint im Frühjahr 1970 / Bibliographisches«

| 22 | 7. | Stg. N. | Schmidts Hauptwerk erscheint im Frühjahr. MZT |
|---|---|---|---|
| 23 | 8. | SWF | H. Vormweg: Soiree — Neue Bücher. RTmS—E |
| 24 | 21. | C & W-DZ | H. Heißenbüttel: Bulwer gegen Beckett. RTmS—E |
| 25 | 21. | AZ | Th. Hirle: Zehn Kilogramm Arno Schmidt für 265 Mark. AZT/TmS |
| 26 | 26. | MM | A. Mohler: Das bessere Ich von Arno Schmidt. RTmS—E |
| 27 | | BuB | D. Segebrecht: AS: TmS. RTmS—E |
| | Dez 69 | | |
| 28 | 13. | FR | W. Schütte: Polly & Valencien in einer verschmidtsten Welt. RTmS/ÜPOE—E |
| 29 | 13. | Saarb. Z | M. Osterkamp: Gehirntier im englischen Garten. RTmS—E |

Stahlberg Verlag: Anzeigen-Doppelseite im Börsenblatt, Ffm, Nr. 100,
16. 12. 69: *1. Ankündigung — Das literarische Ereignis des Jahres 1970.*

| | Jan 70 | | |
|---|---|---|---|
| 30 | 23. | Publik | H. P. Anderle: Arno & der Weg dorthin. RTmS—E |
| 31 | | WM | M. N.: ZT. AZT |
| | Feb 70 | | |
| 32 | 10. | Abend, Bln | R. Brückner: Das Größte. A—¹/₃ ZT |

| 33 | 21. | SZ | H. Vormweg: Quer durch die Reihen. A: KMC—TB—E |
|----|-----|----|-----|
| 34 | 24. | WDR3 | K. Reichert: Buchbesprechung. RTmS—E |
| 35 | 26. | SR | Ch. Derschau: Buchrezension. RTmS—E |
| 36 | | Domino | G. Haffmans: Essays in Dialogform. RTmS—E |
| 37 | | Lesen | —: MZT |

Ende Februar/Anfang März 70: 8-seitiger Prospekt: AS ZT. 8 Illustrationen, 1 Seite aus ZT; »Versuch einer Einführung / Anmerkungen zum Aufbau der nebenstehenden Textstelle aus dem V. Buch ›Franziska-Namehn‹ / Über Panoramen als Anreger Poes / ›So gut wie 'ne Fahrkarte nach Frisco -‹ (ZT732-4)«

März 70

| 38 | 3. | dpa | P. Engel: AS: TmS. RTmS—E |
|----|-----|----|-----|
| 39 | 11. | NN | H. B. Bock: Neues vom Gehirntier. ATmS/ZT |
| 40 | 11. | FR | H. Suhrbier: Lese-Lust. R: KMC=TB—E |
| 41 | 15. | Sp. VB | tz (P. Engel): TmS. RTmS—E (=38) |
| 42 | 17. | FAZ | K. Reichert: Der Doktor Allwissend. RTmS—E |

17. 3. 70 Anzeige in der FAZ: Das Buch des Jahres / Gewicht 18 Pfund. Die Anzeige erscheint außerdem: 10. 4. Zeit, 30. 4. WdL, 13. 5. SZ, Nr. 5: Epoca, Monat, Philobiblion

| 43 | 30. | SDR 2 | H. P. Kensy: Tagebuch für Leser. AZT |

Apr 70

| 44 | 3. | GAfBonn | P. Engel: Neues von Arno Schmidt. RTmS—E (=38) |

Am 4. 4. 70 beginnt die Auslieferung von ZT.

Gleichzeitig erscheinen 5-seitige *Presse-Informationen:*

»1. Bibliographisches u. technische Daten. 2. Warum Faksimiledruck und gelbgetöntes Spezialpapier? 3. Textumfang. 4. Arbeitszeit des Autors. 5. Lesezeit des Lesers. 6. Was der Titel bedeutet. 7. Besteht ein Zusammenhang mit *Kaff* und anderen Büchern ASs? 8. Zur Erzähltechnik. 9. Auf wieviel literarische Werke wird in ZT angespielt? 10. Gesamtauflage. 11. Neue Arbeiten nach ZT«.

| 45 | 4. | FR | W. Schütte: Stehpulte für ZT. AZT |
|----|-----|----|-----|
| 46 | 4. | SZ | J. Drews: Schmidt-Post-Tage: ZT ausgeliefert. AZT |
| 47 | 4. | AZ | H. F. Nöhbauer: Dieser Traum ist fürs Bett zu schwer |

Am 10. 4. 70 führt Gunar Ortlepp für den ›*Spiegel*‹ in Bargfeld ein Gespräch mit Arno und Alice Schmidt (s. 49).

| 48 | 17. | Schwäb. Z | (sz): Literaturnachrichten. MZT |
|----|-----|----|-----|
| 49 | 20. | Spiegel | Gunar Ortlepp: Apropos: Ah!; pro=Poe. AZT |
| 50 | 25. | SZ | K. H. Kramberg: Lektüre für tausendundeinen Tag. RZT |
| 51 | 30. | WdL | J. Nolte: 1334 Riesenzettel und ihr Dichter-Priester. AZT |
| 52 | 30. | Sie + Er | R. T.: Jumbo-Buch für 400 Franken. AZT |
| 53 | | Prisma, Bukar. | —: proza moderna AS. AZT |
| 54 | | Buchh. heute | —: MZT |
| 55 | | M | (Weber-Schäfer): Schmidts Traum. AZT |

30. 4. — 3. 5. 70: 5 schmidtinteressierte Redakteure treffen sich in Bargfeld. Sie verabreden, die Ergebnisse von Arbeiten zum Werk ASs auszutauschen: »Arno-Schmidt-Dechiffrier-Syndikat«

|     |     | Mai 70 |     |
|-----|-----|--------|-----|
| 56  | 8.  | Zeit   | D. E. Zimmer: Zettels Kasten. AZT |
| 57  | 8.  | SZ     | SZ: A-S-Forscher beschließen Teamarbeit. M: ASDS |
| 58  | 9.  | FR     | FR: Dechiffrier-Syndikat. M: ASDS |
| 59  | 9.  | BR1    | K. Kramberg: Ein Weltwunder namens Schmidt. RZT |
| 60  | 15. | SDR2   | M. Gerhardt: Ein Buch und eine Meinung. RTmS—E |
| 61  | 16. | TSp    | —: Arbeit an ZT. AZT |
| 61a | 17. | BR—TV3 | K. Kramberg: AS: ZT. AZT |
| 62  | 18. | Spiegel | ROH-MAN GEPHALLT. Leserbriefe zu: 49 |
| 63  | 23. | NDR—TV3 | V. Zielke: AS: ZT. AZT |
| 64  | 26. | NDR3   | Chr. Enzensberger: Ein Buch — zwei Meinungen. RZT |
| 65  | 26. | NDR3   | H. Heißenbüttel: Ein Buch — zwei Meinungen. RZT |
| 66  | 29. | C & W-DZ | H. Heißenbüttel: Zettels Traum-Deuter. RZT / ASDS |
| 67  | 29. | Rh. M. | H. Schreiber: Schmidts Zettelkasten. AZT |
| 68  | 30. | HR2    | G. Ueding: Literatur und Gesellschaft. RZT |
|     |     | Juni 70 |     |
| 69  | 2.  | HLN, Brüssel | —: Monumentale Roman van AS. AZT |

Am 19. 6. 70 meldet der Stahlberg Verlag in einer Anzeige im Börsenblatt, Ffm, Nr. 49: Beim Verlag vergriffen. Das Buch des Jahres.

|     |     |          |     |
|-----|-----|----------|-----|
| 70  | 22. | FR       | W. Schütte: Nur einer nicht. A: AS—E |
| 71  | 23. | RIAS     | J. Rehn: Zettels Trauma? RZT |
| 72  | 25. | WdL      | —: ZT vergriffen. MZT |
| 73  | 27. | RP       | G. Bien: Annäherung an einen Eisberg. RZT |
| 74  | 27. | HAZ      | G. Bien: Annäherung an einen Sprachberg. RZT (=73) |
| 75  | 28. | NYTBR    | —: A Giant. AZT |
| 76  | 29. | BNN      | G. Bien: Annäherung an einen Eisberg. RZT (=73) |
| 77  |     | Monat    | K. H. Kramberg: AS: ZT. MZT |

Am 30. 6. 70 veranstaltet die Siemens-Stiftung in München einen AS-Abend. Ernst Krawehl führt in ZT ein. Jörg Drews gibt eine kritische Zwischenbilanz. Karl-Heinz Kramberg zeigt seinen TV-Film (6/a).

|     |     | Juli 70 |     |
|-----|-----|---------|-----|
| 78  | 3.  | FR      | FR: ZT ausverkauft. MZT |
| 79  | 3.  | AZ      | T. Meissner: Was bei Poe so zum Vorsch(w)ein kommt. AZT. (Bericht: AS-Abend) |
| 80  | 9.  | TA, Zürich | Ch. Kuhn: »Der kluge Rezensent sagt ein Jahr lang gar nichts«. AZT |
| 81  | 18. | Expreß  | W. Breuer: Mammut-Roman wiegt neun Kilo. AZT/ZTR |
| 82  | 21. | TA, Zürich | Ch. Kuhn: ZT vergriffen. MZT |

Mitte Juli: Vorentwurf für *Miri's Motz Zoof: Trip 11 Raubdruck des Jahres*. (500 Exemplare, DM 70,—).

|     |     |         |     |
|-----|-----|---------|-----|
| 83  | 31. | TLS     | —: Commentary. AZT |
|     |     | Aug 70  |     |
| 84  | 1.  | FAZ     | D. Segebrecht: Mit sieben Siegeln beschlagen. RZT |
| 85  | 2.  | NRZ     | G. Bien: Jongleur und Wortmetz. RZT (=73) |

| 86 | 6. | SZ | J. Drews: ZT als Raubdruck. AZTR |
|----|----|----|-----|
| 87 | 6. | Saarbr. Z | H. M. Braem: Selbst das Schwerste verkauft sich leicht. AZT (Interview m. Fr. Stahlberg) |
| 88 | 7. | SDR2 | H. L. Arnold: Ein Buch und eine Meinung. RZT |

Um den 7. 8. 70 erscheint *Miri's Motz Zoof Nr. 2 August 1970: Trip 11 Raubdruck des Jahres* (1000 Exemplare, DM 100,—).

| 89 | 8. | Stg. Z | H. M. Braem: ZT zunächst ausgeträumt. AZT (=87) |
|----|----|----|-----|
| 90 | 8. | Stg. Z | K. Podak & R. Vollmann: ›Anna Muh=Muh!‹... RZT |
| 91 | 10. | FR | W. Schütte: ZT — unter die Raubdrucker gefallen. AZTR |
| 92 | 11. | HMp | M. Andersen: ZT im Raubdruck. AZTR |
| 93 | 14. | Zeit | W. Donner: Keine Ente und 100 Eier. AZT/ZTR |
| 94 | 14. | C & W-DZ | G. Schloz: Zettels Raub. AZT/ZTR/ASDS |
| 95 | 14. | Weltwoche | G. Hensel: Vorm Umblättern der 494. Seite. RZT |
| 96 | 15. | Darmst. E | G. Hensel: Umblättern der 494. Seite? RZT (=95) |
| 97 | 15. | NN | H. B. Bock: Monstrum aus der Heide. AZT/ZTR/ASDS |
| 98 | 17. | FAZ | D. Segebrecht: Traum geraubt. AZTR |
| 99 | 21. | MM | J. P. W. (G. Bien): Annäherung an einen Eisberg. RZT (=73) |
| 100 | 21. | MM | s.: ZT als Volksausgabe. AZTR |
| 101 | 24. | SDR2 | H. L. Arnold: Tagebuch für Leser. AASDS |
| 102 | 25. | KStA | M. Schreiber: Eine riesige Lernmaschine. AZT/ZTR |

Am 25. 8. 70: Pressemitteilung des Stahlberg Verlags: Strafantrag gegen Raubdruck-Hersteller und Verbreiter.

| 103 | 26. | Stg. Z | lsw: Strafantrag gegen A-S-Raubdruck. MZTR |
|----|----|----|-----|
| 104 | 26. | Stg. N | (lsw): Stuttgarter Verlag stellt Strafantrag. MZTR |
| 105 | 27. | Expreß | V. v. Eichborn: Jagd auf Raubdrucker aus dem Untergrund. AZTR |
| 106 | 27. | FAZ | F.A.Z: Strafanzeige gegen Raubdrucke. MZTR |
| 107 | 27. | NN | —: Anzeige gegen Raubdrucker. MZTR |
| 108 | 27. | Welt | DW: AS protestiert gegen Raubdruck. MZTR |
| 109 | 28. | FR | FR: Verlag und AS gegen Raubdruck von ZT. MZTR |
| 110 | 28. | KStA | EB: Strafantrag gegen ZT-Räuber. MZTR |
| 111 | 28. | MM | gks: Der Goverts Krüger Stahlberg Verlag ... MZTR |
| 112 | 29. | BNN | —: Strafantrag gegen Raubdruck. MZTR |
| 113 | 29. | SZ | I. Stahlberg: Zettels geraubter Traum. AZTR (Leserbr.) |
| 114 | 30. | Tat | H. L. Arnold: Zettels Trauma? RZT |
| 115 | 30. | WamS | —: Aus den Verlagen. MZTR |
| 116 | 30. | DAS | H. L. Arnold: Über den Umgang mit ZT. RZT (=114) |
| 117 | | Twen | G. Herburger: Einsiedel und Gigant der Literatur. AAS—E |

| | Sep 70 | | |
|----|----|----|-----|
| 118 | 4. | Publik | —: Strafanzeige ... MZTR |
| 119 | 5. | Saarbr. Z | W. Scheller: Wer schützt wen gegen Raubdrucker? A: R—E |

| 120 | 7. | Spiegel 37 | —: Gut Raub. AZTR |
| 121 | 10. | TA, Zürich | Ch. Kuhn: Schmidt für alle? AZTR |
| 122 | 10. | FNP | M. Schreiber: Wer diesen Traum auslegt, ist ein Esel. AZT/ZTR (=102) |
| 123 | 12. | WAZ | W. Scheller: Im Buchhandel steht der Feind links. A: R—E |
| 124 | 19. | SFB2 | E. Hartmann/K. Schauder: 2 x AS. RTmS/RZT |
| 125 | 24. | Stg. N | —: Ein Schwergewicht: ZT. AZT |
| 126 | 24. | Stg. Z | K. Podak & R. Vollmann: Das Bilderbuch. RZT |
| 127 | 26. | Saarbr. Z | —: ZT. MZTR |
| 128 | | Buchmarkt | —: Raubdruck des Jahres. MZTR |

Okt 70

| 129 | 3. | Stg. Z | P. Eckhardt: Die Wolfsmoral der Raubdrucker. AZTR |
| 130 | 3. | Presse | K. Schauder: Vielleicht heißt es eines Tages »Dän's Day«. RZT (=124) |
| 131 | 5. | B+Z B | —: Autor und Verleger ... MZTR |
| 132 | 10. | Saarbr. Z | U. Reiter: Der Roman der Superlative. RZT/ZTR/ASDS |
| 133 | 10. | Saarbr. Z | H. J. Schyle: Last und Lust der Literatur. (Interv. m. Eugen Helmlé) u. a.: ZT |
| 134 | 14. | TSp | W. Scheller: Raubdrucker drücken Preise. A: R—E |
| 135 | 16. | Zeit | P. Kipphoff: Frischauf zum fröhlichen Rauben! A: R—E |
| 136 | 17. | WamS | H. L. Schütz: Bestseller für fünf Mark. A: R—E |
| 137 | | MMZ 4 | TRIP 33 Neues vom Raubdruck des Jahres. MZTR |
| 138 | | Lesen | —: Autor und Verleger. MZTR |
| 139 | | Buchmarkt | —: Raubdruck ZT ist da. MZTR |
| 140 | | Twen | P. Aufmuth/J. Drews: Leserbriefe zu 117. |

Nov 70

| 141 | 3. | Schwäb. Z | U. Reiter: Roman der Superlative: ZT. RZT (=132) |
| 142 | 14. | Soloth. Z | W. Scheller: Das Geschäft der Raubdrucker blüht. A: R—E |
| 143 | 20. | Zeit | J. Drews: »Orpheus«. R-Orpheus-TB |
| 144 | 26. | DVZ | L. Streblow: TmS. RTmS |

Dez 70

| 145 | 6. | RB2 | H. D. Mendel: Begegnung mit einem Buch. RZT |
| 146 | 15. | DLF | H. Vormweg: Neue Literatur. RZT |
| 147 | 21. | Stg. Z | U. Schultz: X was here. AZTR |
| 148 | 28. | Handelsbl | U. Schultz: Wunschgemäß unerkannt. AZTR |
| 149 | 28. | FNP | U. Schultz: Wunschgemäß unerkannt. AZTR |
| 150 | 29. | Handelsbl | K. Göppert: Raubdrucke im Schatten der Verlage. A: R—E |
| 151 | 31. | Vorwärts | H. Suhrbier: Annäherung an ZT. RZT |
| 152 | 31. | FR | H. Suhrbier: Vergriffener AS-Band bei den »Büchern der 19«. AR & P—E |
| 153 | | Kürbisk. 4 | W. v. Bredow: Der militante Eremit. AAS/ZT |

Nov 71

| | | |
|---|---|---|
| 172 | FH 11 | G. Ueding: Die gelehrte Traumwelt des AS. RZT |
| 173 | 20. SFB3 | J. Drews: Kulturkommentar. Antwort auf: 172 |
| 174 | ro 6161 | U. Glienke: AS. Lexikonartikel—E |

Am 20. 1. 72 hält S. S. Prawer einen Vortrag über ZT vor Mitgliedern des London University Institute of Germanic Studies.

März 72

| | | |
|---|---|---|
| 175 | TA. Zürich | B. Leuthold: ASs verzettelter Taum: Nicht eben *Poe-sitiv*. RZT |

18. 3. 72: ›*Die Schule der Atheisten*‹ erscheint.

Apr 72

| | | |
|---|---|---|
| 176 | Buchmarkt | —: Neuauflage von ZT. MZT |

Mai 72

| | | |
|---|---|---|
| 177 | 17. RB2 | O. Proksch: Ausgeträumt, will sagen geschafft. RZT |

Juli 72

| | | |
|---|---|---|
| 178 | 6. Welt | —: Traum in zwei Bänden. MZT |
| 179 | 13. NN | —: Traum in zwei Bänden. MZT |

Sept 72

September 72: in der Edition Text + Kritik erscheint: *Bargfelder Bote* — Materialien zum Werk Arno Schmidts. Lieferung 1: ZT I.

| | | |
|---|---|---|
| 180 | 18. SZ | SZ: BB beginnt zu erscheinen. MBB |
| 181 | 22. FNP | Sd: Schmidt-Zettel. ABB |
| 182 | 25. SDR | J. Drews: Musik bei AS. A—E |
| 183 | 26. Welt | T. Kielinger: Zettels Alptraum. ABB |
| 184 | 27. NN | H. B. Bock: Lösungen für »King Arno«. ABB |
| 185 | 29. HA | —: MBB |
| 186 | 30. NZ | —: MBB |
| 187 | 30. HAZ | bh: Schmidtologie. ABB/ASDS |

Okt 72

| | | |
|---|---|---|
| 188 | 2. Aa. N | —: MBB |
| 189 | 21. Stg. Z | K. Podak: Botschaft aus Bargfeld |

Am 21. + 22. 10. 72 treffen sich in Siegen 13 Schmidtinteressierte. Dieter Stündel präsentiert eine 750 S-Fassung seines Registers zu ZT. Eine Überarbeitung durch andere Teilnehmer wird beschlossen.

| | | |
|---|---|---|
| 190 | 30. Spiegel 45 | —: Schlüssel zu Noah Poke. ABB/ASDS |

Nov 72

| | | |
|---|---|---|
| 191 | 4. Siegen. Z | D. Stündel: AS-Kenner trafen sich in Siegen. AASDS |
| 192 | 6. dpa | W. P. Engel: Zeitschrift für AS-Leser. ABB |
| 193 | 8. Br. N | W. P. Engel: Schwarzes Brett für AS. ABB (= 192) |
| 194 | 8. KStA | C. Linder: Arnos Hauspostille. AASDS/BB |

Der S. Fischer Verlag kündigt die *Studienausgabe* von ZT für Ende Februar 1973 an.

| 195 | 13. | FR | H. Suhrbier: ZT-Studienausgabe. MZT |
|-----|-----|-----|-----|
| 196 | 16. | Böbl. Bote | W. P. Engel: BB. ABB (= 192) |
| 197 | 25. | WAZ | C. Linder: ASs Hauspostille. AASDS/BB (= 194) |

Dez 72

| 198 | 5. | RP | C. Linder: ASs Hauspostille. AASDS/BB (= 194) |
|-----|-----|-----|-----|
| 199 | 6. | FAZ | —: MZT (Studienausg.) |

ZT in Buchveröffentlichungen 1972:

200 J. Drews: ZT. KLL 7, 1430—1435

201 H. Denkler: Das Heulende Gelächter des Gehirntiers. Basis 2, 246—259

202 H. Denkler: Die Reise des Künstlers ins Innere. Revolte und Experiment. 144—164

203 E. Krawehl: Einige Vorbemerkungen zur Darbietung von S. 636 aus ZT von AS. Jemand der schreibt, 262—267.

Januar 73: *Bargfelder Bote*, L. 2, ZT (II) erscheint.

April 73: Der S. Fischer Verlag liefert die Studienausgabe von ZT aus: 8 Hefte in Kassette.

Mai 73

| 204 | 10. | SDR2 | J. Drews: AS-Lesemodell 6: ZT. |
|-----|-----|-----|-----|

205 S. Prawer: ›Bless Thee, Bottom! Bless Thee! Thou Art Translated‹. Essays in German and Dutch Literature. 156—191 (s. 20. 1. 72).

| 206 | 30. | Welt | —: Zettel's Traumdeutung. M: 205 |
|-----|-----|-----|-----|

Juni 73

| 207 | 21. | DLF | W. Schütte: Bargfelder Ich. AZT/SdA |
|-----|-----|-----|-----|
| 208 | | Playboy (D) | —: ASs Jünger. AASDS/BB |

Am 9. 7. 73 wird bekanntgegeben: AS bekommt den Frankfurter Goethe-Preis 1973.

Aug 73

| 209 | 11. | HR2 | G. Ueding: Neue Bücher. AZT-StudA |
|-----|-----|-----|-----|
| 210 | 18. | SZ | J. Drews: Ein Monument, scheibchenweise. AZT-StudA |

Am 28. 8. 73: Feier zur Preisverleihung in der Pauls-Kirche, Frankfurt. Alice Schmidt nimmt den Preis entgegen. Lars Clausen hält die Laudatio.

---

[1] Hierzu ist vielleicht folgender Umstand interessant zu vermerken: In der Einleitung zu den Anmerkungen der von Arno Schmidt und Hans Wollschläger übersetzten *Poe*-Ausgabe (Olten-Freiburg/Br.: Walter 1966—73) schreibt Kuno Schuhmann: »Die Herausgeber sind *den Übersetzern* aufrichtig dankbar dafür, daß sie die Anmerkungen kritisch durchgesehen und wichtiges Material beigetragen haben«. (*Poe*, Werke I, 948). Im 2. Band findet sich an der gleichen Stelle folgendes: »*Hans Wollschläger* trug auch zu diesen Anmerkungen wieder Wesentliches bei«. (*Poe*, Werke II, 106).

Jörg Drews

# Arno Schmidt vor »Zettels Traum«

Für A. F.

Arno Schmidt vor »Zettels Traum« — das heißt: Arno Schmidts Werk
in den Jahren von 1949, als er sein erstes Buch, den Erzählungsband
»Leviathan« veröffentlichte, bis 1969, als er die Arbeit an seinem umfangreichsten Buch »Zettels Traum« beendete. In diesen zwanzig Jahren veröffentlichte Schmidt 14 Bände mit Romanen und Erzählungen,
eine Biographie und eine literaturpsychologische Studie, übersetzte anderthalb Dutzend Bücher aus dem Englischen, schrieb an die 200 Beiträge für Zeitungen und Zeitschriften und etwa 35 Radio-Essays. Doch
es ist nicht nur der schiere Umfang seiner Publikationen in diesen
zwanzig Jahren, der Schmidt zu einem Phänomen der deutschen Nachkriegsliteratur macht; hinzu kommt vielmehr, daß es Schmidt von
seinen Anfängen im Jahr 1949 bis 1969 und weiter bis zu seinem bisher
letzten Buch, dem Lese-Drama »Die Schule der Atheisten« immer wieder gelungen ist, die Kritiker nicht nur zu Achtungsbeifall zu bewegen,
sondern wirklich zu überraschen, zu irritieren, zu ratlosen bis enthu-

siastischen Reaktionen zu veranlassen, und daß sein Ruhm und seine Resonanz bei den Lesern in den letzten Jahren immer mehr zunahmen. Daß Schmidt sich über zwei Jahrzehnte in der literarischen Diskussion halten konnte, mit einer sich steigernden Intensität, wie dies bei kaum einem zweiten deutschen Schriftsteller, der nach 1945 antrat, zu beobachten ist, hängt gewiß auch mit seinem Fleiß, seiner strengen Arbeitsökonomie, seiner Zurückgezogenheit von aller literarischen Betriebsamkeit und nicht zuletzt ganz banal mit seiner bis vor kurzem äußerst stabilen Physis zusammen, deutet aber vor allem darauf hin, daß Schmidts literarische Konzeption nicht nur von großen Resourcen imaginativer Fähigkeit gespeist ist, sondern in sich so etwas wie Anreicherbarkeit und Ausbaufähigkeit trägt.

Paradoxerweise kann man sagen, daß die Basis seiner Bücher eher schmal, seine Perspektive eng ist; Schmidt hat immer darauf verzichtet, in dem Sinne zeitgenössisch zu sein, daß er offenbar ›aktuelle‹, irgendwie in der Luft liegende Stoffe aufgriff oder daß er Themen wählte oder Figuren schuf, die für eine bestimmte Phase der deutschen Nachkriegsgeschichte unmittelbar repräsentativ waren, an denen sich modellhaft etwas zeigen ließ. Seine Romane und Erzählungen waren vielmehr von Anfang an einzig auf dieses Ich Arno Schmidt gestellt; was an Welt und Umwelt in sie einging, war vermittelt einzig durch die spezifischen Erlebnisse und Interessen dieses Ich-Erzählers.

Man könnte einwenden, daß zumindest in Schmidts ersten Büchern dieses erzählende Ich doch durchaus zeitgenössisch war; wovon es berichtete, waren Erfahrungen, die so oder ähnlich sehr viele Angehörige dieser Generation gemacht hatten: Kleinbürgerliche Existenz im Dritten Reich, Flucht, Flüchtlingsdasein, dann das Ökonomisch-wieder-auf-die-Beine-Kommen in den fünfziger Jahren. Soziale Umwelt war in der Tat in der Erzählung »Leviathan«, in »Aus dem Leben eines Fauns«, in den »Umsiedlern«, der »Pocahontas« und dem »Steinernen Herz« stofflich stärker präsent, bestimmte das Leben und die Wahrnehmungen des Erzählers nachdrücklicher als in Schmidts letzten Büchern. Doch das Soziale, Zeitgenössische, Zeittypische wurde fühlbar von Anfang an durch etwas anderes überlagert, was sich noch nicht frei entfalten konnte. Man kann die ersten Bücher Schmidts rückblickend lesen als Berichte von der grimmigen Auseinandersetzung eines Opfers der Zeitläufte, eines Verarmten, in seinen eigentlichen Absichten Gestörten, der Vorlieben und Pläne hegt, die er noch nicht verwirklichen kann, aber verbissen weiter kultiviert. Was sich darstellt, ist ein Ich, das ebenso selbstbewußt wie an deren Realisierbarkeit verzweifelnd ganz private, sozusagen a-soziale Ideale verfolgt: sich von allen sozialen Bindungen zu lösen und einen Freiheitsraum zu erreichen, in dem dieses Ich sich rücksichtslos seinen ganz persönlichen Vorlieben — die zugleich, als reine Wissenschaft oder reine Literatur, für zwar von der Masse verachtete, aber dennoch objektive und verbindliche Werte deklariert werden — widmen kann. So sehr Schmidts Kurzroman »Schwarze Spiegel« auch ein Reflex der allgemeinen Angst vor einem Atomkrieg ist, die um 1950 — auch im Zusammenhang mit dem Beginn des ›Kalten Krieges‹ und dem Ausbruch des Koreakriegs — verbreitet war, so sehr ist diese negative Utopie von einer Menschheit, die sich im Jahr 1960 schon durch einen Dritten Weltkrieg ausgelöscht hat, doch auch ein aus Verzweiflung zynischer, verdreht idyllischer Wunschtraum. *Das Experiment Mensch, das stinkige, hat aufgehört!*, sagt der Erzähler (NDK 193), einer der (zwei?) Überlebenden der Katastrophe, und baut sich dann, ein Robinson nach dem ABC-Krieg, in der Lüneburger Heide eine Sonderexistenz auf, melancholisch, aber unverdrossen; schließlich kann er sich nun in Ruhe mit den Büchern umgeben, die er schon immer um sich haben wollte. Gerade daß die Unwahrscheinlichkeit, daß ein letzter, völlig einsamer Mensch eine solche hoffnungslose Isolation ohne schwere Depressionen und andere psychische Krisenerscheinungen durchstehen würde, von Schmidt in den »Schwarzen Spiegeln« überhaupt nicht berücksichtigt wird bzw. völlig a-psychologisch und a-realistisch außer Betracht bleibt, deutet darauf hin, daß diese Erzählung die Funktion eines Wunschtraumes in Schmidts Phantasie hatte: *Und ich war erst Anfang Vierzig; wenn Alles gut ging (?) konnte ich noch lange über die menschenleere Erde schweifen: ich brauchte Niemanden!* — (NDK 180).

Es ist dieses solipsistische, seine Sonderinteressen verfolgende Ich, was schon die ersten, mit zeitgenössischen Umwelterfahrungen noch geladenen Bücher Schmidts über eine Literatur der bloßen Rekapitulation dessen hinaushob, was alle kannten und alle erfahren hatten. Schmidt hat, was subjektiv vielleicht notwendig, für ihn selbst wohl gar nicht anders möglich war, in allen seinen Büchern an diesem Außenseiter-Ich festgehalten; er hat ihm andere Namen gegeben, es in andere Zeiten geschickt — in die hellenistische Antike und die Spätantike, in die Zukunft der Jahre 1960, 1980, 2008 und 2014 —, er hat seinem Ich-Erzähler andere Berufe und andere Freundinnen gegeben, aber er hielt an diesem Ich, das Maske und Spalt-Ich seiner selbst ist, als dem Kraftzentrum und dem Bürgen der Wahrheit des Erzählten fest[1]. Von Anfang an s e t z t e er sich selbst und baute von diesem Angelpunkt, von dieser Perspektive aus erzählerisch etwas auf, was man den Schmidt'-schen Kosmos nennen könnte. Es ist kein fabulierter Kosmos, muß man gleich hinzufügen, es ist keine ›epische Welt‹ in dem Sinne wie sie Balzac schuf oder wie, um ein zeitgenössisches Beispiel zu wählen, Günter Grass sie mit den beiden Zentren Danzig einst und Bundesrepublik bzw. Berlin heute zu entwerfen versucht. Vielmehr bauen alle Arbeiten Schmidts an einer Welt mit, haben einen Platz in einem System, das nach speziellen Vorlieben, Abneigungen, ausgefallenen Interessen und literarischen Hausgöttern strukturiert ist; es ist eine Art geistiger Privatkosmos, den Schmidt sich — neben und gegen alle literarischen Tagesmoden (oder was er nur für Moden hält) — seit dem »Leviathan« aufbaute und immer weiter ausbaute. Was aufgenommen wird, entscheidet sich allein nach der Affinität des Gegenstandes zu diesem zentralen Ich, das diese Welt gliedert, deren erste Fixpunkte schon in Schmidts frühesten Erzählungen sichtbar wurden: Friedrich de la Motte-Fouqué, dessen Biographie Schmidt dann 1958 veröffentlichte, Edgar Allan Poe, dessen Schriften er in den sechziger Jahren übersetzte, Karl May, dessen Werk er dann in »Sitara und der Weg dorthin« psychoanalysierte, die Astronomie und die Mathematik, um nur einige dieser Fixpunkte zu nennen; in den sechziger Jahren kamen dann Joyce und Carroll hinzu. So privat, so entlegen, so bis zur

Narretei idiosynkratisch diese für den Erzähler obsessiven Konstanten in den Büchern Schmidts nun auch waren, so unverwechselbar waren sie eben zugleich und gaben schon den frühesten Veröffentlichungen Schmidts ihre charakteristische Physiognomie und Farbe, deren Spektrum bis heute noch wächst.

»Leviathan«, »Aus dem Leben eines Fauns«, »Die Umsiedler« waren zwar schmale Bände, ihre Sprache auch *mager und trainiert,* wie Schmidt das selbst gefordert hatte. Aber Schmidt praktizierte weder ›Kahlschlag‹, noch gab es sentimentale Erbaulichkeit in seinen frühen Büchern; er machte zwar auch karge Bestandsaufnahmen aus der Perspektive dessen, der noch einmal davongekommen ist, der die Bibliothek in Schlesien verloren hat, eine Konservenbüchse als Kochtopf und eine Tür mit einer Zeltplane drüber als Bett benützen muß, aber über seine Interessen und seine Privatgottheiten spricht er mit dem ungebrochenen Elan dessen, der seine Ideale nach 1945 nicht eigentlich revidieren mußte, weil sie ohnehin nie die allgemeinen Ideale waren, so daß er in dem, was er schrieb, gleich wieder sozusagen reich instrumentiert einsetzen konnte, nachdem die häufig verfluchten Hemmnisse eines Brotberufs und der Soldatenzeit einmal weggefallen waren. Zugleich ist er seit Beginn seiner schriftstellerischen Tätigkeit in der Opposition; dem, was nach 1945 und bis zur Gegenwart an der Tagesordnung ist, was diskutiert wird, was ein Trend ist, antwortet er — schon gleich in seinem ersten Buch — mit einem ›Anti‹-Programm. Als es wieder schick war, sich über das christliche Abendland und dessen Traditionen Gedanken zu machen, antwortet er mit dem Entwurf eines mythisch-bösen Weltprinzips, des Leviathan, in dem er eine illusionslosere Antwort auf die Frage nach Gott sieht als in den neo-christlichen Diskussionen nach dem Zweiten Weltkrieg. Aus dessen Zerstörungsorgien folgert er die Herrschaft eines Dämons, dessen Existenz er allerdings weniger strikt philosophisch-astrophysikalisch beweist als vielmehr als adäquate poetische Großchiffre einführt. Als die Kirchen sich wieder etablierten und sich obendrein den Anschein zu geben verstanden, als seien sie im Dritten Reich ganz klar auf der Seite des Widerstandes und ebenfalls verfolgt gewesen, da spottete Schmidt über christliche Weltbilder aller Art am Exempel der christlichen Kosmologie des spätantiken Mönchs Kosmas, die er paradigmatisch ihrer Unwissenschaftlichkeit überführte, und auf die Re-Institution der klassischen Antike als Bildungsideal reagierte er mit der Erzählung »Alexander oder Was ist Wahrheit«, in der er seinen schwärmerischen jungen Helden zu der Erkenntnis kommen läßt, daß auch Alexander ein Hitler-ähnlicher blutrünstiger Großtyrann war, der keineswegs aus reinem Wissensdrang, sondern aus Machtkalkül und Größenwahnsinn seine Soldaten bis an den Rand der Welt marschieren ließ. Schmidt äußerte Despektierliches und Bilderstürmerisches über Goethe und Schiller, die bürgerlichen Bildungsgrößen, denen man sich in den fünfziger Jahren wieder ebenso respektvoll wie im Grunde orientierungslos zu nahen begann, auch gegen Stifter, den eine neue Innerlichkeit wieder zu entdecken und eskapistisch zu rühmen anhob, gegen Hemingway, durch dessen Bekanntschaft das deutsche Lesepublikum den Anschluß an die internationale literarische Entwicklung wieder zu finden glaubte. Stattdessen pries e r die Expressionisten August Stramm, Albert Ehrenstein und Alfred Döblin, lange bevor die Expressionismus-Renaissance Ende der fünfziger Jahre in der Bundesrepublik einsetzte, und machte sich deren sprachliche Errungenschaften, indem er sie aus der Lyrik in die Prosa übertrug, zunutze. Wahrscheinlich ist übrigens auch »Zettels Traum« bis zu einem gewissen Grad als eine solche fast demonstrative Antwort zu verstehen, als ›Großkunstwerk‹ (Sitara 9), das er den Bestsellern und den schmalen Prosa- und ›Text‹-Bänden entgegenstellen will, an deren Erfolg und deren literarischen Absichten ihn weder die literatursoziologischen Gründe noch die veränderte literarische Problemstellung interessierte, die es jüngeren Autoren wichtiger erscheinen ließ, neue poetische Organisationsprinzipien in Texten geringeren Umfangs zu erproben als umfangreiche Romane zu schreiben: »Zettels Traum« ist nicht zuletzt auch als ostentativ umfangreiche Mahnung an jüngere Schriftsteller aufzufassen, für den geringen Umfang von deren Werken Schmidt nur Faulheit als Grund sich vorstellen kann.

Gewiß gefiel sich Schmidt wohl auch in der Pose dessen, der gegen alle allgemein akzeptierten Götter eifert, zugleich aber holte er objektiv etwas nach, oder besser: bewältigte f ü r  s i c h etwas, wovon in den allgemeinen Diskussionen jener Jahre nur vage die Rede war: Anschluß an eine Tradition, Bewältigung der Vergangenheit, Neuorientierung des geistigen Lebens. Es war jene mit der Verbissenheit des Autodidakten, sozialen Emporkömmlings und Außenseiters zur Schau getragene Attitüde dessen, der sich auf alles seinen eigenen und besonders schlauen Vers gemacht hat, seinen rationalistisch-heidnischen Vers, was die Kritiker der frühen fünfziger Jahre mit einer Mischung aus Befremden, Abscheu und amüsiertem Respekt auf ihn reagieren ließ. Etwas an Schmidt war ›unfein‹, proletarisch, rotzig und parvenühaft trotzig; andererseits aber waren da nicht zu übersehende Qualitäten, allen voran seine Sprache, hart, trocken, kurzangebunden, kühn in der Bildlichkeit. Sieht man Rezensionen der frühen Bücher Schmidts durch, so begegnet einem immer wieder diese Mischung von Respekt für eine neue Sprache mit einer kopfschüttelnden Abwehr der Meinungen und Inhalte seiner Bücher. Zum Unbehagen der Kritiker trug nicht zuletzt auch bei, daß Schmidt einen sehr breiten Begriff von ›Wirklichkeit‹ in seinen Büchern einführte. Paradigmatisch ist hierfür seine Feststellung, der Mensch sei *ein Gemisch aus Scheiße und Mondschein* (DYA 116): so spricht ein Romantiker, der den Zweiten Weltkrieg mitmachen mußte. Die Skala dessen, was der Ich-Erzähler in Schmidts Büchern wahrnimmt, liest, denkt, tut u n d  m i t t e i l t, reicht in der Tat vom Schopenhauerschen Philosophem bis zur Zote, vom Traum bis zur Diskussion mathematischer Gleichungen, von Naturstimmungen bis zum Kalauer, von verschämten Liebesregungen bis zu herausfordernd direkten Schilderungen sämtlicher menschlicher Aktivitäten aus der *bisher so verlogen-vernachlässigten Fäkal- und Urogenitalsfäre* (DYA 407).
Das literarische Medium, die erzähltechnische Form, in der dies alles gebündelt und aufgereiht wird, ist eine für Schmidt bis »Zettels Traum« spezifische Mischung aus Bericht und Reflexion, aus Erzählung von in der Außenwelt Wahrgenommenem und vom erzählenden Subjekt Gedachtem, aus Ich-Erzählung und Innerem Monolog. Diese Fik-

tionsform vermag dauernd präsent zu halten, daß die ganze erzählte Welt in diesem Ich zentriert ist: Außenwelt erscheint nur in der Brechung durch das wahrnehmende Subjekt, das dazu gleich übergangslos und ungeschieden seinen Kommentar, sein Denken, seine verborgensten Regungen mitgeben kann. Schmidt hat erst 1957 James Joyces »Ulysses« gelesen, worin die Methode der ungefilterten Wiedergabe des Inneren Monologs, des Bewußtseinsstroms einer fiktiven Person zum ersten Mal über größere Strecken praktiziert worden war; er hat diese Form also für sich neu erfunden, und sie entspricht als fiktionale Redeform sehr genau der Subjekt-zentrierten Perspektive seiner Erzählungen, in die ja programmatisch tabulos alles eingehen soll, was dem Erzähler-Ich begegnet. Schmidt hat später zur theoretischen Rechtfertigung dieses gemischten Erzähl- und Bewußtseinsstroms und insbesondere zur Begründung von dessen verschiedenen Gliederungsweisen die »Berechnungen I und II« verfaßt, die allerdings eher als Hilfskonstruktionen zu werten sind, denn die darin entwickelten, quasi als objektive Naturgegebenheiten hingestellten (und daher auch für andere Autoren als verbindlich erklärten) Erzählformen der *löchrigen Gegenwart* und der *Erinnerung* können sich auf psychologische Beobachtungen eines erzählenden Subjekts stützen, die durch andere, ebenso ›wissenschaftliche‹ Beobachtungen jedoch leicht infrage zu stellen wären. Zumindest die Behauptung, daß diese Prosaformen *konforme Abbildungen von Gehirnvorgängen* (R & P 284) darstellten, mutet beim heutigen Stand der Sprach- und Wahrnehmungspsychologie einigermaßen verwegen an. Instruktiv ist am Ende auch bei diesen Prosa-Berechnungen wieder die Rückführung auf das Erzähler-Ich Arno Schmidt; mag diese Hypostasierung des Schmidtschen Ich so fraglich sein wie immer, entscheidend ist, daß diese Erzählweise funktioniert. Und das tut sie, nicht in dem Sinn, daß hier neue objektive Gesetze des Erzählens aufgestellt wären, sondern indem Schmidt sie mit Leben erfüllt.

In diesen erzählten Wahrnehmungs- und Bewußtseinsstrom wird alles einbezogen, aber die Reflexion macht sich dicht gegen den Sinn des

Erzählten. Zwar gibt es im »Leviathan« den Entwurf eines die Welt regierenden Über-Dämons, in dessen mythischer Gewalt die Menschheit ist und auf den in den folgenden Büchern Schmidts nebenbei manchmal Bezug genommen wird; aber Metaphysik oder Weltanschauung wird nur in Sprüchen über den Jammer dieser Welt fixiert, nicht eigentlich reflektiert. Es wird nicht von Universalien, sondern programmatisch von Realien gehandelt; die diesseitige Welt — und das wird auch immer wieder zur Aufgabe des Schriftstellers erklärt — wird detailliert beschrieben, das Erforschliche benannt, das Unerforschliche gelassen veralbert: *Dem Künstler iss, (wenn überhaupt etwas), ›aufgegebm‹: nich abstrakt zu dociren; vielmehr farbig & anschaulich abzubildn, more or less ill-defined ...* (ZT 509). Als höchste Güter werden entschlossen die eigenen Interessen des Erzähler-Ichs eingeführt; irgendein allgemeiner ›Sinn‹ ist nicht verbürgt, es gibt nur das Ich und seine Wertsetzungen, den Erzähler und seine unmittelbaren sinnlichen Gewißheiten sowie seine Überzeugungen. Wo Objektives nicht mehr verbürgt ist, buchstabiert sich das Subjekt allein wieder die Welt zusammen. Im Effekt bedeutet dies zweierlei: Einmal liegt in dieser total subjektiven Rekonstruktion der Welt der Reiz der Schmidtschen Romane beschlossen, in denen wenigstens nicht mehr vorgegeben wird, im Chaos und Irrsinn dieser Welt lasse sich objektiver Sinn ausmachen. Zum andern aber bleibt festzuhalten, daß nur in der poetisch-idiosynkratischen Welt der Romane Schmidts das Subjekt diese Bedeutung noch hat, die ihm in der hochtechnisierten, anonymisierenden Industriegesellschaft längst nicht mehr zukommt. Unter diesen Bedingungen erscheint es nicht zufällig, daß Schmidt sich 1958 in eine ländliche Gegend absetzte, sich Bargfeld, das 200-Seelen-Dorf im Landkreis Celle als Wohnsitz wählte, wo eine an Bildung und ökonomischer Entwicklung rückständige Gesellschaft die Folie abgeben kann für eine intellektuelle Existenz, die sich in solcher Umgebung als überlegen, als avanciert und als positiv unterschieden von solcher Unbildung erfahren kann und muß. Die anachoretische Existenz in einem Waldkreis beschert Schmidt zugleich auch eine überschaubare, naturnahe, ›abbildbare‹ Daseinsweise und Umgebung und erleichtert ihm, das Gefühl von der Konturiertheit und Besonderheit seines Ich ohne große Konflikte und soziale Reibungen durchzuhalten.

Interessant ist zu beobachten, was bei dem allgemeinen Räsonnement, dem das Erzähler-Ich alles ihm Begegnende unterwirft, ausgespart wird, was als unbezweifelbarer Wert hochgehalten wird. Zunächst und vor allem ist es das fleißige Arbeiten, das immer wieder als selbstverständlicher Wert gepriesen wird. Zwar kennt Schmidt auch die entfremdete Arbeit, wenn nicht den Begriff, so doch die Sache; es gibt gerade in seinen frühen Romanen Bekundungen der Solidarität mit jenen, die ihr ganzes Leben hindurch eine ungeliebte Arbeit verrichten müssen, an der sie sich nicht entfalten und verwirklichen können. Für diese Opfer der Arbeit hat Schmidt Verständnis, da er selbst sich in den dreißiger Jahren nach dem Abbruch seines Studiums als Arbeitssklave empfand während seiner Beschäftigung in der Textilindustrie. Was aber sein selbstgewähltes literarisches Tun angeht, so vertritt er hier ein geradezu puritanisches Arbeitsethos; aus den nachdrücklichen Betonungen seines außerordentlichen Arbeitspensums ist auch immer wieder herauszuhören, daß hier die fast ausschließliche Quelle seines Selbstbewußtseins und seines individuellen Lustgewinns liegt. Wohlbefinden ohne intensive Tätigkeit, die der Entspannung zumindest als Rechtfertigung vorausgegangen sein muß, gibt es bei ihm nicht: *... ich weiß, als einzige Panacee, gegen Alles, immer nur ›Die Arbeit‹ zu nennen*[2].

Als unbezweifelbar wertvoll gilt zweitens die Ansammlung von Wissen, von Faktenwissen, mathematischen und literarischen Kenntnissen bis hin zum Polyhistorischen. Für die Wünschbarkeit des Erwerbs solch umfassenden Wissens werden zwar immer wieder scheinhaft-objektive Gründe angegeben, aber im Hintergrund steht dabei meist einfach ein erstaunlich unreflektiert hochgehaltener Bildungsbegriff, der allerdings seine spezifische Färbung dadurch erhält, daß die Gegenstände und Stoffe, die für wissenswert erklärt werden, ganz obsessiv, fast scheuklappig eben die sind, die Schmidt interessieren. Zum dritten wird bei Schmidt in einem Maße, das ihn von seinen zeitgenössischen Schriftstellerkollegen unterscheidet, der Begriff der Kunst unbeirrt hochgehalten; die ganzen Diskussionen der sechziger Jahre um die Fragwürdigkeit der Kunst selbst und des Kunstbegriffes sind an Schmidt spurlos vorbeigegangen. Daß aber der Wert von Arbeit, Wissen, Kunst nicht reflektiert, sondern einfach gewissermaßen blind gesetzt wird, trägt wieder zur Kraft und Geschlossenheit von Schmidts Werk bei; was als Ärgernis und Anmaßung seiner Bücher oft empfunden wird, die Rücksichtslosigkeit, mit der er Aufmerksamkeit für dem allgemeinen (und auch dem allgemeinen literarischen) Bewußtsein sehr entlegene Autoren und Wissensgebiete fordert, wirkt inzwischen selbst schon wieder attraktiv und ist — was die Publikumswirksamkeit betrifft — zu einem erfolgreichen Kennzeichen, fast zum Markenzeichen geworden. Die totale Subjektivität hat paradoxerweise Appellcharakter, und daß die Leser Schmidts, wenn ihre Reaktion über ein amüsiertes Zurkenntnisnehmen dieser Kuriosität hinausgeht, leicht zu fanatischen Lesern werden, die, damit sie sich nicht im Vergleich mit ihm völlig dumm vorkommen müssen, nun aber auch alles von Schmidt und möglichst noch das von ihm als weitere unabdingbare Lektüre Hingestellte lesen wollen, ist das genaue Pendant zu dem Fanatismus des Werks selbst und zu dessen Unbedingtheitsanspruch[3].

Daß Schmidt mit passioniertem Solipsismus immer über seine eigenen Interessen gebeugt bleibt, schließt allerdings zugleich ein, daß er für seine Entdeckungen fast drohend wirbt. Von seinen ersten Publikationen an zieht sich durch seine Bücher eine Art wütende Rhetorik des Hinweisens auf seiner Meinung nach zuunrecht vergessene Werke und Autoren. In Erwähnungen, dezidierten Urteilen und kurzen essayistischen Exkursen preist er immer wieder unzeitgemäße literarische Götter an, wobei sich ein Erschrecken über den allgemeinen Verlust historisch-literarischer Bildung seltsam mischt mit der eifernden Proklamation verschollener Autoren zu neuen Größen. Ähnlich wie er selbst eine Sonderstellung in der zeitgenössischen literarischen Landschaft innehat, sucht er auch in der Vergangenheit nach Autoren, die abseits oder in der zweiten Reihe standen, mit denen die Literaturgeschichte zu schnell fertig war. Die Präsentation der Autoren, in denen er seine

Ahnen erblickt oder deren Massenwirkung er nachgehen will, verlagerte er ab der Mitte der fünfziger Jahre zunehmend in seine Radio-Essays. Diese literarischen Features verdanken ihre Entstehung gewiß zunächst nicht der freien Entscheidung, sondern der Notwendigkeit des Geldverdienens, doch er erkannte schnell die spezifischen Anforderungen der Gattung des Funkfeatures und kam ihnen nach, ohne seine Eigenart aufzugeben. Schmidt gibt sich (oder gab sich) bei diesen literaturpädagogischen Bemühungen Hoffnungen hin, die die Universitäts-Germanisten vielleicht nie hegten oder schon lange abgeschrieben haben: daß mehr Leute zu mehr als antiquarischer Beschäftigung mit der Literatur vergangener Zeiten gebracht werden können. Sich selbst versteht er dabei als einen, der die *Pflicht des Namen-Rettens* hat, der also bei schwindendem historischem Bewußtsein die Funktion des literarischen Gedächtnisses und des Statthalters literarischer Tradition hat. Bürge der Wahrheit und Wichtigkeit dessen, was Schmidt doziert, ist dabei wiederum nicht eine irgendwie abgeleitete Objektivität, sondern seine Erfahrung als Auch-Schreibender, der über literarische Qualität besser urteilen kann als die beamteten Literaturhistoriker und der zugleich mit einbekannter Subjektivität und dennoch stellvertretend für den heutigen Leser, mit dem er gewisse historische und politische Erfahrungen teilt, die vergangene Literatur mustert, um zu finden, was einer erneuten Lektüre noch standhält. Das Ergebnis ist unterschiedlich. Da kaum ein zeitgenössischer Leser, es sei denn, er mache sich mit Schmidt völlig identisch, zur vollständigen Lektüre Coopers, Karl Mays oder Gustav Frenssens zu überreden sein wird, vor allem wenn er literarische Studien nicht im Hauptberuf betreiben kann, bleibt es in diesen Fällen, ähnlich wie bei Schmidts Fouqué-Monographie, dabei, daß man diese Feature-Texte a l s T e x t e v o n A r n o S c h m i d t goutiert, o h n e daß die Anweisung ›Nimm und lies!‹ auch für die empfohlenen Werke realisiert wird. Die Autoren Wieland, Brockes oder Karl Philipp Moritz wiederum gehören zwar bis heute zum Pensum aller Literaturstudenten, sind also eigentlich keine besonderen Entdeckungen Schmidts, aber sein Hinweis auf sie ist mit einem solchen liebevollen Furor und solcher Überzeugungskraft vorgetragen, daß man danach gerne zu einer erneuten Prüfung und Entdeckung dieser Autoren bereit ist.

Will man die Wandlungen kennzeichnen, die im Œuvre Schmidts in den zwanzig Jahren vom »Leviathan« bis zur Veröffentlichung von »Zettels Traum« vor sich gingen, so muß man noch einmal den Intentionen der frühesten Veröffentlichungen nachgehen. Schmidts Erfahrungen im ›Dritten Reich‹, im Krieg und in der Nachkriegszeit, der Kontakt, in den er zwangsläufig bei der Arbeit, beim Militär und als Flüchtling mit anderen kam, die ein ebenso graues Dasein zu führen hatten, hatte nicht nur menschenverachtenden Ekel und Empörung zur Folge, brachte nicht nur die Wunschträume hervor, sich, wie der Held der Erzählung »Enthymesis« an die menschenleeren Ränder der Welt abzusetzen oder sich, wie der Angestellte Düring im »Faun«, wenigstens zeitweise in eine Blockhütte zurückzuziehen[4], sondern weckte in ihm auch Mitgefühl mit denen, die wie er Opfer der Zeitläufte geworden waren. Der moralische Impetus, der in der Einsetzung des Leviathan zum Weltgott steckt, ist nicht zu übersehen; die Gebärden der ohnmächtigen Auflehnung gegen die inhumanen Prinzipien des total gleichgültigen Kosmos, denen die Menschen, die *armen Verdammten* (NDK 192) unterworfen sind, finden sich in großer Zahl in Schmidts frühen Büchern[5]. Auf der gleichen Ebene aber liegt die trotzige Solidarität, die zarte Sympathie mit den kleinen Leuten, die ausbaden müssen, was die Mächtigen angerichtet haben. Politische Sympathien mit der Linken werden laut, die sich nicht nur aus Schmidts proletarischer Herkunft erklären, sondern auch die Antwort auf das sind, was Militärs, das Bürgertum und die Großindustrie im Dritten Reich angerichtet haben.

Schmidts Erzählungen richten sich allerdings nie darauf, analytisch oder modellhaft differenziert darzustellen, nach welchen Mechanismen das Unheil funktionierte; es bleibt bei aller Empörung eher bei einem ressentimentgeladenen, pauschalen Wüten gegen alle, die ›oben‹ waren oder sind, gegen Gott, die Obrigkeit, Vorgesetzte: *Am Ende sind doch immer die Schlimmsten Meister, das heißt: Vorgesetzte, Chefs, Direktoren, Präsidenten, Generale, Minister, Kanzler. Ein anständiger*

*Mensch schämt sich, Vorgesetzter zu sein!* (NDK 10). Resignierend wird die ganze Misere bisweilen auch einfach der mythisch-unabänderlichen Dummheit der Menschen angerechnet, die eben verführbar sind: *Aber schließlich ist ja Unwissenheit eigene Schuld, und gar nicht zu bemitleiden ...* (NDK 19). Und wie dem Leviathan immer nur einige wenige gegenüberstehen, die sich seiner Macht nicht beugen, so sind von der Dummheit und Bosheit der Menschen nur einige wenige ausgenommen: Grete und Lore in »Brand's Haide«, die Flüchtlingsmädchen und Arbeiterinnen, Witwe Katrin in den »Umsiedlern«, Selma in der »Pocahontas«, Line Hübner im »Steinernen Herzen« und als letzte dieser Reihe Hertha Theunert, die überarbeitete, nervöse Textilzeichnerin im »Kaff«, die die Erlebnisse auf der Flucht aus Schlesien noch immer nicht vergessen kann. Zum Teil will Schmidt in diesen Jahren als *Sprecher des Vierten Standes* (DYA 359), des der Artikulation unfähigen, stummen Proletariats und Kleinbürgertums verstanden werden, und zugleich erhoffte er offenbar auch von seinen Büchern und den darin enthaltenen beschwörenden Appellen an die Vernunft politische Wirkungen; bis zu Beginn der sechziger Jahre veröffentlichte er Aufsätze und Erzählungen in der kommunistischen »Anderen Zeitung« und in dem oppositionellen Studentenblatt »konkret«, mit denen er sich einig wußte in der Ablehnung der Restauration in der BRD, der neo-christlichen Abendland-Ideologie der CDU und der Wiederbewaffnung. 1958 findet sich sein Name noch unter den Unterzeichnern einer Botschaft an den SPD-Parteitag in Stuttgart, in der die Parteileitung gebeten wird, sich strikt gegen die atomare Bewaffnung der Bundeswehr zu wenden[6]. Der Roman »Kaff auch Mare Crisium« ist das letzte Buch Schmidts, dessen Held sein Geld noch in einem nicht-literarischen Beruf verdient und die zermürbende Monotonie von Büro- und Fabrikarbeit kennt, das letzte Buch, in dem noch Sympathie mit den unteren Schichten durchscheint und zugleich das erste, das von politischer Resignation und erneut von der Flucht in ein ländliches Refugium, in einen politikfreien Raum spricht, in den sich ja Schmidt selbst Ende 1958 zurückzog, als er nach Bargfeld übersiedelte. Damit verschwindet das Element von Aufklärertum und politischem Engagement in Schmidts Werk, der Jakobiner hat resigniert und der Sonnesist in Schmidt, der Erbauer esoterischer Wortwelten hat die Oberhand bekommen. Daedalus siegte über Voltaire. Die eigenen Erfahrungen als Angehöriger der Unterschicht verblassen in den folgenden Jahren[7]. Zugleich nehmen — nicht nur in Schmidts Leben, sondern auch in den Büchern — die Sozialkontakte ab oder beschränken sich auf den Umgang mit wenigen gleichgesinnten, die Interessen des Erzählers weitgehend teilenden Besuchern und Bekannten. Schon 1951 hieß es in »Brand's Haide«: *Politik: stinkt mich an* (NDK 137); in »Zettels Traum« und der »Schule der Atheisten« zeigen dann die Satiren auf die jeweils gezeigten Fernsehnachrichten in den Jahren 1968 und 1969 die Welt nur noch als ein Possenspiel, was weniger von Schmidts Altersweisheit als vielmehr von seiner totalen politischen Orientierungslosigkeit zeugt.

Der literarische Gewinn, den die konzentrierte Arbeit in ländlicher Zurückgezogenheit brachte, ist außerordentlich. Gegenüber den vorhergehenden Werken Schmidts bedeutet »Kaff auch Mare Crisium«, in Bargfeld entstanden und im Dezember 1960 veröffentlicht, einen qualitativen Sprung. Verschwunden sind die noch in der 1957 erschienenen »Gelehrtenrepublik« (die wohl trotz des skurrilen Erfindungsreichtums im Detail Schmidts schwächste, am Ende in eine saure Science-Fiction-Schnulze auslaufende Arbeit ist) vorherrschende flotte Frechheit und der schnoddrige Pessimismus, das allzu ungebrochene, die besserwisserische Pose des erzählenden Ich; verschwunden sind auch jene Helden, die zwar pessimistische Seufzer ausstoßen, aber unverdrossen clever und wendig durch die Welt flitzen. Pathos und Melancholie sind nun i n den Menschen, in der K o n s t e l l a t i o n der sich mühsam verständigenden Figuren konkretisiert. Innerhalb des Schmidtschen Werkes ist der mit zögernder Nachdenklichkeit erzählte Roman »Kaff« der erste und vorläufige Endpunkt und das Ergebnis verschiedener im vorangegangenen Werk erkennbarer Tendenzen[7a].

»Kaff« ist aber zugleich auch der Beleg dafür, daß in die Jahre um 1960 zwei Entdeckungen Schmidts fielen, die sich als folgenreich für seine weitere literarische Arbeit erwiesen. Er beginnt, die Werke von James

Joyce genauer zu lesen, und erneuert sehr intensiv seine frühere, offenbar eher flüchtige Bekanntschaft mit den Schriften Sigmund Freuds[8]. Damit verändert sich sowohl seine Sprache als auch sein Begriff von Wirklichkeit, deren Spektrum nun um die Bereiche des Unbewußten erweitert wird. War die Monographie zu Fouqué von 1958 noch positivistisch-biographisch ausgerichtet, so hatte Schmidt nun in der Psychoanalyse und vor allem in deren Theorie der sprachlichen Fehlleistungen und der Traumsprache und -mechanismen den Schlüssel zur Hand, der ihm erlaubte, Karl Mays Werk auf die verdrängten Triebregungen des Verfassers hin zu sondieren und zu interpretieren. »Sitara und der Weg dorthin« ist eine psychoanalytische Biographie, zugleich aber auch ein wissenschaftliches Gedankenspiel, dessen ernsthafte Rezeption Schmidt allerdings nicht zuletzt dadurch beeinträchtigte, daß er das Buch mit unzähligen Späßen, Schnurren, Übertreibungen und Ausfällen belud. Die Thesen, die besagen, daß aus der Sprache, der Bilderwelt, den wiederkehrenden Landschaftsformationen in den Büchern eines Autors Rückschlüsse zu ziehen sind auf seine psychische Triebdynamik — analog der möglichen Deutung eines Traumtextes —, die methodischen Ansätze also zu einer Art Literaturpsychoanalyse, gerieten über den ebenso witzig wie deftig dargebotenen Schlußfolgerungen zum Spezialfall Karl May in den Hintergrund; das Buch war sozusagen zu sehr Schmidt'sch eingefärbt, als daß es eine unvoreingenommene Diskussion erlaubt hätte[9].

An Joyce, den Schmidt wohl als einzigen ihm kongenialen Autor des 20. Jahrhunderts einschätzt, reizte ihn der Detailrealismus der Schilderung des Dubliner Alltags und der Psyche des Helden Leopold Bloom: Schmidt mußte in Joyce einen Vertreter jenes Realismus erkennen, der die Beschreibung der Oberfläche der Dinge, der reichen Alltäglichkeit für die zentrale Aufgabe des Epikers hält. Allerdings hielt sich Schmidt nur kurz mit dem »Ulysses« auf und machte sich sofort an die Analyse des Alterswerks »Finnegans Wake«, von dem er wohl auch mehr lernen konnte, da die Erzählstruktur des »Ulysses« oder das, was Schmidt daran interessierte, seinen eigenen Erzähltechniken auf weite Strecken sehr ähnlich war. Bei »Finnegans Wake«

konnte er dann wieder mit einer der bisherigen Forschung widersprechenden Interpretation aufwarten: Er deutete die Grundstruktur des Werks biographisch und präparierte ein Gerüst heraus, das andere vor ihm höchstens als Seitenlinie im Motivgeflecht des Buchs hatten gelten lassen; »Finnegans Wake« ist in seinen Augen ein einziges Pasquill Joyces gegen seinen Bruder Stanislaus.

Wichtiger war ihm indes die Handhabung der Sprache in »Finnegans Wake«, wo durch die amphibolische, polyvalente Schreibung, die Bastardierung von Wörtern immer gleich ein doppelter Sinn genannt und das ganze Buch hindurch auf zwei oder mehreren Ebenen gesprochen werden kann. Hier setzte Schmidts sprachkünstlerisches Interesse ein, denn mit dieser sprachlichen Methode, die ihrerseits wieder kaum ohne die Analyse sprachlicher Fehlleistungen und der Sprache des Witzes bei Freud denkbar ist, konnte Schmidt selbst arbeiten; erste Spuren einer noch unentschiedenen, tastenden neuen Behandlung des Einzelworts finden sich schon in »Kaff«. »Caliban über Setebos«, 1963 entstanden, muß wohl als doppelte Hommage à Joyce gelesen werden: Wie im »Ulysses« spielt sich die »realistische« Handlung vor einer mythischen Folie ab; wie Leopold Bloom Odysseus, so ist Georg Düsterhenn auch Orpheus, der in die Unterwelt von Schadewalde hinabsteigt, um seine Eurydike wiederzufinden[10]. An den dichtesten Stellen dieser Erzählung spricht Schmidt so doppelstimmig wie Joyce in »Finnegans Wake«; er läßt zwei oder mehr Bedeutungen in einem Wort anklingen, beläßt aber — Realist, der er programmatisch ist — den Text in der ersten Dimension immer noch so klar, daß eine banal-kuriose Geschichte auch für den entzifferbar ist, der den mythischen Doppelsinn nicht mitbekommt.

Von »Zettels Traum« aus rückblickend erkennt man sowohl in der Studie zu Karl May wie auch in den Erzählungen des Bandes »Kühe in Halbtrauer« von 1964 Vorspiele für das große Buch, an dem Schmidt dann von 1963 bis 1969 parallel zu seiner Übersetzungsarbeit an Edgar Allan Poe arbeitete. In diesen Jahren wendet Schmidt sich endgültig davon ab, jener Forderung nachzukommen, die er in seinem Radio-Dialog über Stifter geäußert hatte: daß nämlich der Schriftsteller ein umfassendes realistisches Bild der Zeit, in der er lebte, zu geben habe (DYA 195). Er erkennt die Welt allein von Bargfeld und von seinem Schreibtisch aus; das Treiben da draußen in den Städten, Konsum und Studentenunruhen, literarisches Leben und soziale Veränderungen dringen nur noch in Fetzen und in jener die Proportionen verzerrenden Selektion, wie sie das Fernsehen bietet, in Schmidts Erfahrungsbereich; die Töne des Aufbegehrens und der bitteren Klage über sein Los schwinden aus seinen Büchern. Eine gewisse Melancholie über ungelebtes Leben, das nun, mit zunehmendem Alter, nicht mehr nachgeholt werden kann, äußert sich immer häufiger, zugleich aber erscheint das stolze Bewußtsein, ein großer Unzeitgemäßer zu sein, ein elitäres Künstlerbewußtsein, das sein Selbst- und Weltverständnis immer weniger an der sozialen Realität prüft. Die Helden der frühen Bücher Schmidts waren gleich ihrem Autor in Bewegung und unterwegs, physisch mobil und agil. Seit »Kaff auch Mare Crisium« verkürzen sich ihre Wege immer mehr, laufen in immer engeren Bögen zurück nach Bargfeld, das samt seiner Umgebung als Bargfeld, Hillfeld oder Ödingen zum ausschließlichen Schauplatz der Erzählungen und Romane wird.

Das Erzähltempo verlangsamt sich, wird zwar nicht behaglich, sondern bleibt unversöhnt bitter, nervös im Detail, und zugleich kommt eine Art abgebrühter Humor auf und die Tendenz, die Welt als ein Spiel, an dem man selbst mehr voyeuristisch beobachtend als handelnd teilnimmt, hinzunehmen. Zugespitzt gesagt: Die imaginierte Wirklichkeit, der Anteil von literarischem Zitat und Phantasie nimmt in dem Maße zu, wie die Sozialkontakte Schmidts sich reduzieren. War es die Mischung von sozialen u n d intellektuellen Erfahrungen des Ich-Erzählers, die die frühen Bücher Schmidts charakterisierte, so wird nun zunehmend der Kopf des Erzählers — und das heißt vor allem: die dort aufgespeicherte Literatur — zur einzigen Quelle und zum fast ausschließlichen Material und Schauplatz des Geschehens; was noch an äußerer Wirklichkeit zur Inszenierung von »Zettels Traum« nötig ist, läßt sich auf einem Gang ums Dorf und durch einen Blick vom Arbeitsplatz aus erkunden. Die methodischen Voraussetzungen sind für »Zettels Traum« weitgehend schon in »Sitara« geklärt worden, auch die Personenkonstellation ist schon durchgespielt in den Erzählungen von »Kühe in Halbtrauer«, vor allem in der »Wasserstraße«, und das beherrschende Thema von »Zettels Traum« ist an versteckter Stelle schon angegeben: *Vielleicht ist es ja eine nur umso reizvollere Preisfrage, eines Sherlock Holmes der Philologie würdig, zum Gordon Pym das E I hinzu zu konstruieren* (R & P 298). Ein Sherlock Holmes der psychoanalytischen Philologie macht sich daran zu rekonstruieren, welche psychobiographische Wirklichkeit hinter den Schriften Poes sich verbirgt. »Zettels Traum« entsteht; Schmidt tut den ersten Schritt, *aus der bloßn ›Literatur‹ in eine Meta-Literatur zu gelangen* (ZT 510). Der zweite Schritt folgt dann in der »Schule der Atheisten«.

---

[1]) Die genaueren Charakteristika von Schmidts Helden und Ich-Erzählern, ihre Sozialcharaktere, wären einer eingehenden Untersuchung wert. Kennzeichnend für sie dürfte durchgängig sein, daß sie in der jeweiligen sozialen Umgebung ›dabei‹ sind und zugleich Distanz halten, daß sie nicht zu ihrer Umgebung passen und Sonderrollen spielen. Dies gilt dann besonders für den Voyeur Daniel Pagenstecher in ZT und den Weisen William T. Kolderup in der »Schule der Atheisten«.

[2]) Dankadresse zur Verleihung des Goethe-Preises 1973, verlesen von Alice Schmidt in der Frankfurter Paulskirche am 28. 8. 1973. Text publiziert in der »Frankfurter Rundschau« vom 29. 8. 73.

[3]) Vgl. hierzu auch die Bemerkungen Wolfram Schüttes über das Verhältnis Text — Leser bei Arno Schmidt (W. S., Das Bargfelder Ich. Reflexionen über das Werk Arno Schmidts. »Neue Rundschau«, 3. Heft, 84 Jgg./1973, S. 531—545, bes. S. 534); wieder abgedruckt im ersten Teil des vorliegenden Bandes. (Titel geändert!) Dringend wünschenswert ist eine leserpsychologische und lesersoziologische Arbeit über das spezifische Publikum Arno Schmidts.

[4]) Die Blockhütte ist gewissermaßen nur die erste gedankliche Fluchtstation auf dem Weg zu erträumten anderen Refugien, in NDK (16) heißen sie »Saskatchewan« und »die Falklands«, im Schnabel-Funkfeature »Tristan da Cunha« (DYA 98). Dem »Spiegel« nannte Schmidt 1952 als Wunschtraum u. a. »ein Blockhaus in Patagonien« (»Spiegel«, 6. Februar 1952). In der Erzählung »Schulausflug« (TbZ 66 ff.) ist es wieder »ein winziges Häuschen in der Heide«.

[5]) In NDK zum Beispiel finden sich mehrfach Gesten der Empörung gegen die Grausamkeit der die Welt beherrschenden quasi göttlichen Prinzipien Sonne (NDK 66, 174) und gegen den Leviathan (NDK 192); drei Mal finden sich prometheische Gebärden des Trotzes, zum Teil unter Verwendung von Zitaten aus Goethes Gedicht »Prometheus« (NDK 8, 43, 151).

[6]) Meldung der »Süddeutschen Zeitung« vom 22. Mai 1958.

[7]) So sehr, daß Schmidt schließlich 1973 in der Dankadresse zur Verleihung des Goethe-Preises »unser ganzes Volk, an der Spitze natürlich die Jugend, mit nichten überarbeitet, vielmehr typisch *unter*arbeitet« nennt und fortfährt: »... ich kann das Geschwafel von der ›40-Stunden-Woche‹ einfach nicht mehr hören: *meine* Woche hat immer 100 Stunden gehabt ...«. Der Unterschied zwischen fremdbestimmter und selbstgewählter Arbeit bleibt mit atemberaubender Großzügigkeit außer acht.

[7] a) Vgl. Jörg Drews, »Thesen und Notizen zu ›Kaff‹«. In: »Text + Kritik« Nr. 20, 2. Aufl. 1971, S. 53—56.

[8] Aus einem Brief Schmidts an den S. Fischer-Verlag vom 29. 8. 1962: »Darf ich noch erwähnen, wie es mir eine ausgezeichnete Freude bereitet hat, Sie die Hauptschriften von FREUD als Taschenbücher, und also leicht zugänglich, herausbringen zu sehen? Ich habe den großen Mann immer höchlichst geschätzt, und besaß seine wichtigsten Bücher schon in meiner ersten, in Schlesien verlorengegangenen Bibliothek«. (In: »Tausend Taschenbücher oder Der demokratische Buchtypus. Die Fischer-Bücherei, Band 1—1000«. Frankfurt 1969).

[9] Möglicherweise muß Schmidts »Sitara« nach den Feststellungen Gerhard Klußmeiers in seiner Schrift »Arno Schmidt & Karl May« (Hansa-Verlag, Hamburg 1973) zu Schmidts Umgang mit Texten Mays ganz neu bewertet bzw. anders interpretiert werden. Klußmeiers Buch konnte für den vorliegenden Aufsatz nicht mehr berücksichtigt werden.

[10] Vgl. Robert Wohllebens Untersuchung »Götter und Helden in Niedersachsen. Über das mythologische Substrat des Personals in ›Caliban über Setebos‹«. In: »Bargfelder Bote«, Lieferung 3/Juni 1973.

Klaus Podak

# Problematische Genauigkeit

Primitive Spekulationen zu einem ernsten Thema

Er, King der Zettelkästen, gilt als ungewohnt ›genauer‹ Schriftsteller. Den Lesern zum Entzücken beschreibt er niegesehene Fein- und Grobheiten. Als Herr über unzählbare — weil vieldeutige — Wortschätze gibt er jeglichem Ding seinen eigenen Ton. Seine Sprache scheint oft aus lauter Namen bestehen zu wollen, Namen, die sich selbst erklären — assoziativ, gelehrt anspielend oder naturlautmäßig. Dann die vibrierende Beweglichkeit der Wörter, keines bleibt nur an seinem Platz. Jedes will weiter, sich mit anderen verhäkeln, abfärben, Echos hören. Dann wieder: auf kleinstem Raum bunte, scharf konturierte Sprachwirbel. Dazwischen das Gezisch im Wohllaut vergehender Zeit. (Jetzt habe ich in die ersten Sätze die drei Wörter eingeschmuggelt, die ich später zum Spekulieren brauche. Also Absatz.).
Arno Schmidt gilt als Realist. Doch dieses ahnungsvolle Wort ist eines der unklarsten. Auf einen Schriftsteller angewandt sagt es etwa genau so viel und wenig wie, auf den gleichen Menschen gemünzt, die Be-

zeichnung Mitteleuropäer. Man weiß dann so grob, wo er hingehört. Die ganze Realismus-Debatte, dies liebe Germanisten-Brot, hat doch bis heute kaum mehr gebracht als die Vermutung, die wohlbegründete, daß diese Kennzeichnung etwas mit dem genauen Abschildern der Außen- sowohl wie der Innenwelt zu tun hat. Ein bißchen Philosophie könnte zeigen, welch kruder Wahrheit-gleich-Abbildung = Widerspiegelung-Begriff unbewußt und deshalb beständig die dazugehörigen Untersuchungen mißleitet. Die Schriftsteller erzeugen mittels Sprache aber erst die Weltsicht, deren Exempel dann als ›Abbildungen‹ bestaunt oder verlästert werden.

Zu abstrakt gesagt? Ein Beispiel. In Schmidts »Alexander« erscheinen *grünglühende Wiesengründe*. Das muß man sich laut vorsagen. Eine Silbenfolge, die betrunken macht. Ist das eine Abbildung, eine Widerspiegelung? Wer hätte je zuvor grünglühende Wiesengründe erlebt? In hellen Sommeraugenblicken sehe ich sie j e t z t manchmal. Ein Eindruck wird stark, verlangt von sich aus Wörter. Dann fällt mir das ein. Ich sehe mehr. Der Eindruck, die Erinnerung und das Vokal-Konsonanten-Gemisch berühren sich und Funken springen. Ich riskiere es, von einem Glücksgefühl zu sprechen. (Mein kleiner Zensurmann-im-Ohr hat mich längst gewarnt, das auszupinseln. Er soll die Klappe halten.). Ich bestreite, daß der zitierte Schall etwas abbildet. Ich behaupte, er erzeugt durch sinnliche Prägnanz eine Sichtweise, die mir vorher nicht möglich war. Ein konkreter Welt-Zeit-Moment hat einen Namen bekommen, der ihn e r k e n n b a r werden läßt. Erkennbar: Ich habe nun die Möglichkeit . . . usw.

Die alte Korrespondenztheorie der Wahrheit (Abbildung) ist nicht zuletzt durch die Erfindungen der modernen Literatur aus den Angeln gehoben worden. Schon der große Jean Paul spielt bewußt und auf das Lehrreichste mit diesem Problem. Wer's nicht glaubt lese schnell die letzte Seite des »Quintus Fixlein«. Den anderen, starken Schlag gegen die letztlich metaphysische Überzeugung tat die Psychoanalyse. (Metaphysisch: weil die Korrespondenztheorie das gottgewirkt-menschenunabhängige Existieren von Wahrheit als Skelett der Welt immer schon voraussetzt. Man braucht sie — erleuchtet — nur noch auszusprechen.)

Nennen wir, nach diesem verkürzten Bericht über Lese-Erfahrung an zwei Wörtern, das, was Arno Schmidt auszeichnet, nicht mehr Realismus, sondern Genauigkeit. Dabei scheint man vom Regen in die Traufe zu rutschen. Genauigkeit ist ebenfalls ein noch arg unaufgeklärtes Sächelchen. Man könnte — aber ich tu's nicht — von Descartes her clare et distincte rumgalloppieren. Mal locker rangegangen: Also ›genau‹ trifft etwas an Schmidts Sätzen. Sammeln wir. Es kommen oft Namen und Sachen vor, die stimmen, wenn man nachprüft. Auch Anspielungen enthüllen sich dem forschenden Philologen oft als solide. Diesen Nicht-Königsweg zum Sicherbaren wandert tapfer der »Bargfelder Bote«. Er verifiziert das Erkenntliche. Er befriedigt den Rätsellöseinstinkt des Lesers. Dabei, das find' ich komisch, hält er Schmidt zuweilen ungenaues Anspielen vor. Der Lehrer ist dann bei einem Fehler ertappt, dem Primus steigt der Blutdruck selig. Aber die ›Ungenauigkeit‹ des ›genauen‹ Textes ist eben dessen zu akzeptierende Eigenschaft. Das, was diffus aus des Meisters Kopf sich aufs Blatt stahl, ist dann das nicht korrigible Faktum. Summa: Genauigkeit 1: Oft hält Gesagtes-Angespieltes der Überprüfung stand.

Genauigkeit 2. Sicherlich der listige und mit der Zeit in immer tiefere Tiefen deutende Phonetismus. So ›gesprochen‹ war Gedrucktes im Deutschen noch nie da. Der lebendig sich vollziehenden Sprache ist mit dieser Technik wahrlich nähergetreten worden. Ich bespekulier das mal kurz. Schmidts Schreibetechnik geht aufs Unmittelbare. Er erkennt die uns selbstverständlichen Restriktionen der Schrift nicht an. Mit Mitteln der Schrift sucht er die Schrift zu überschreiten. Die Schrift — sonst Normierung und relativ zeitenthobene Möglichkeit des Konservierens — wird mit der vergänglichen Verständlichkeit genau fixierter Rede verkuppelt. Mein Sohn — er ist sechs — wird, wenn er sich verlocken läßt, gewisse Verschleifungen, die von konkreter Zeiterfahrung gesättigt sind, nicht mehr verstehen. Oder nur nach einem Spezialtraining, zu dem ich ihn nicht ermuntern werde. Unmittelbarkeit ist etwas schön Vergängliches. Schön, vergänglich, aber dann doch Schrift, die — Archivare vorausgesetzt — bleibt. »Zettels Traum« und »Die Schule der Atheisten« erscheinen ganz äußerlich — das heißt innen, wenn man sie aufblättert — mehr als Individuen, denn als gewohnt-reproduzierte Bücher. Bücher, die nicht mehr Bücher sein wollen, sondern ganz andersartige Bücher. Meine Formel: Kühn-künstlich strukturierte Lebenszeit, die, wenn der Leser das lange Band der Sätze sich durch den Kopf ziehen läßt, in ihm (dem Leser) selber unmittelbar Lebenszeit strukturieren; die Zeit der Lektüre wenigstens.

Jetzt will ich meine These sagen (ich könnte warten, bis sie sich ›natürlicher‹ ergibt; aber weshalb sonst?): Die bezaubernde ›Genauigkeit‹ der Texte Arno Schmidts besteht darin, daß sie die Lesezeit des Lesers — ich denke an Datum, Ort und den ruhigen Sessel —, also die konkreten Stunden-Minuten der Lektüre, schön und halbdurchsichtig (opak) auf Außen-Innenwelt hin mit größtmöglicher Unmittelbarkeit strukturieren. Einwand: Ähnlich ist das bei jedem guten Autor, wo ist differentia specifica? Das ist die Frage.

Da wäre viel Halbernstes (d. h. spielerisch Ausprobierendes) zu sagen. Große Wörter müßten kommen und fallen. Ernsthaft: Sich heute ernsthaft mit Literatur zu beschäftigen, setzt ja die göttliche Gabe des Gut-Vergessen-könnens stark voraus. Vergessen muß man nämlich alle Gegenwartsprobleme, zu deren beständiger Beachtung uns der mit unserer Kultur mitgegebene moralische Allgemeinheitstick anhält. Das schuldhaft geübte Vergessen ermöglicht obsolete, zugleich ersehnte (meinetwegen: Schein-)Individualität. Individualität — wie ideologisch sie auch heute verteufelt werden mag — ist aber schon unser Geburtsmal. Und das Problem spitzt sich zu: Wenn man nicht wie Fiete Schulz, eingeschreint im Herzen der Arbeiterklasse, sich aufs ausstehende Allgemeine besinnungslos richten kann, dann bleibt erstmal nur Unsicherheit (die kann alltagstüchtig — auch politisch — sein). Dieser Alltag hat jetzt seine Probleme. Unangewiesen auf klebrige Tröstungen.

Ich will nur auf eins raus: In der desolaten Welt gibt es das starke Bedürfnis nach sinnvoller Strukturierung der endlichen, vom Vergessen zu sichernden Lebenszeit des Individuums. Aber der Schrecken der Endlichkeit ist der Tod. Nach Gottfried Keller, der fromm dem Feuerbach glaubte, bringt die Einsicht in die Endlichkeit das heiterste Verhalten zu jeder armen Minute. Wenn man sich Kellers späteres Leben in Büchern ansieht, kann man starke Zweifel an dieser Haltung bekommen. Und das Bücherhervorbringen des armen Gutzkow versucht auch nur kraftlos dem Tod zu widerstehen. (Übrigens: »Schule der Atheisten« ist ein Gutzkow-Ausdruck; wo?).

Auch Arno Schmidt hat — wenn ich richtig las — diese Todesfurcht. Nie stirbt einer ausführlich in seinen Büchern ... Aber das Todes-Altersproblem ist in fast allen virulent. (Beispiele selber suchen, Leser; Zukunftsromane! Tina!). Diesem Todes-Altersproblem will — in meiner Deutung, die sich als bescheuert erweisen kann — die unmittelbar-zupackende Prosa, die ihre eigenen Lieder sich auszusingen getraut — entgegenarbeiten. Pathetisch: Schmidts Prosa opponiert dem Tod, der Vergänglichkeit, der Vergeßlichkeit. Diese Prosa tut das, indem sie so hart Leben spielt, daß man es, in günstigen Stunden, gut und gerne mit ihr verwechseln kann. Und das Wichtige und Neuartige ist: Wir müssen diese Verwechslung mitmachen. Vielleicht ist es gar keine Verwechslung. Die Maßstäbe sind ja alle den Fluß hinunter.

Ich weiß nicht, ob ich mich habe ganz klar machen können. Ich glaube, daß die Neu- und Einzigartigkeit von Arno Schmidts Prosa in Folgendem besteht: Welt zu eröffnen, konkrete Zeit zu strukturieren, dem Tod, der in jedem Satz droht, dadurch ein Schnippchen zu schlagen, daß unaufhebbares Leben seine Namen erhält. (Dann kommt er doch; auch das Vergessen reißt auf).

Ahja, der Anfangsabsatz. Die dort eingemieteten Wörter hießen Name, Laut, Zeit. Namen wollen unaufhebbare Einmaligkeit. Der Laut hält die verfließende Zeit an, indem er sie durchtönt, benamst und konkretisiert. Die Zeit? Ihrem Vergehen schmiegt sich die Sprache an. Nicht um sie zu überwinden. Sondern eben dieses Vergehen wird so namhaft gemacht, daß es nicht mehr ganz verschwinden kann. Die Zeit vergeht in den Texten Arno Schmidts für den Leser als sinnvoll vergehende. Das Rettungsmittel ist der Name. Er teilt jedem Stückelchen seine Eigenheit zu. Die tödlich zischende Zeit reißt uns runter. Aber wenn jeder Augenblick seinen unverwechselbaren Namen hätte, das wäre der Sieg der Kunst.

Die vergehende Zeit der Atheisten erhält in ganz eigentümlichen Lauten Namen für ihre notwendig weiterzielenden Übergänge. Im Leser wird Lebenszeit konkretisiert, fühlbar gemacht. Die Tiefe des Unbewußten wallt gleichzeitig hoch.

Aber ich sollte, bevor noch andere Richtungen Spekulationen evozieren — und viel Gelegenheit gäbe es — so schließen: Die berühmte Genauigkeit Arno Schmidts, von Fans bewundert, von Kritikern bemurrt, besteht meiner völlig unmaßgeblichen Meinung nach in einem bunten, klaren Dauerkämpfchen gegen den Tod — mittels Namensprache.

Wolfram Schütte

# »Zu Spät!« - mehrfach

Ein paar gewagte Überlegungen zur Frankfurter »Dankadresse«

> *Wenn auch nicht alles verzeihen, so doch,*
> *wenn möglich, alles verstehen.*
> (Könnte, vielleicht, von Lessing sein.)

Arno Schmidts erste (und vermutlich auch letzte) Rede: — keine Äußerung eines unserer Schriftsteller in jüngster Zeit hat soviel Ablehnung erfahren wie seine »Dankadresse zum Goethe-Preis 1973«[1]. Der mildeste Ausdruck des Mißfallens war wohl sprachloses Kopfschütteln, und die größte Empörung gipfelte in der Forderung: *Arno Schmidt muß den Goethe-Preis zurückgeben. Tut er es nicht von selbst, muß er dazu gezwungen werden*[2].
Die Ablehnung wurde besonders durch eine Passage seiner Rede hervorgerufen: *Sei es noch so unzeitgemäß und unpopulär; aber ich weiß, als einzige Panacee, gegen Alles, immer nur ›Die Arbeit‹ zu nennen; und was speziell das anbelangt, ist unser Volk, an der Spitze natürlich*

189

*die Jugend, mit nichten überarbeitet, vielmehr typisch u n t e r arbeitet: ich kann das Geschwafel von der ›40-Stunden-Woche‹ einfach nicht mehr hören: m e i n e Woche hat immer 100 Stunden gehabt; und ›Zettels Traum‹ 25 000 erfordert! — es war ein großer Tag, als er fertig war.* Die wütende Reaktion, welche sich in Reizvokabeln wie *unterarbeitet* und dem *Geschwafel von der Vierzigstundenwoche* festbiß, war einerseits verständlich und teilweise berechtigt, andererseits hatte Schmidt dadurch aber auch in manchem Ressentiments geweckt, die tiefsten Aggressionsschichten aufstiegen. Selbst Gerhard Zwerenz, der sich als einziger von Schmidts Schriftstellerkollegen öffentlich zum Skandalon äußerte, ließ sich in seiner bemerkenswert zurückhaltenden und klugen Replik doch zu der leicht ins Demagogische gleitenden Äußerung treiben: *Arno Schmidt hat für seine pauschale, borierte, im tiefsten Kern unwahre und ungare Arbeiterbeschimpfung 50 000 DM erhalten*[3].

Abgesehen davon, daß Schmidt nicht f ü r seine Rede — sondern allenfalls t r o t z ihrer — den Goethe-Preis und den damit verbundenen Geldbetrag erhalten hat, übt die Summe von 50 braunen Scheinen, die den Besitzer gewechselt haben, denkwürdigerweise einen magischen Signalwert auf viele aus. Sicher mischt sich da mannigfacher Neid hinein; und tadelndes Moralisieren über einen, der noch Geld dafür erhalten hat, obgleich er sagt, was er denkt (und selbst danach nicht das Geld ablehnt), sieht sich — ohne das so genau zu bemerken — plötzlich in stiller Eintracht und edelmütiger Größe auf Seiten staatsfrömmelnder Gesinnungspolizei.

Dieser Seitentrieb, den Schmidts Rede am Baum der Erkenntnis hervorgerufen hat, nährt sich einzig von der Provokation weniger Sätze, nicht vom Zusammenhang, in dem sie stehen, und auch nicht vom Werk, das für sich selbst spricht und sogar solche Widersprüche, die in ihm (be)stehen, gefräßig verdaut.

Abgesehen von den pawlowschen Reflexhandlungen — Schreibspeichel —, welche die »Dankadresse« hervorrief, hat kaum einer sich die Mühe gemacht, die querliegenden Ansichten mit ruhigem Blut und kühlem Kopf zu lesen. Dabei wäre einem doch zumindest die meineswissens einmalige, in unserer Literatur bisher nicht erinnerliche Radikalität aufgefallen, den Schriftstellerberuf ganz auf einen Alltagsbegriff zu gründen (und auf nichts sonst): die Arbeit. Der Mensch definiert sich durch Arbeit: seit Hegel und Marx ist das in den tiefsten Teil jenes mächtigen Schattens gerückt, der von dem Faktum, daß Arbeit heute fast überall Ausbeutung und Entfremdung für den Menschen ist, auf diese Erkenntnis fällt. Schmidts sehr handwerklich verstandener Begriff von schriftstellerischer Arbeit — wie ein Handwerker mißt er die Güte und den Wert des hergestellten Produkts an der Arbeitszeit, die in es investiert wurde[4] — muß in der Tat borniert und reaktionär wirken, wenn man ihn mit der Arbeit, als purem geisttötendem und lähmendem Reproduktionsmittel der Mehrheit unserer Gesellschaft vergleicht. Gerhard Zwerenz hat in seiner Replik diese Differenz angesprochen: *Der Vergleich zwischen der Hundertstundenwoche eines Schriftstellers und der Vierzigstundenwoche eines Arbeiters ist oberflächlich-dilettantisch. Der Arbeiter am Fließband oder an der Maschine leistet, was die Philosophen ›entfremdete Arbeit‹ nennen, und die ist jedenfalls drückender und bedrückender als die immerhin und mindestens relativ noch unentfremdete Arbeit eines Schriftstellers. Das eben ist ja die einzige Lockung des Schriftstellerberufes, das letzte Plus der Literatur, daß dieses Schreiben der Identität des Schreibenden dient, während andere Arbeiten zum Gegenteil führen*[5].

Nun mag ›das Schreiben‹ identitätsstabilisierend sein, — daß sein Surplus, sein lustvoller Mehrwert, der im Gegensatz zur kapitalistischen (und auch staatssozialistischen Produktionsweise) hierbei unmittelbar dem Produzenten zugute kommt, scheint mir allerdings noch kein hinreichender Grund dafür zu sein, in der Hunderstundenwoche eines Schriftstellers vergleichsweise paradiesischen Boden zu erblicken. Die Lust der Arbeit, selten genug, mag eines sein; ein anderes die Last, ausschließlich von ihr leben zu müssen; und zuletzt zusätzlich der unabweisbare Gedanke, einer Arbeit nachzugehen, der die bürgerliche (kapitalistische) Gesellschaft durch ihre unterhaltsamen, ablenkungsbeflissenen Reizwelten zunehmend den Boden entzieht; so daß schriftstellerische Arbeit, als intensiver Beruf begriffen (Adorno hätte hegelianisch

191

hier von einem *emphatischen* Verständnis gesprochen), immer mehr zu einem Luxus wird: dem leichteren Leben abgehungert, der Gnade von Freunden, Verlegern und geschrumpfter Lesergruppen ausgeliefert: — eine waghalsige Existenz auf Abruf. (Ein Preis und ›ein Geld‹, die beide, als Anerkennung und Hilfsmittel, spät, wenn nicht gar zu spät kommen, sind Zufälligkeiten. Die Aufregung, welche sie hervorgerufen haben, muß einem umso dreister und zynischer vorkommen, weil sie das Schweigen über soviele Preis- und Geldverschwendungen an fixe, clevere und maulheldenhafte Schwätzer & Medienbubis miteinschließt.)

Man wird, um den Grund zu bemerken, in dem Schmidts schwojende Provokation verankert ist, gar nicht einmal ›hinzudenken‹, sondern einfach lesen müssen: *Was mein literarisches Werk und meine Arbeitsweise anlangt, vergönnen Sie mir, etwas vorauszuschicken, das meist nicht genügend bedacht wird; obgleich schon es kennzeichnend für unsere Schriftsteller ist, die kurz vorm Ersten Weltkrieg geboren wurden: mein erstes Büchelchen ist erschienen, da war ich 36 Jahre alt. (Umstände mehrer Art, ausschlaggebend die Hitler-Barbarei, verhinderten ein früheres öffentliches Auftreten.)*

*W i e  u n n a t ü r l i c h  das ist, macht der Leser sich gemeinhin nicht klar, Der organische Entwicklungsgang des Groß-Literaten — von unseren Klassikern, GOETHE/WIELAND/LESSING etcetera her geläufig; und auch unsern heutigen Jungen bezeichnend selbstverständlich — ist ja der: die ersten Gedichte mit 16—17, in Schülerzeitungen. Das erste Heft Lyrik mit 20. Vor 30 noch die ersten ›Gesammelten Werke‹, in 6 halbstarken Bänden. (Mit 35 dann die Villa an der Costa oder am Bergli).*

*Dagegen stand über u n s e r e m Start — ja über der ganzen Laufbahn — ein böses ›Zu Spät!‹. Wir hatten ja nicht einmal Schreib-Papier, dicht nach '45; . . . Hinzukam die unwahrscheinliche Energieleistung, mit 35 noch einmal neu anzufangen; und die fehlenden Jahre, um die man uns betrogen hatte, möglichst wieder einzubringen . . .*[6]

Diesen autobiografischen Bemerkungen wird man schwerlich ornamentalen Charakter zuschreiben können. Es sind Selbstbekenntnisse, die ernst genommen werden müssen, wenn man sich Schmidts hochmütigen, verzweifelt-beharrlichem Selbstbewußtsein vergewissern will. Jene weniger leichtsinnige als schwermütig-abweisende Verachtung für *das Geschwafel von der ›40-Stunden-Woche‹* wird verständlich (wenn auch nicht durch die unzulässige verallgemeinernde Grenzüberschreitung: verzeihlich) aus Lebenserfahrungen des Autors. Er ist, vorm 1. Weltkrieg geboren und unterm Faschismus an der Entfaltung seines Talents und Berufs gehindert, gezwungen gewesen, mit dem Verlust seiner vielleicht besten Jahre sich nicht abzufinden, sondern sie durch eine *unwahrscheinliche Energieleistung* wettzumachen. Dieser verspätete Neuanfang — man denke an vergleichbare Erfahrungen und Bitternisse und mißglückte Neuversuche bei: Andersch, Nossack, Jahnn und Döblin — hat einen Schriftsteller, der so wenig auf Intuition und soviel auf Lernen, Erfahren, Handwerk gibt, in die Situation eines literarischen Abendschülers gebracht, der sich gegen die unverschuldeten Versäumnisse und Verhinderungen in seiner Jugend wehrt: *... aber i c h weiß, als einzige Panacee, gegen Alles, immer nur ›Die Arbeit‹ zu nennen*[7].

Das ist, ja, das Bekenntnis eines Dilettanten. (In der Literatur nennen die privilegierten Altreichen einen, der sich den Besitz ihrer Privilegien verschafft, und — gewiß auch neureich damit protzt —: einen Dilettanten.) Jedoch dem hämisch injizierten Begriff des Dilettanten — einer Säure, welche die Anstrengung, die Konstruktion, die analytische und synthetische Gedankenarbeit (contra Original, contra *natürlicher, organischer* Entwicklung und ausgewogener Gefühls- und Gedankenharmonie) zum bleichen Skelett der Pedanterie zersetzen möchte, — diesem Pejorativum steht heute mehr denn je — weil die erpresserische Metaphysik des Genies liquidiert worden ist — ein Typus des ›Professionellen‹ gegenüber, der die Kunst der Anpassung so perfekt entwickelt hat, daß seine karikaturistische Verzerrung des ›Dilettanten‹ hinter den wechselnden Masken nahezu verschwunden ist. Vieles von dem, was von unseren (bürgerlichen) Schriftstellern programmatisch geäußert (und, zurecht?, selten praktiziert) wird, gehört bestenfalls in das Kupferstichkabinett der sehnsüchtigen Wünsche, der weitzielenden Projektionen, der gut gemeinten Utopien, schlechterenfalls (und nicht selten) zur Marktordnung der konjunkturellen Phrasen und der existentiellen Zwangshaltung, den Freischwimmerausweis immer wieder unter Beweis zu stellen. Da scheint mir (fast) ehrlicher, daß einer ganz einfach von seiner Arbeit spricht; und auch, daß er, berechtigt, darauf stolz ist. Mag ein solcher Stolz, der bitter erkauft und erarbeitet ist, ungerecht und arrogant machen (weil er alles ist, was nach Abzug der Skepsis geblieben ist) — ich wüßte dennoch kaum, wie ein Schriftsteller bescheidener von seinem umfangreichen Werk sprechen könnte, als so: indem er von den Arbeitsstunden spricht, die darinstecken[8].

*Anmerkungen:*

[1]) »Frankfurter Rundschau« v. 30. 8. 73, S. 8.

[2]) Leserbrief in »Frankfurter Rundschau« v. 6. 9. 73, S. 2.

[3]) »Welt der Arbeit« v. 13. 9. 73: »Goethe-Preis und Arbeitergroschen«.

[4]) s. meine Arbeit »Bargfelder Ich, Das Spätwerk und sein Vorgelände« in diesem Band.

[5]) »Welt der Arbeit« s. o.

[6]) »Frankfurter Rundschau« s. o.

[7]) s. o.

[8]) Auf Kehrseite und Reduktionen, die sich aus Schmidts »Rückzug in die Literatur« ergeben haben — also auf die Negativposten, welche die soziologisch-sozialen Mängelerscheinungen und Beri-Beri-Symptome (nicht nur) seiner »Dankadresse« herbeigeführt haben —, wurde schon davor hingewiesen. Vgl. Anm. 4.

# Notizen

Rolf Becks, geb. 1933. Studierte an der TH Darmstadt 1953—1960 (Wirtschaftsingenieur), 1957—1958 Leiter des Politikressorts der Darmstädter Studentenzeitung (»dds«), traf in Darmstadt öfters mit Schmidt zusammen und schrieb zahlreiche Artikel über ihn. Promotion 1967; seit 1972 Professor für Volkswirtschaftslehre an der TH Darmstadt. Die Aufzeichnungen »10° 20' 53'' ö. L., 52° 42' 20'' n. Br. / Notizen nach einem Besuch bei Arno Schmidt« erschienen erstmals in der »Frankfurter Rundschau« vom 25. 1. 1964.

Bert Blumenthal, geb. 1944. Studierte Literatur- und Politikwissenschaft in Tübingen, lebt heute in Harpstedt/bei Bremen. Er bestand auf dem Abdruck seines Beitrages in radikaler Kleinschreibung. Sein Wille geschah.

Heinrich Böll, geb. 1917. Seine Rezension »Das weiche Herz des Arno Schmidt« erschien erstmals in der Zeitschrift »Texte und Zeichen«, 3 Jg. (1957), Heft 1 (Elftes Heft der Gesamtfolge), S. 85—87.

Hans-Michael Bock, geb. 1947. Studiert Literaturwissenschaft und Soziologie in Hamburg. Arbeit fürs Fernsehen (filmhistorische und literarische Beiträge). Gleichzeitig mit dem vorliegenden Band erscheint von Hans-Michael Bock eine Bibliographie aller Publikationen von und über Arno Schmidt.

Jürgen Busche, geb. 1944. Nach dem Abitur Studium der Alten Geschichte, Philosophie und Germanistik in Münster. Promotion 1970 mit einer Arbeit zur Alten Geschichte. Seit 1972 Redakteur der »Frankfurter Allgemeinen Zeitung«.

Jörg Drews, geb. 1938. Studierte Literaturwissenschaft und Geschichte. Promotion 1966 mit einer Arbeit zum Expressionismus. 1969 bis 1973 Feuilletonredakteur der »Süddeutschen Zeitung«, seit Mai 1973 Professor an der Fakultät für Linguistik und Literaturwissenschaft der Universität Bielefeld. Redakteur des Arno-Schmidt-Heftes der Reihe »TEXT + KRITIK« (Nr. 20, 1. Aufl. Mai 1968, 2. Aufl. 1971), Herausgeber der Zeitschrift »Bargfelder Bote. Materialien zum Werk Arno Schmidts«. Der Aufsatz »›Großer Kain‹ & ›Bullenkuhle‹« erschien erstmals in der »Süddeutschen Zeitung« vom 1. 6. 1968. — »Arno Schmidt vor Zettels Traum« ist die überarbeitete Fassung der Sendung »Arno-Schmidt-Lesemodell 5« (Süddeutscher Rundfunk, Radio-Essay, 25. 1. 1973).

A. P. Eismann, Lebensdaten nicht zu ermitteln. »Köpfe der Hansestadt: Arno Schmidt« erschien erstmals in der »Welt am Sonntag« vom 12. 11. 1950.

Gerd Haffmans, geb. 1944. Humanistisches Gymnasium, Buchhändlerlehre in Köln. Seit 1968 beim Diogenes-Verlag in Zürich (Lektor).

Helmut Heissenbüttel, geb. 1921. Heissenbüttel veröffentlichte in der Zeitschrift »Merkur« (Heft 181/März 1963, S. 289—300) den Aufsatz »Annäherung an Arno Schmidt« sowie, in der 2. Auflage des Arno-

Schmidt-Heftes von »TEXT + KRITIK«, den Essay »Zettels Traum als dickes Buch«; außerdem schrieb er das Nachwort zu der Veröffentlichung von Schmidts Erzählung »Die Umsiedler« in der Insel-Bücherei (Nr. 818, Frankfurt 1964). Aus seinen zahlreichen Besprechungen von Arno Schmidts Büchern wurde die Rezension »Der Solipsist in der Heide« ausgewählt (erstmals erschienen in der »Deutschen Zeitung«, 21. 1. 1961), welche dem vorliegenden Materialienband auch den Titel gab.

Hermann Hesse, 1877—1962. Die Stellungnahme Hesses zu Schmidts erstem Buch war ursprünglich ein Brief Hesses an Freunde, von dem er dem Rowohlt-Verlag eine Kopie zuschickte. Abgesehen vom ersten und letzten Satz ist der Text identisch mit dem im Band 12 der Hesse-Ausgabe des Suhrkamp-Verlages (werkausgabe edition suhrkamp, 12 Bde., Frankfurt 1970, S. 563) abgedruckten kurzen Aufsatz. Zwischen dieser Stellungnahme und dem Brief Hesses an Ernst Rowohlt vom Juni 1950 liegt eine Postkarte Arno Schmidts an Hesse, in der Schmidt sich enttäuscht äußert über Hesses Urteil bzw. dessen Begründung und seinerseits ein sehr pointiertes Urteil über Hesses Werk fällt. Die Erlaubnis zum Nachdruck dieses Briefes wurde uns von Bargfeld nicht gewährt. — Der Abdruck des Textes und des Briefes von Hesse erfolgt mit freundlicher Genehmigung des Suhrkamp-Verlages.

Klaus Podak, geb. 1943. Studiert Philosophie und Germanistik in Tübingen. Er veröffentlichte im Arno-Schmidt-Heft der Reihe »TEXT + KRITIK« den Aufsatz »Arno Schmidt: Weltanschauung und Sprache« (1. Aufl., Mai 1968, S. 20—25), schrieb außerdem — zusammen mit Rolf Vollmann — ausführliche Besprechungen von »Zettels Traum« und der »Schule der Atheisten« in der »Stuttgarter Zeitung«.

Werner Riegel, 1925—1956. Riegel gab von 1952 bis 1956 die Streitzeitschrift »Zwischen den Kriegen« heraus. Sein Aufsatz »Arno Schmidt. Porträt eines Dichters« ist abgedruckt in dem Band »Gedichte und Prosa«, der 1961 mit einem Nachwort von Riegels Freund Peter Rühmkorf erschien. Für die Abdruckserlaubnis danken wir dem Limes-Verlag in Wiesbaden.

Karl Schumann, geb. 1925. Studierte Philosophie, Psychologie und Musikwissenschaft in München. Seit 1948 für die »Süddeutsche Zeitung« als Musikkritiker tätig. Der Aufsatz »Dichtung oder Bluff? Arno Schmidt in der deutschen Gegenwartsliteratur« erschien erstmals in der Zeitschrift »Eckart«, 27. Jg. (1957), Heft 3, S. 206—208.

Wolfram Schütte, geb. 1939. Studierte Germanistik, Soziologie und Philosophie in Frankfurt. Feuilletonredakteur der »Frankfurter Rundschau«. In der Untersuchung »Polly & Valencien in einer verschmidtsten Welt« (»Frankfurter Rundschau«, 13. 12. 1969) beschäftigte sich Schütte mit dem Übersetzer Arno Schmidt. Der Aufsatz »Bargfelder Ich. Das Spätwerk und sein Vorgelände« erschien erstmals in der Zeitschrift »Neue Rundschau«, 84. Jg./1973, Heft 3, S. 531—545.

Martin Walser, geb. 1927. Als Redakteur der Abteilung Radio-Essay des Süddeutschen Rundfunks in Stuttgart führte Walser in den fünfziger Jahren mehrfach Regie bei der Inszenierung der literarischen Radio-Dialoge Arno Schmidts; außerdem hat er Arno Schmidts Erzählung »Gadir« aus dem »Leviathan« für den Funk bearbeitet unter dem Titel »Die letzte Ausflucht« (1953). Martin Walser ist auch das Gedicht gewidmet, das in der Originalausgabe von Schmidts Erzählung »Die Umsiedler« (Frankfurt 1953) dem Text vorangestellt ist. Sein Aufsatz »Die Sprache Arno Schmidts« erschien erstmals in der Zeitschrift »Aufklärung«, 2. Jg./1953, Heft 3, S. 206—208.

Hans Wollschläger, geb. 1935. Lebt in Bamberg. Er ist vorwiegend als Übersetzer tätig (E. A. Poe, Faulkner, zur Zeit Arbeit an der Übertragung von James Joyces »Ulysses«) und stand jahrelang in intensivem Kontakt mit Arno Schmidt. »Eines deutschen Dichters Halbjahrhundert« ist der Text einer Sendung des Hessischen Rundfunk zu Arno Schmidts 50. Geburtstag am 18. 1. 1964.

Die Pressemitteilung des Rowohlt-Verlages zu Arno Schmidt stammt aus dem Jahr 1950. Eine Untersuchung ihres Sprachstils könnte zu bemerkenswerten Ergebnissen führen, was den Verfasser betrifft. Sie enthält übrigens zu Beginn jenes Geburtsjahr Arno Schmidts, das sich auch in vielen Nachschlagewerken der fünfziger Jahre erstaunlicherweise findet.

# text + kritik

Herausgeber
Heinz Ludwig Arnold

TEXT + KRITIK
erscheint mit vier
Nummern im Jahr

Redaktionskollegium:
Jörg Drews,
Helmut Heißenbüttel,
Horst Lehner.
Zu beziehen durch
jede Buchhandlung.

Bisher sind erschienen
und lieferbar:

**(1/1 a) Günter Grass,**
114 Seiten, DM 9,80

**(2/3) Hans Henny Jahnn,**
88 Seiten, DM 7,80

**(4/4 a) Georg Trakl,**
81 Seiten, DM 8,80

**(5) Günter Eich,**
47 Seiten, DM 4,50

**(6) Ingeborg Bachmann,**
62 Seiten, DM 5,50

**(7/8) Andreas Gryphius,**
54 Seiten, DM 6,80

**(9/9 a) Politische Lyrik,**
106 Seiten, DM 9,80

**(10/11) Ezra Pound,**
72 Seiten, DM 6,80

**(12) Robert Walser,**
34 Seiten, DM 3,50

**(13/14) Alfred Döblin,**
80 Seiten, DM 8,80

**(15/16) Henry James,**
71 Seiten, DM 6,80

**(17) Cesare Pavese,**
35 Seiten, DM 3,50

**(18/19) Heinrich Heine,**
80 Seiten, DM 7,80

**(20) Arno Schmidt,**
65 Seiten, DM 5,50

**(21/22) Robert Musil,**
87 Seiten, DM 8,80

**(23) Nelly Sachs,**
51 Seiten, DM 4,50

**(24/24 a) Peter Handke,**
80 Seiten, DM 7,80

**(25) Konkrete Poesie I**
49 Seiten, DM 4,50

**(26/27) Lessing contra
Goeze,** 81 Seiten,
DM 7,80

**(28) Elias Canetti,**
59 Seiten, DM 5,50

**(29) Kurt Tucholsky,**
49 Seiten, DM 4,50

**(30) Konkrete Poesie II,**
57 Seiten, DM 5,50

**(31/32) Walter Benjamin,**
92 Seiten, DM 8,80

**(33) Heinrich Böll,**
55 Seiten, DM 6,—

**(34) Wolfgang Koeppen,**
60 Seiten, DM 6,—

**(35/36) Kurt Schwitters,**
87 Seiten, DM 8,80

**(37) Peter Weiss,**
48 Seiten, DM 5,50

**(38) Anna Seghers,**
46 Seiten, DM 5,50

**(39/40) Georg Lukacs,**
90 Seiten, DM 9,80

**(41/42) Martin Walser,**
86 Seiten, DM 9,80

Sonderbände

Jean Paul,
145 Seiten, DM 12,20

Heinrich Mann,
160 Seiten, DM 14,80

Bertolt Brecht I,
160 Seiten, DM 14,50

Bertolt Brecht II,
228 Seiten, DM 18,50